法藏知津

二編：佛教思想研究專輯

杜潔祥 主編

第 8 冊

智顗佛性論研究（上）

王月秀 著

花木蘭文化出版社

國家圖書館出版品預行編目資料

智顗佛性論研究（上）／王月秀 著 — 初版 — 新北市：花木
蘭文化出版社，2015〔民 104〕
目 8+262 面；19×26 公分
（法藏知津二編：佛教思想研究專輯 第 8 冊）
ISBN：978-986-322-041-1（精裝）
1.（隋）釋智顗 2.學術思想 3.佛教哲學
030.8 101015397

ISBN-978-986-322-041-1

9 789863 220411

法藏知津二編：佛教思想研究專輯
第 八 冊 ISBN：978-986-322-041-1

智顗佛性論研究（上）

作　　者 王月秀
主　　編 杜潔祥
副總編輯 楊嘉樂
編　　輯 許郁翎
出　　版 花木蘭文化出版社
社　　長 高小娟
聯絡地址 235 新北市中和區中安街七二號十三樓
　　　　 電話：02-2923-1455／傳眞：02-2923-1452
網　　址 http://www.huamulan.tw 信箱 hml810518@gmail.com
印　　刷 普羅文化出版廣告事業
初　　版 2015 年 5 月
定　　價 二編 24 冊（精裝）新台幣 40,000 元

智顗佛性論研究（上）

王月秀　著

作者簡介

王月秀,台灣省台中市人。華梵大學中國文學系學士;輔仁大學中國文學所碩士;清華大學中國文學所博士。曾為清華大學、華梵大學兼任講師;今為清華大學、臺中教育大學、臺中科技大學兼任助理教授。研究興趣為:佛教思想;中國哲學;佛教文學;詩經。撰有碩論《僧肇思想研究》、博論《智顗佛性論研究》,以及〈論《老子想爾注》長生之道〉、〈智顗「觀心」思想的兩點考察〉等單篇論文。成長一路,深深感謝許多親友師長的照拂、提攜。期許自己能將修行與學術結合,用心踐履生命的學問。

提　要

　　在佛教,解脫或解脫成佛是教義的究竟旨歸,是眾生離苦得樂、脫離生死輪迴的唯一途徑。為了對「眾生成佛」作出完善合邏輯的立論依據,「佛性有無」恆是佛教關注的重心。而隨著時空的流轉,聲聞、緣覺二乘,以及大乘佛教並對「佛性」有著不同的定位與論說。中國佛性論爭鳴盛況之始,起於東晉竺道生「孤明先發,獨見忤眾」的提出「阿闡提人皆得成佛」之說;「舊學」斥為「邪說,譏憤滋甚」,掀引南北朝正因佛性「十一家」等紛紛論辯佛性議題。天台大師智顗(538-597),除了表明「闡提作佛」,更獨樹一幟創言「闡提斷修善盡,但性善在;佛斷修惡盡,但性惡在」、「佛不斷性惡」。竺生闡提之說歷盡千折,後能為世人接受,緣於出土譯經的證實,而智顗除了肯定闡提可成佛,竟弔詭提出佛是「不斷性惡」。智顗此「性(具善)惡」說一倡,即掀引佛教與世人毀譽參半的息息聲浪:正面是,歷來天台宗視為圭臬,傳教者並頌稱「只一具字,彌顯今宗」;他宗截長涵融為己義;當代學者多肯定為天台思想的特色。反面是,智顗此說引發教內紛歧,諸如宋代山家、山外之爭;他宗論難,如宋代華嚴宗子璿斥入「阿鼻」、日本淨土宗僧普寂斥為「非倫理」的謬見。所有種種,除了反應智顗佛性思想影響深遠,並且頗引人生疑那致使紛紜歧義的源頭,亦即智顗「性(具善)惡」的本貌究竟為何,是以本文擬以智顗佛性論研究為題。

　　智顗,在中國佛教史暨思想史上,有著劃時代的特殊意義與顯著地位。不僅是天台宗核心靈魂人物,其饒富圓教思想的著作,並多有承先啟後、繼往開來的重要意義與特色。本文擬以回歸原典的方式,對智顗佛性論加以研究。論文重心有七:

　　一、思想史脈絡回顧:擬就佛教發展,談佛性論的重要性。並舉智顗之前的佛性論相關典籍,以凸顯智顗佛性論的特別價值與意義。

　　二、智顗「『佛』『性』」義蘊:擬探究智顗如何對「佛」定位與形象勾勒,以及智顗對「佛『性』」之「性」之定義。並捃拾數則異名同義詞,以抉微智顗「佛性」特質與內涵。此外,字義解構智顗對「佛性」與「如來藏」的界定,以探討二詞的關係與使用時態。

　　三、智顗學說中的「心」與「即」義:擬抉微智顗學說中的「心」,以考察智顗為何重視觀心法門。並探討何謂「心具」說,及其開展之內涵。此外,從「十界一心」、「一念三千」,釐探智顗著述中,繫連敵對或類例二詞的「即」字所扮演的角色與意義。

　　四、智顗「佛性」的結構與意義:擬從「心」,亦即「一念無明法性心」,來探討智顗佛性論內部結構及其特質。並從「一念無明法性心」,引申思考智顗「心」之意義。此外,從「心即佛性」之證成,建構智顗「佛性」之內蘊。

五、智顗「中道佛性」論：擬抉微智顗用來旨說圓教大意的「『因緣』『中道』『實相』」一詞，並探究該詞所推導出的「中道佛性」之義蘊。

　　六、智顗「三因佛性」論：擬以三因佛性為線索，說明智顗著述易引讀者困惑的地方。爾後以「相、性、體」、「三軌」、「因果」、「佛種」等各種面向，考察智顗「三因佛性」之本義。

　　七、智顗性惡說：擬以《觀音玄義》為例，考察智顗「『性』『惡』」說之定義與特質。並從「權實」角度，表明智顗「性惡」說不僅是天台的圓教實義，且為逗機施教的方便法。此外，並就實踐層面，探討智顗性惡說的意義與價值。

　　其中，第一章乃思想史脈絡之回顧。第二章，乃以概論方式，抉微智顗「『佛』『性』」基本義涵與多重面向。第三章至第六章，則是分別探討智顗佛性論之三條軸線：佛性、中道佛性、三因佛性。第七章，則是以智顗著作之一，細部闡釋智顗性惡說。綜結之，可說，智顗佛性論饒富圓教之圓融圓具圓足思想，如理如法。而以「眾生」為本位的立說觀點，相信能激勵眾生：因皆本具佛性，而立於一共同起跑點。唯有圓滿修德善，通達性德惡，才得能成就佛道。

致 謝 詞

　　猶記畢業典禮那天，蟬聲高唱、鳥兒歡啼、南風輕拂，火紅的鳳凰花在枝椏上翩翩起舞。典禮開始前，穿著一襲長裙的姊姊，曾牽著我的手，細步穿過重重的座位，來到繁花錦簇的大禮堂前台，然後持著照相機，拍下穿著博士學位服的我。對著鏡頭，我露著靦覥、帶些傷感的笑容，姊姊則眨著純淨的雙眼，認真對我說：「畢業是一件很值得高興的事，所以要開心。」是的，在走過許多午夜夢迴的掙扎，歷經無數峰迴路轉，幾度以為自己不是作研究的料，而萌生放棄的念頭，沒想到，竟有順利拿到學位的一天。畢業，確實是值得慶喜的事。在此無限感謝。

　　首先，由衷感謝兩位指導教授　朱曉海老師和釋恆清老師。何其有幸，能蒙得兩位認真篤實的老師加以悉心指導。無論是博論的撰寫、治學方法的培養、問題意識的積累，甚或個人的學養、德行，以及人生觀，皆深受兩位老師啟蒙與影響。朱老師，私下我總是這樣跟老友介紹：小名「貓大人」、「朱喵喵」。長得像憨實的貓咪。身著很酷的牛仔褲，腳穿長筒馬靴，有著一頭微捲的頭髮。看起來很新潮，實際上則熱愛古典文化，並有著柔軟的心腸。朱老師視學生如親子，除了授課、寫文，對於學生們的課業與生活難題，總不遺餘力加以協助。老師指點學生，往往精闢有力，直中核心，而在百忙中，仍撥冗逐字逐句批閱學生們的論文，並給予寶貴的建議。我曾在幾度徬徨而遊離論文邊緣時，腦海自動浮現，參雜幾絲白髮的老師獨坐孤燈前，諄諄提點論文疏漏處，甚或浮現老師鼓勵人生沒有過不去的坎時，自己潸然淚下的場景。對解行雙修、智慧如海的恆清老師，我除了感謝，亦充滿愧疚。拜在恆清老師門下時，其實老師已退休，正是風清月明的好時節。無奈收了我這

笨徒弟,在眼睛開刀後,還得忍著雙重影像幫忙看文;本可自在修行,卻得時常撥出時間,加以指導。光影交錯,總記得在老師幽靜雅致的內湖家,老師關心的詢問生活近況、論文進度,指點論文的疏漏。溫柔親切的關懷與勉勵,總讓我在返回新竹的歸途上,仍是感動不已。

其次,由衷感謝博論口試委員:李志夫老師、蔡耀明老師、蔡榮婷老師和陳淑芬老師,在口考時所惠予的寶貴意見,以及溫暖的提攜。忘不了八十多歲的李志夫老師,猶如慈祥的爺爺,在緊湊的時間內,熱心協助博論初審,並千里迢迢遠從金山來台北參與學生博論口試;忘不了蔡耀明老師在博論初審時,所給予的定心劑,以及口試時,以哲學思維來釐清學生的思路與盲點;忘不了蔡榮婷老師在考前電話中,溫柔的緬懷在天上的小平老師,以及口試時溫婉、鼓勵的語詞;忘不了陳淑芬老師在研究室,安撫學生考前略慌亂的心,以及口試時的細心指導。尤其口試正值家家團聚的過年期間,更是由衷感謝口試委員們特地撥冗參加學生的口試。也許博論撰寫,因修業年限而不得不畫上句點;也許對於口試委員們所給予的寶貴意見,學生尚未完全達成,但會作為未來研究的方向。在此,深深感謝口試委員們。

第三,由衷感謝智者大師。無數個白天與夜晚,爬梳其百萬字鉅著,心裡曾因百思不得其解,而無限迷惘,也曾因契應其微言大義,而雀躍歡喜。善、惡、實相交織的佛性論,不斷撞擊充滿無明的心。八年多漫長的歲月,與其說是完成一本博論著作,倒不如說,在茫茫人生中,智顗引領著我不斷探索生命底層與人性真義。光明與黑暗、善與惡本是一體兩面。感謝智顗教導,「要學著悅納一切,生命才是真正的圓滿」。

第四,由衷感謝樸實敦厚的家人,多年遮風擋雨,默默的支持與呵護。負笈他鄉的午夜,奶奶年輕時健朗颯爽的身姿,和現在九十多歲、老贏多病的模樣,時常交織入夢。如果我有任何勤勞、柔韌的生命特質,可說皆是來自多年相伴的奶奶。而幼時聚少離多,向以務農為生的爸媽,雖然不擅用言詞表達對子女的關心,但自己愈是長大,愈能感受他們無微不至的愛。我會記得,這些年,每當坐火車回后里時,大個子的爸爸總已經坐在小小貨車中,靜靜等待接送。也會記得,因課業或備課緣故無法返家時,爸媽不時委託宅配,寄來一箱箱自家栽種、鮮嫩欲滴的蔬果,深怕這茹素多年的小女兒為省錢而營養不良。此外,心中特別感謝姊姊。博論最後之能順利完成,很大部分歸功於取得學位、歸國返鄉的姊姊。雖然在歲月的河流中,我曾因為和她

起摩擦，而哭嚷著，沒有這個姊姊，但我不得不承認，自己是多麼依賴她。多年來，姊姊始終是一朵春天純淨溫柔的花，同時並有著獨立成熟、溫潤睿智的內蘊，是自己不停追尋的生命之光。我會記得，近幾年自己曾經多次噙著淚，聽著姊姊開導，「人都會必經生老病死，都有各自要走的路，所以要學著放下，與喜樂地往前走……」。

第五，感謝朋友文正。雖然因為橫跨兩個城市，我們總是聚少離多，但在認識的十三年中，我們共同歷經許多風雨也有晴的日子，有著家人般雋永綿長的情感。許多時候，眉眼流轉，一顰一笑，便有著不用言語傳遞的靈犀。感謝你在我多次深陷生命的低潮時，默默的相守與扶攜。我會記得，你透過電話或視訊，不時認真與之討論功課；也會記得，近幾年栽種一大片頂樓花園的你，在每次相逢時，總款款獻上一束馨香滿懷的玫瑰花。

第六，感謝生命中有緣而與之交集的親友師長。我會記得，在天上的小平老師，如慈母，每次見面總給予一個大擁抱，並耳提面命鼓勵，要不忘學術、不忘創作；會記得慧謹師和好友瓊瑤，在博論口試時的仗義相助；會記得酷極的昇，不時叮嚀，「不要總是傻笑」；會記得外冷內熱的秋，在我最脆弱無助時，總幽默的逗趣著，「愛哭包」；會記得許多現實與網路上的朋友的溫暖關懷與打氣。也會記得，曾經共聚一堂，帶來無限美好的學生們。每學期的迎來送往，不少學生的面孔或名字也許已被時間沖淡，但漫步在綠意盎然的校園，迎面而來打招呼的學生笑臉，總令自己無限感動。深深感謝在身體有恙時，學生們貼心的關懷信；深深感動課程將畫上句點時，全班響起雷動的鼓掌聲。生性極為害羞的自己，每逢上課時日，總無限緊張。謝謝學生的體貼、包容與肯定，讓我在撰寫博論的寂寂荒涯裡，增添許多純真、柔軟、溫馨、美麗的色彩。

畢業，是句點，也是起點。捫心自問，其實博論尚有不少疏漏。但它如實記錄這些年自己的努力成果，並刻畫自己在黑暗與光明之間拉拔中的體悟。謹以此論文，獻給兩位敬愛的指導老師，以及所有我愛的、愛我的親友師長。祈願大家平安健康，吉祥相隨。

目次

緒　論

第一節　研究緣起

　　在佛教，解脫或解脫成佛是教義的究竟旨歸，是眾生離苦得樂、脫離生死輪迴的唯一途徑。為了對「眾生成佛」〔註1〕作出完善合邏輯的立論依據，「佛性〔註2〕有無」〔註3〕恆是佛教關注的重心。而隨著時空的流轉，聲聞、緣覺二乘，以及大乘佛教並對「佛性」有著不同的定位與論說。〔註4〕中國佛性論爭鳴盛況之始，起於東晉竺道生「孤明先發，獨見忤眾」的提出「阿闡提人皆得成佛」之說；「舊學」斥為「邪說，譏憤滋甚」，〔註5〕掀引南北朝正

〔註1〕　佛教經典多載「成佛」的相關論述，如：〔唐〕實叉難陀譯，《大方廣佛華嚴經》卷 28：「願一切眾生成佛法王，摧滅一切煩惱怨賊」；〔後秦〕竺佛念譯，〈菩薩瓔珞經〉卷 4：「欲使三趣眾生成佛道」(《大正藏》冊 10（臺北：新文豐出版社，1983 年），頁 152 上：冊 16，頁 12 上)。又，以下《大正藏》出處，皆省而不贅述。

〔註2〕　古今佛性論正式發展，起先乃以「如來藏」行文，爾後才有與之異名同義的「佛性」一詞。鑑於智顗著述中，其使用「佛性」一詞的比例勝過「如來藏」，再加考慮時代背景與文字氛圍，因此筆者除了為闡論引文或相關論題，而權以「如來藏」行文；此外，主以「佛性」為慣用詞。

〔註3〕　天親菩薩造，〔陳〕真諦譯，《佛性論》，《大正藏》冊 31，頁 787 下。

〔註4〕　職是之故，古代僧人往往以有、無佛性，來區分大、小乘。如〔隋〕智顗《法華玄義》卷 10：「大、小通有十二部，但有佛性、無佛性之異耳」。(見《大正藏》冊 33，頁 801 下)

〔註5〕　〔梁〕慧皎，《高僧傳》，《大正藏》卷 7，頁 366 中。

因佛性「十一家」〔註6〕等紛紛論辯佛性議題。

蒙帝王尊爲「佛法雄傑，時匠所宗」〔註7〕、「智者」，〔註8〕亦被世人頌稱爲「東土小釋迦」〔註9〕的天台大師智顗（538～597），〔註10〕除了表明「闡提作佛」，更獨樹一幟創言「闡提斷修善盡，但性善在；佛斷修惡盡，但性惡在」、「佛不斷性惡」。〔註11〕竺生闡提之說歷盡千折，後能爲世人接受，緣於出土譯經的證實，而智顗除了肯定闡提可成佛，竟弔詭提出佛是「不斷性惡」。智顗此「性（具善）惡」說一倡，即掀引佛教與世人毀譽參半的息息聲浪：正面是，歷來天台宗視爲圭臬，傳教者並頌稱「只一具字，彌顯今宗」；〔註12〕他宗截長涵融爲己義；〔註13〕當代學者多肯定爲天台思想的特色。〔註14〕反面是，智顗此說引發教內紛歧，諸如宋代山家、山外之爭；〔註15〕他宗論難，如宋代華嚴

〔註6〕 〔隋〕釋吉藏，《大乘玄論》卷3，《大正藏》冊45，頁35中。

〔註7〕 此語，爲陳宣帝所勅稱。（參〔隋〕釋灌頂，《國清百錄》卷1，《大正藏》冊46，頁799上）

〔註8〕 此稱，爲隋煬帝所奉名。（見〔唐〕釋道宣，《續高僧傳》卷17，《大正藏》冊50，頁566中）

〔註9〕 〔明〕釋傳燈，〈永嘉禪宗集註序〉，《卍續藏》冊63（臺北：新文豐出版社，1983年），頁282上。又，以下《卍續藏》出處，皆省而不贅述。

〔註10〕 或名智者、智者大師。其傳記，可參〔唐〕釋道宣，《續高僧傳》卷17，〈釋智顗傳〉，《大正藏》冊50，頁564上—568上。又，基於學術考量，本文統一以「智顗」稱之。

〔註11〕 〔隋〕釋智顗，釋灌頂記，《摩訶止觀》卷10，《大正藏》冊33，頁801上；《觀音玄義》卷1，《大正藏》冊34，頁882下。

〔註12〕 〔宋〕釋知禮，《觀音玄義記》卷2，《大正藏》冊34，頁934上；〔元〕釋懷則，《天台傳佛心印記》，《大正藏》冊46，頁934上。

〔註13〕 如：華嚴宗「性具」說，性本不具惡，但〔唐〕釋澄觀，《華嚴疏鈔》卷42卻云：「性惡不斷，即妄法本眞，故無盡也」。（《大正藏》冊36，頁323下）

〔註14〕 如安藤俊雄，演培法師譯，《天台性具思想論》：「古來天台教學的特色，在於所謂『具』之一字。……唯一『具』字，還不能充分的顯示天台教學的特異法門，要說『性惡』始可顯示天台教學的特異法門」；「唯互具互融，不能充分規定天台實相觀的特色，唯有性惡說，始能眞正的具體的表現天台教學的根本特色」（臺北：天華出版公司，1989年9月，頁83～84）。張瑞良〈天台智者大師的如來性惡說之探究〉如是認爲（《臺大哲學評論》第9期，1986年1月，頁90）。佐藤哲英，釋依觀譯，《天台大師之研究：特以著作的考證研究爲中心》：「古來謂天台教學之特色在一『具』字，但是比起只說圓融即具的華嚴，其特色並不充分。因此……性惡說被視爲天台性具思想之極說。」（臺北：中華佛教文獻編撰社，2005年4月，頁601）

〔註15〕 諸如山家派知禮主張理毒性惡，於《四明尊者教行錄》云：「法界是所迷之理，無礙是受熏之德。所迷本淨故無染，受熏變造故而染，全三德而成三障，故

宗子璿（965～1038）斥入「阿鼻」〔註16〕、日本淨土宗僧普寂（1707～1781）斥爲「非倫理」的謬見。〔註17〕所有種種，除了反應智顗佛性思想影響深遠，並且頗引人生疑那致使紛紜歧義的源頭，亦即智顗「性（具善）惡」的本貌究竟爲何。

又，宏觀智顗佛性論，除了「性（具善）惡」說獨樹一幟，並有許多有別前人的論點。那麼，既有異前人，是否智顗對「佛」之義界〔註18〕有所更易？智顗著述中，「如來藏」與「佛性」往往交織行文，若說異名同義，何以智顗援用「佛性」一詞比例勝過「如來藏」？而前人「如來藏」義涵發展至智顗，又有何不同？智顗若持「心即佛性」說，則在「一念無明法性心」的弔詭命題之下，將導致「佛性」有何內蘊？而「即」字，在智顗佛性論中，又扮演何種角色？又，智顗圓教之旨可以「因緣中道實相」統括之，則與新闢的「中道佛性」有何關係？智顗與前人皆已闡明「佛性」義涵，爲何智顗並另將佛性三分，且用多元途徑闡釋之？智顗新闢「中道佛性」與「三因佛性」名與義，其所立之由與內涵爲何？智顗佛性論所展開的幾個面向的討論，彼此有無異曲同工之妙？統括言之，智顗佛性論究竟與前人有何異同？在佛教思想史中，爲何智顗佛性論能立於承先啓後的重要地位？種種問題待解，因此本文擬以「智顗佛性論研究」爲題。

曰即理性之毒」；山外派智圓於《請觀音經疏闡義鈔》等著，則提出反論之說。（《大正藏》冊46，頁872下；冊39，頁977上～983中）
〔註16〕〔宋〕釋子璿，《起信論疏筆削記》卷16：「善哉！大士悲救何甚？儻無悛意，確乎迷情，豈唯邪見之門不扃，抑亦阿鼻之路尤近也。」（《大正藏》冊44，頁383中）
〔註17〕（日僧）釋普寂，《止觀復眞鈔》，《大日本佛教全書》冊23（東京：佛書刊行會），1912年。
〔註18〕「義界」此一概念，最初由章太炎提出，用以訓詁詞義：「訓詁之術，略有三途：一曰直訓；一曰語根；一曰界說。」（《章太炎書札·與章行嚴論墨學第二書》）爾後，「義界」此一名稱的確定，乃黃侃將章氏所提出之「界說」，易名爲「義界」：「訓詁者，以語言解釋語言之謂，論其方式有三：一曰互訓，二曰義界，三曰推因。」（黃侃《訓詁筆記·訓詁構成之方式》）學界對「義界」有不少相關釋義，於此則舉陸宗達、王寧《訓詁方法論》代表之：「（義界）即用一句話或幾句話對詞的概括意義所作的解說。義界一方面表明詞的概括意義，一方面區分詞與其鄰近詞的意義差別。」（章炳麟，《章太炎全集》（上海：上海人民出版），1984年；黃侃述，黃焯編《文字聲韻訓詁筆記》（上海：古籍出版社），1983年；陸宗達、王寧《訓詁方法論》（北京市:中國社會科學出版社），1983年）

第二節　研究成果回顧與問題提出

一、前人研究成果回顧

學界有關智顗思想的研究豐碩可觀，其中，亦有不少著作專論智顗佛性思想。為知其概況，茲將相關代表性論著書目，以表格示之：〔註19〕

今人智顗佛性思想研究書目一覽表

甲、專章（節）論及智顗佛性思想的書籍

序號	書（篇）名	作者	出　　處	要　　旨	備註
	《天台緣起中道實相論》	陳英善	臺北：東初出版社，1995年3月。	1. 章7，專論智顗成佛觀。 2. 章8，專論《觀音玄義》性惡問題。	
	《天台宗性具圓教之研究》	尤惠貞	臺北：文津出版社，1993年5月。	旨明智顗性具思想。	
	《智顗評傳》	張風雷	北京，京華出版社，1995年9月。	章9，專論智顗諸法實相與性具善惡思想。	
	《智顗評傳》	潘桂明	南京：南京大學出版社，1996年2月。	1. 章6，專論智顗「一念三千」的性具實相說。 2. 章7，專論智顗「性具善惡」學說。	
	《煩惱即菩提：天台宗「性惡」思想研究》	陳堅	高雄：佛光山出版社，2001年。	以智顗性惡思想為主，並擴論天台性惡思想。	
	《天台智者研究——兼論宗派佛教的興起》	李四龍	北京：北京大學出版社，2003年8月。	章4中，論及智顗性具善惡思想	

〔註19〕古代，亦有不少僧人詮釋智顗佛性思想，諸如〔宋〕知禮於《觀音玄義記》、《觀音義疏記》闡述並發揚智顗「性惡」思想（參《大正藏》冊37，頁892上～921上；936上～960中）。但，除了知禮此二經，古代僧人們於著述中，大多分散探討智顗佛性思想。為了精簡行文，筆者在此僅呈顯今人研究概況。

乙、期刊論文

序號	書（篇）名	作者	出　處	要　旨	備註
	〈天台大師之性惡思想觀〉	慧嶽	收錄於張曼濤主編，《現代佛教學術叢刊（57）》（臺北：大乘文化），1980 年 10 月，頁 353～362。	闡論智顗性惡思想	
	〈天台智者大師的如來性惡說之探究〉	張瑞良	《臺大哲學評論》第 9 期，1986 年 1 月，頁 65～107。	闡論智顗性惡思想	
	〈《觀音玄義》性惡問題之探討〉	陳英善	《中華佛學學報》第 5 期，1992 年 7 月，頁 173～191。	處理《觀音玄義》性惡問題	
	〈從「法性無明」到「性惡」〉	楊惠南	《佛學研究中心學報》第 1 期，1996 年 7 月，頁 111～145。	反駁陳英善《天台緣起中道實相論》中有關智顗性惡的論點	
	〈關於天台「性具善惡論」之形成與闡發之考察 ── 以「性惡」說為中心〉	金希庭	《華岡研究學報》第 2 期，1997 年 3 月，頁 1～24。	闡論智顗性惡思想	
	〈智顗的「性具善惡」學說及其理論價值〉	張風雷	《宗教哲學》第 3 卷第 2 期，1997 年 4 月，頁 151～161。	闡論智顗性具善惡思想	
	〈評〈從「法性即無明」到「性惡」〉〉	陳英善	《佛學研究中心學報》第 2 期，1997 年 7 月，頁 73～127。	回應楊惠南〈從「法性無明」到「性惡」〉中有關智顗性惡的論點	
	〈天台宗智顗的佛性論思想〉	王仲堯	《武漢大學學報（人文社會科學版）》，1998 年第 3 期，1998 年 3 月，頁 60～63。	闡論智顗佛性思想	
	〈試論智顗「佛不斷性惡」說之思惟方式〉	王志楣	《中華學苑》第 52 期，1999 年 2 月，頁 23～35。	闡論智顗「佛不斷性惡」	
	〈試論智者大師的『性具』思想〉	學斌	《閩南佛學院學報》第 25 期，2001 年 6 月，頁 188～198。	闡論智顗性具思想	

	〈《觀音玄義》與《觀音經疏》的「作者」問題與性惡說之創唱者的考察〉	賴賢宗	收錄於《「法華思想與天台佛學」研討會論文集》（臺北：法光佛教文化研究所），2004 年 12 月。	探討《觀音玄義》等經真偽，及性惡說的創說者	
	〈天台智顗的如來藏思想述評〉	李四龍	《中國哲學史》2004 年第 4 期，頁 5〜12。	闡論智顗佛性思想	
	〈貝施特和智顗論「惡」的宗教價值——兼談宗教中的「善惡」觀念〉	陳堅	《普門學報》第 28 期，2005 年 7 月，頁 91〜110。	比較貝施特和智顗對「惡」的看法	
	〈天台「性具」思想的開展——以智顗和湛然為中心〉	劉雅婷	《新世紀宗教研究》第 5 卷第 1 期，2006 年 9 月，頁 100〜140。	闡論智顗與湛然性具思想	

丙、學位論文

序號	書（篇）名	作者	出　　處	要　　旨	備註
	〈智者大師的實相論與性具思想之研究〉	李燕蕙	文化大學哲學研究所碩士論文，1984 年 6 月。	闡論智顗實相與性具思想	
	《智者與荀子性惡觀之比較研究——基於社會歷史發展的考察》	張明傑	文化大學哲學研究所碩士論文，1992 年。	比較智顗與荀子對「性惡」的看法	
	《天台智顗性惡說研究》	賴志銘	中央大學哲學研究所碩士論文，1995 年 6 月。	闡論智顗性惡思想	
	《天台智者大師之佛性思想暨其所含具之積極意義》	釋如弘	圓光佛學研究所碩士論文，2000 年。	闡論智顗佛性思想	
	《試析「佛法身之自我坎陷」與天台圓教「性惡法門」之關係》	林妙貞	南華大學哲學所碩士論文，2001 年 1 月。	探討「自我坎限」與智顗性惡思想的關係	
	《天台「性惡」思想之義涵義與辨正》	孫瑞媛（釋覺泰）	南華大學佛學研究中心碩士論文，2001 年。	探討天台智顗等僧人的「性惡」思想	
	《《觀音玄義》思想研究——以「性」、「修」善惡為中心》	潘慧燕	政治大學中研所碩士論文，2003 年 1 月。	闡論《觀音玄義》性修善惡思想	

	《止觀與性具——智顗佛性論研究》	陳保同	安徽大學宗教學專業碩士論文，2005 年。	以「止觀」與「性具」途徑，闡論智顗佛性思想	
	《智者大師性具思想研究》	釋如田	福建師範大學中研所碩士論文，2007 年。	專論智顗性具思想	

丁、外文專章（節）論及智顗佛性思想的書籍

序號	書（篇）名	作者	出　　處	要　　旨	備註
	《天台大師の研究：智顗の著作に關する基礎的研究》	佐藤哲英	東京：百華苑，1961 年。	篇 4 中，論及《觀音玄義》的眞僞，推定此經爲灌頂作。	
	《續・天台大師の研究：天台智顗をめぐる諸問題》	佐藤哲英	東京：百華苑，1961 年。	篇 4 中，論及孰爲如來性惡說的創始者	
	《天台學：根本思想とその展開》	安藤俊雄	京都：平樂寺書店，1968 年。	文中，論及天台性惡思想及創始者	

戊、外文論文期刊

序號	書（篇）名	作者	出　　處	要　　旨	備註
	〈觀音玄義並びに義疏の成立に關する研究〉	佐藤哲英	《印度學佛教學研究》第 9 期，1957 年 1 月，頁 10～21。	探討《觀音玄義》的眞僞	
	〈天台性惡法門の創唱者請觀音經疏の作者について〉	佐藤哲英	《印度學佛教學研究》第 18 期，1961 年 3 月，頁 67～72。	探討《請觀音經疏》的作者是何人	
	〈性惡思想の創唱者は智顗か灌頂か安藤俊谷大教授の反論に對する疑問〉	佐藤哲英	《印度學佛教學研究》第 28 期，1966 年 3 月，頁 47～52。	闡論灌頂才是性惡說的創唱者	
	"T'ien-T'ai Chih-I's Theory of Buddha：A Realistic and Humanistic"	Heng-ching Shih	《臺大哲學論評》第 13 期，1990 年 1 月，頁 153～169。	闡論智顗性惡思想	
	〈天台智顗の三因仏性の構造とその現代的課題〉	久下陞	收錄於「天台大師研究」編集委員會：《天台大師千四百年御遠忌記念：天台大師研究》（東京：祖師讚仰大法會事務局、天台學會出版），1997 年 3 月，頁 125～150。	闡論智顗三因佛性思想	

綜觀中外智顗佛性論研究，可歸分八類：一、探討智顗「性惡」思想；〔註20〕二、探討智顗「性具」思想；〔註21〕三、探討智顗「性具善惡」思想；〔註22〕四、綜論或兼述智顗佛性思想；〔註23〕五、比較智顗與他者對「性惡」的看法；〔註24〕六、追溯智顗「性惡」思想的淵源；七、從《觀音玄義》、《觀音經疏》、《請觀音經疏》等經，探討「性惡」說的創始者；〔註25〕八、解決或回應當代智顗佛性相關詮釋議題。〔註26〕

考察後發現：一、前人六成以上專涉《觀音玄義》性惡說。由於智顗著作博大精深，佛性思想盡涵藏鎔融於內，絕非僅止一書，因此個人認爲智顗佛性論研究尚有可探討的空間。二、前人有些議題尚存歧異，如智顗「『性』惡」中的「性」字指涉本體或屬性〔註27〕、智顗佛性思想是否源於南嶽慧思《大乘止觀法門》染淨之說〔註28〕、智顗「性惡」說是否是天台宗之特色〔註29〕……等，

〔註20〕 如：賴志銘，《天台智顗性惡說研究》，中央大學哲學研究所碩士論文，1995年6月。

〔註21〕 如：學斌，〈試論智者大師的『性具』思想〉，《閩南佛學院學報》第25期，2001年6月，頁188～198。

〔註22〕 如：張風雷，〈智顗的「性具善惡」學說及其理論價值〉，《宗教哲學》第3卷第2期，1997年4月，頁151～161。

〔註23〕 如：張風雷，《智顗評傳》（北京：京華出版社，1995年9月）。

〔註24〕 如：陳堅，〈貝施特和智顗論「惡」的宗教價值——兼談宗教中的「善惡」觀念〉，《普門學報》第28期，2005年7月，頁91～110。

〔註25〕 如：賴賢宗，〈《觀音玄義》與《觀音經疏》的「作者」問題與性惡說之創唱者的考察〉，收錄於「法華思想與天台佛學」研討會論文集（臺北：法光佛教文化研究所，2004年12月）。

〔註26〕 如：佐藤哲英，〈性惡思想の創唱者は智顗か灌頂か安藤谷大教授の反論に對する疑問〉，《印度學佛教學研究》第28期，1966年3月，頁47～52。

〔註27〕 學界有二說：一、主張智顗「『性』惡」中的「性」字指本體，如安藤俊雄、釋慧嶽、張瑞良、牟宗三、李四龍等；二、指屬性，如陳英善。（參安藤俊雄，演培法師譯，《天台性具思想論》（臺北：天華出版公司，1989年9月），頁83～95；安藤俊雄，蘇榮焜譯，《天台學——根本思想及其開展》（臺北：慧炬出版社，1989年10月），頁197；釋慧嶽，《天台教學史》（臺北：中華佛教文獻編纂社，1974年），頁184；張瑞良，〈天台智者大師的如來性惡說之探究〉，《臺大哲學評論》第9期，1986年1月，頁65～107；牟宗三，《佛性與般若（下）》（臺北：學生書局，1984年9月），頁870；陳英善，《天台緣起中道實相論》（臺北：法鼓文化事業有限公司，1997年5月），頁399）

〔註28〕 學界有二說：一、認爲源自慧思，如孫正心、悅西、釋慧嶽、釋聖嚴、潘桂明、楊維中；二、認爲不是源自慧思，如安藤俊雄、牟宗三、尤惠貞。（參孫正心，〈天台思想的淵源與其特質〉，收錄於張曼濤主編，《現代佛教學術叢刊（55）》（臺北：大乘文化，1980年10月），頁291～352；悅西，〈諸佛眞不斷性惡嗎？〉，

可待進一步釐清、平正。三、部分前人研究，恐有鉤扶智顗相關佛性作品未透徹的疏失，〔註30〕以致存有智顗佛性思想尚未詮釋的空間。

前人研究成果未完善處，是本文進一步探討之處。鑑於智顗佛性論尚有拓荒的寬廣空間，再加上屬於佛教佛性論發展的重要環節，因此本文擬對智顗佛性論作宏觀與微觀的研究。

二、問題提出

抉微智顗有關佛性思想的作品，並檢討古今中外有關智顗佛性思想的研究成果，筆者發現尚有不少問題有待進一步解決。茲舉例如下：

（一）智顗「性惡」思想是否源自慧思「染淨」說？

智顗有別他家，而提出「性惡」主張。其思想淵源於何處，學界尚有異

（收錄於《現代佛教學術叢刊（57）》，1980 年 10 月，頁 363；釋慧嶽，〈天台大師之性惡思想觀〉（同上，頁 356～360）；釋聖嚴，《大乘止觀法門之研究》（臺北：東初出版社，1991 年 1 月），頁 182；參潘桂明，《智顗評傳》（南京：南京大學出版社，1996 年 2 月），頁 276；楊維中，〈天台宗"性具善惡"觀論析〉，《人文雜誌》，2004 年第 3 期，頁 38；安藤俊雄，蘇榮焜譯，《天台學——根本思想及其開展》（臺北：慧炬出版社，1989 年 10 月），頁 201～204；牟宗三，《佛性與般若》（臺北：學生書局，1997 年 5 月），頁 871；尤惠貞，《天台宗性具圓教之研究》（臺北：文津出版社，1993 年 5 月），頁 34～53。

〔註29〕此論題涉及天台宗的教義定位。學界有二說：一、認為「性惡」是天台思想的特色，如安藤俊雄、張瑞良、佐藤哲英；二、反對者，如陳英善。（參安藤俊雄，演培法師譯，《天台性具思想論》（臺北：天華出版公司，1989 年 9 月），頁 83～84；張瑞良，〈天台智者大師的如來性惡說之探究〉，《臺大哲學評論》第 9 期，1986 年 1 月，頁 90；佐藤哲英，釋依觀譯，《天台大師之研究：特以著作的考證研究為中心》（臺北：中華佛教文獻編撰社，2005 年 4 月），頁 601；陳英善，《天台緣起中道實相論》（臺北：法鼓文化事業有限公司，1997 年 5 月初版 3 刷），頁 366）

〔註30〕如學界議題之一是：智顗於何部經典主張「性惡」？約有幾說：一、認為是《觀音玄義》、《請觀音經疏》者，如林志欽；二、認為是《維摩經玄疏》、《淨名玄義》、《觀音玄義》者，如釋慧嶽；三、認為除了《觀音玄義》，他著亦有談及者，如牟宗三；四、認為所有著作皆有涉及佛性者，如安藤俊雄。此點歧異，涉及部分學者對智顗作品的解讀，實有待回歸原典，深契智顗佛性義。（參林志欽，〈天台智顗一心具足說之理論意涵〉，《世界中國哲學學報》第 6 期，2002 年 1 月，頁 3～41；釋慧嶽，〈天台大師之性惡思想觀〉（收錄於張曼濤主編，《現代佛教學術叢刊（57）（臺北：大乘文化，1980 年 10 月），頁 360；牟宗三，《佛性與般若》（臺北：學生書局，1997 年 5 月），頁 869～895；安藤俊雄，蘇榮焜譯，《天台學——根本思想及其開展》（臺北：慧炬出版社，1989 年 10 月），頁 201～204）

議。異議之一是，學者或認爲源自南嶽慧思《大乘止觀法門》「性具染淨」說，如孫正心〔註31〕、悅西〔註32〕、釋慧嶽〔註33〕、釋聖嚴〔註34〕、潘桂明〔註35〕、楊維中；〔註36〕亦有學者反對此說，如安藤俊雄〔註37〕、牟宗三〔註38〕、尤惠貞。〔註39〕智顗「性惡」思想是否源自慧思，將攸關智顗「性惡」本來義涵與發展，因而實有待進一步釐清。

（二）智顗「『性』惡」中的「性」義屬本體或屬性，或有他釋？

智顗「『性』惡」中的「性」字屬本體或屬性，皆決定智顗「性惡」說的究竟導向。學者或認爲「『性』惡」中的「性」字屬本體，如安藤俊雄〔註40〕、釋慧嶽〔註41〕、張瑞良〔註42〕、牟宗三〔註43〕、李四龍〔註44〕等；然而亦有

〔註31〕 孫正心，〈天台思想的淵源與其特質〉，收錄於張曼濤主編，《現代佛教學術叢刊（55）》（臺北：大乘文化），1980年10月，頁291～352。

〔註32〕 悅西，〈諸佛眞不斷性惡嗎？〉，收錄於《現代佛教學術叢刊（57）》，1980年10月，頁363。

〔註33〕 釋慧嶽，〈天台大師之性惡思想觀〉：「『大乘止觀法門』，便是性惡思想的母胎，不過再經智者大師，將其師承加以闡明，而組織成爲天台教學的特殊思想之一……。」（收錄於張曼濤主編，《現代佛教學術叢刊（57）》（臺北：大乘文化），1980年10月，頁356～360）

〔註34〕 釋聖嚴，《大乘止觀法門之研究》（臺北：東初出版社），1991年1月，頁182。

〔註35〕 潘桂明，《智顗評傳》（南京：南京大學出版社），1996年2月，頁276。

〔註36〕 楊維中，〈天台宗『性具善惡』觀論析〉，《人文雜誌》2004年第3期，頁38。

〔註37〕 安藤俊雄，蘇榮焜譯，《天台學——根本思想及其開展》（臺北：慧炬出版社），1989年10月，頁201～204。

〔註38〕 牟宗三：「……托名慧思所作之《大乘止觀法門》即此類也。實則該書（《大乘止觀法門》）既非天台性具之義，亦非華嚴眞心『隨緣不變不變隨緣』之性起之義，乃兩不著邊，而攪混疑似，此望文生義誤之也。」（牟氏，《佛性與般若》（臺北：學生書局，1997年5月），頁871）

〔註39〕 尤惠貞，《天台宗性具圓教之研究》（臺北：文津出版社），1993年5月，頁34～58。

〔註40〕 安藤俊雄，演培法師譯，《天台性具思想論》：「非本具性惡的如來，不得行無功用自然的神通……」（臺北：天華出版公司，1989年9月，頁83～95）；安藤俊雄，蘇榮焜譯，《天台學——根本思想及其開展》：「身爲如來……唯其先天本具性惡故，乃其於拔度眾生時，方能以其神通力而任意運作，了無窒礙」（臺北：慧炬出版社，1989年10月，頁197）。

〔註41〕 釋慧嶽《天台教學史》：「由現象界的善惡觀念，求之本體界時，其本體即非但具有性善，同時也含有性惡的存在。是以天台教學，最顯著而超越其它宗派特殊的思想，就是性惡說」（臺北：中華佛教文獻編纂社，1974年，頁184）。可見釋慧嶽主張本體具性善、惡。

〔註42〕 張瑞良：〈天台智者大師的如來性惡說之探究〉，《臺大哲學評論》第9期，1986

異軍認爲應指屬性，如陳英善。〔註45〕如果智顗「性惡」說所指之「性」指本體，則佛豈能「性惡」？如果是指屬性，智顗爲何要大費周章闡明「性惡」？如果「性」字有他釋，又是如何開展「性惡」說？

（三）智顗是否僅在《觀音玄義》等經主張「性惡」？

智顗著作博大精深，學者或認爲智顗僅在《觀音玄義》、《請觀音經疏》中談及「性惡」，如林志欽；〔註46〕或認爲智顗主要在《維摩經玄疏》、《淨名玄義》，和《觀音玄義》中，談及「性惡」，如釋慧嶽；〔註47〕或認爲智顗主要在《觀音玄義》中闡論「性惡」，但在他著亦有談及，如牟宗三；〔註48〕或認爲智顗所有著作皆涵概「性惡」思想，如安藤俊雄。〔註49〕此點歧異，涉及學者對智顗作品的解讀，實有待回歸回典，進一步釐清之。

年 1 月。

〔註43〕牟宗三《佛性與般若（下）》：「既是性具百界，則理應有性德惡」（臺北：台灣學生書局，1984 年 9 月，頁 870）。牟氏認爲性具性德惡。

〔註44〕李四龍《天台智者研究——兼論宗派佛教的興起》：「主體的佛性最終有沒有展現出來，並不僅僅取決於『正因佛性』，『了因佛性』與『緣因佛性』也非常關鍵，三因佛性的統一才是完整的佛性」；「在談論智顗的『性德善惡』時，我們必須局限在緣、了佛性的範圍內」（北京：北京大學出版社，2003 年 8 月 1 版，頁 156；182）。可見李氏定位三因佛性爲主體。

〔註45〕陳英善《天台緣起中道實相論》：「近代學者往往認爲『性惡說』爲天台思想之特色，持此見解者，在於並不了解《觀音玄義》所談之性德善惡乃是基於『緣了』上來說，縱使知道是就『緣了』上來說，卻往往將『緣了』因當成本體（或存有）來理解。甚且他們並沒有發現《觀音玄義》『料簡緣了』這段文字已不合乎天台義理思想，反認爲此中所提之性惡爲天台思想之極至。而爲何會如此呢？基本上在於他們是從本體（或存有）的觀點來理解天台思想，所以把《觀音玄義》『料簡緣了』這段文字視爲天台思想之極點，而不覺有任何不妥處，反而依此大大倡言天台思想是主張性惡說。」（（臺北：法鼓文化事業有限公司），1997 年 5 月初版 3 刷，頁 399）由此段批駁近代學者之語，可見陳氏認爲性德善惡基於「緣了」言，「緣了」非屬本體（或存有）。

〔註46〕林志欽，〈天台智顗一心具足說之理論意涵〉，《世界中國哲學學報》第 6 期，2002 年 1 月，頁 3～41。

〔註47〕釋慧嶽，〈天台大師之性惡思想觀〉：「天台大師，對於如來具性惡的思想，在『維摩經玄疏』和『淨名玄義』、『觀音玄義』，都有明顯的說明。」（收錄於張曼濤主編，《現代佛教學術叢刊（57）》（臺北：大乘文化），1980 年 10 月，頁 360》

〔註48〕牟宗三，《佛性與般若》（臺北：學生書局），1997 年 5 月，頁 869～895。

〔註49〕安藤俊雄，蘇榮焜譯，《天台學——根本思想及其開展》：「性惡說之理論不獨《觀音玄義》爲然，且亦涵蓋智顗的全部學說」（臺北：慧炬出版社，1989 年 10 月，頁 201～204）。

（四）《觀音玄義》、《觀音經疏》、《請觀音經疏》作者是否歸屬智顗？

《觀音玄義》是真或偽此一議題，最早起於日本淨土宗僧普寂就《觀音玄義》違反佛教倫理，以及天台三大部未見「性惡」說，而判爲偽作；〔註50〕後，佐藤哲英並論證，含有性惡思想的《觀音玄義》、《觀音經疏》、《請觀音經疏》皆爲灌頂作。〔註51〕然而，亦有學者提出相反之見，認爲《觀音玄義》等經確是智顗作，如安藤俊雄。〔註52〕此外，亦有學者論及智顗性惡思想時，暫不論及真偽問題，如陳英善。〔註53〕

（五）智顗「性惡」說是否是天台宗之特色？

天台宗與他宗顯著差別處之一，在於前者提出「性具善惡」的主張，因而有學者認爲「性惡」是天台思想的特色，如安藤俊雄〔註54〕、張瑞良〔註55〕、佐藤哲英；〔註56〕亦有學者提出反對之見，並認爲性具性惡說與天台教理相悖，如陳英善。〔註57〕

以上諸問題，反應學界對智顗佛性論之解讀與詮釋尚有歧異。而這些問

〔註50〕 （日僧）釋普寂，《摩訶止觀復真鈔》，《大日本佛教全書》冊23（東京：佛書刊行會），1912年。

〔註51〕 佐藤哲英，釋依觀譯，《天台大師之研究：特以著作的考證研究爲中心》（臺北：中華佛教文獻編撰社），2005年4月，頁197～200；460～498。

〔註52〕 安藤俊雄，蘇榮焜譯，《天台學──根本思想及其開展》（臺北：慧炬出版社），1989年10月，頁201～204。

〔註53〕 陳英善，《天台緣起中道實相論》（臺北：法鼓文化事業有限公司），1997年5月初版3刷，頁373～374。

〔註54〕 安藤俊雄，演培法師譯，《天台性具思想論》：「古來天台教學的特色，在於所謂『具』之一字。……唯一『具』字，還不能充分的顯示天台教學的特異法門，要說『性惡』始可顯示天台教學的特異法門」；「唯互具互融，不能充分規定天台實相觀的特色，唯有性惡說，始能真正的具體的表現天台教學的根本特色」（臺北：天華出版公司，1989年9月，頁83～84）

〔註55〕 張瑞良，〈天台智者大師的如來性惡說之探究〉，《臺大哲學評論》第9期，1986年1月，頁90。

〔註56〕 佐藤哲英，釋依觀譯，《天台大師之研究：特以著作的考證研究爲中心》：「古來謂天台教學之特色在一『具』字，但是比起只說圓融即具的華嚴，其特色並不充分。因此……性惡說被視爲天台性具思想之極說。」（臺北，中華佛教文獻編撰社，2005年4月，頁601）

〔註57〕 陳英善，《天台緣起中道實相論》：「然若從天台教理──緣起中道實相論來看此問題，會發現性具性惡說之論調，根本是與天台教理相背離的。然《觀音玄義》……不周延之處，成了天台實相論之困阨。」（臺北：法鼓文化事業有限公司，1997年5月初版3刷，頁366）

題攸關吾人如何認知、定位智顗佛性思想全貌，實有待好好釐清、辨正。除以上學界尙有爭議的問題，筆者亦疑惑：

（一）與辨空、辨色等議題相較，「佛性」在中印佛教史上處於何種位置？是否算是佛教關鍵問題？在智顗之前印度佛性論有何發展？而佛性論傳至中土，雖然眾生皆可成佛、皆本具佛性，自竺道生後，漸普爲世人認同，但智顗若不提出佛性論，則依前人佛性論推衍，可能會出現什麼不足之處，甚至流弊？

（二）《佛性論》、《涅槃經》等大乘如來藏學代表作，不離演繹「佛性」。智顗如何承先啓後？其「佛性」義涵，以及新闢的「中道佛性」、「三因佛性」之名與義，與前人有何之別？智顗旨在傳達什麼？

（三）隨時代更革，智顗在闡明佛性論時，主以「如來藏」、「佛性」二詞。在行文時，爲何智顗用此不用彼，或用彼不用此？再加比例多寡，是否意謂「如來藏」、「佛性」發展至智顗，已有別前人？

（四）智顗的「三因佛性」，彼此是否有體、相、用的關係？而智顗爲何要以「性（具善）惡」、「一念無明法性心」來建構佛性論？

（五）古今研究智顗佛性論，大多關注其「性惡」說，並鎖定《觀音玄義》、《觀音義疏》爲考察目標。智顗佛性論是否止於此二部經典？如果吾人以「深度」、「廣度」二途徑抉微智顗全部著作，則其佛性論將呈顯何種樣貌？又，人的生平際遇，常影響其思想發展。智顗生逢亂世，橫跨梁、陳、隋三代，其總體思想有何轉折？其佛性思想的發展，是否有一個明顯脈絡可尋？而「性惡」說究竟是智顗晚年偶發的創見，還是他早年時，便已蘊育著「性惡」的思想？

（六）歷來文、哲著作，非僅作爲自我對談用，其實也常與整個世代進行對話。智顗的佛性主張，是否反應自己所見所聞所感所想，是否是爲了駁正一些未契佛性義者的看法？

（七）古今有關智顗佛性論的詮釋作品，在時空背景懸殊下，與智顗原著之間有何異同？其詮釋史是如何發展、流變？

（八）智顗「性（具善）惡」說，屬於圓教，則在藏、通、別三教中，智顗如何闡論佛性論？

（九）智顗佛性論對後世有何影響？後世對智顗著作又有何定位？

要之，雖然學界有不少學者投入在智顗佛性思想的研究中，但許多議題尙有解決的空間，因此筆者認爲有必要在承繼前人的研究成果後，再進一步

解決前人未達成共識的議題，以更深一層揭櫫智顗佛性思想原貌。

第三節　研究進路與章節結構

　　智顗著作可分兩類：一、注疏作品，如：《妙法蓮華經文句》、《仁王護國般若經疏》、《金光明經文句》、《觀無量壽佛經疏》、《維摩經玄疏》、《三觀義》、《觀音玄義》；二、創作作品，如：《修習止觀坐禪法要》、《法界次第初門》、《四教義》、《觀心論》、《禪門章》。加以考察，可知前者雖走注解、闡釋之路線，在忠實原典外，智顗更融會貫通，加以深化，並外延地創造性詮釋。若再合併後者，予以宏觀，則將發現，無論是五時八教、三諦圓融、一心三觀、一念三千、一念無明法性心、實相、佛性、心具、性具、三軌、六即……，皆多有承先啟後、甚至獨樹一幟的跨時代意義。〔註58〕其中，智顗佛性論可說是：以眾生與佛、眾生心與佛心、眾生性與佛性、三諦與中道佛性、佛性與三因佛性等為文脈基軸，並周徧融會、統攝徹達智顗整體思想。然而由於智顗文字簡鍊，有其獨特的風格與微言大義，部分行文恐過於言簡意賅，或涉難以言詮的勝義，以致讀者易生疑或逕直執文取義。也因此，再詮釋智顗學說有其必要性。

　　筆者認為智顗會一反前人以「善」作為「佛性」意涵，弔詭地提出「性

〔註58〕佐藤哲英《天台大師的研究》，將智顗一生分為前期和後期：一、前期（538～585：1～48歲），並細分為四個階段：（一）幼少時代（538～555）；（二）修學時代（555～568）；（三）瓦官寺時代（568～575）；（四）天台棲隱時代（575～585）。二、後期（585～597：48～60歲），並分為兩個階段：（一）三大部講說時代（585～595）；（二）晚年時代（595～597）。（佐藤哲英，《天台大師の研究：智顗の著作に關する基礎的研究》（京都：百華苑），1961年：佐藤哲英，釋依觀譯，《天台大師之研究：特以著作的考證研究為中心》（臺北：中華佛教文獻編撰社），2005年4月）釋慧嶽《天台教學史》，將智顗一生分為六期：一、幼年時代（18歲前）；二、修學時代（20～30歲）；三、瓦官寺時代（31～38歲）；四、天台隱棲時代（38～47歲）；五、三大部講說時代（48～56歲）；六、晚年時代（58～60）（釋慧嶽：《天台教學史》（臺北：中華佛教文獻編纂社），1974年）。相關學者不論如何細分智顗生涯，皆不離智顗百萬字鉅著起於瓦官寺時代《釋禪波羅蜜次第法門》、《修習止觀坐禪法要》，結至《觀心論》。然而對於智顗著述，除了部分有偽作之爭議，此外，並對於智顗思想是否有前、後期之異，加以討論。本文則認為，雖然智顗前期思想偏重次第，後期思想偏重圓熟，但其思想並無歧出，乃由淺至深、一以貫之，以圓教教義為旨歸，因此本文在考察或闡釋智顗著作時，並未特別區別是智顗前期或後期著作。

（具善）惡」說，主爲回應、解決時代思潮中的相關佛性問題，而新立中道佛性、三因佛性之名與義，亦有其巧思用意，因此本文研究過程中，將在智顗著作中，逐步反溯智顗的根本意向，掘發智顗佛性論的基源問題，以掌握整體思想之脈絡。此外，並將涉及與智顗佛性論相關的輔助材料考證，以精確明瞭智顗佛性論基源問題的基層。後，加以組合研究成果，希冀重構之。

又，佛家講究「聞思」，卻也看重身體力行的「修」。智顗相同，也強調止觀雙運的重要。若吾人欲徹底瞭解智顗佛性論，除施行哲學思辨活動，恐須參究並實踐箇中蘊涵的工夫論，才能超越語言的困限，眞正「會意」智顗佛性論的微言奧義。因此，筆者認爲此研究，必須兼具理智的治學態度與直觀洞識的實踐工夫，才能設身處地的理解智顗佛性作品中的哲學思維，以及體悟不可言詮的實相眞理。茲簡列研究進路如下：

（一）鳥瞰佛教歷史，爬梳出小乘，以及大乘中觀、瑜伽學派將眞常一系的佛性論斥爲「不了義」〔註59〕的記載，然後指出小乘等學派才有「不了」之處，正面顯示佛性論的重要性。

（二）考察智顗之前印度與中土佛性論的發展，從中闡明佛陀雖未明言佛性，卻不表示未曾預設佛性，以及眾生皆有佛性的論點；智顗之前的佛性論，在參糅中觀、唯識、小乘，以及傳統中國文化後，雖漸大放異彩，然而多偏滯一端，或未究竟圓融，實有嚴重流弊。

（三）論證智顗之有佛性之說，主要是爲了回應、解決時代思潮中的相關佛性問題，諸如佛性是染或淨；何謂中道佛性；土石有無佛性；佛性本有或始有；性、修議題等。

（四）對智顗豐厚作品作詳實考察，以鉤抉佛性論深義，並分別就性具實相與善惡二面向，還原智顗佛性論全貌。

（五）上溯智顗佛性論淵源，諸如考證是否源於南嶽慧思《大乘止觀法門》染淨之說；〔註60〕雜糅多少中觀、瑜伽學派的思想成分，並如何融會創新。

〔註59〕如：尊者眾賢，〔唐〕釋玄奘譯，《阿毘達磨順正理論》卷72：「若說心以淨爲性，後與煩惱相應位中，轉成染者應失自性。既失自性，應不名心，故不應說心本性淨，有時客塵煩惱所染。若抱愚信，不敢非撥言此非經，應知此經違正理，故非了義說。」（《大正藏》冊29，頁733中）

〔註60〕學界有二說：一、認爲源自慧思，如孫正心、悅西、釋慧嶽、釋聖嚴、潘柱明、楊維中；二、認爲不是源自慧思，如安藤俊雄、牟宗三、尤惠貞。（參孫正心，〈天台思想的淵源與其特質〉，收錄於張曼濤主編，《現代佛教學術叢刊（55）》（臺北：大乘文化，1980年10月），頁291～352；悅西，〈諸佛

（六）下探智顗佛性論對天台己家、佛教他宗、儒道他教，以及中國文化的影響。

若以章節結構易言之，則爲：

（一）第一章，思想史脈絡回顧：擬就佛教發展談佛性論的重要性，並舉智顗之前的佛性論相關典籍，凸顯智顗佛性論具有承先啓後的劃時代意義。

（二）第二章，智顗「『佛』『性』」義蘊：擬探究智顗如何對「佛」定位與形象勾勒，以及智顗對「佛『性』」之「性」的定義。並掇拾數則異名同義詞，以抉微智顗「佛性」特質與內涵。此外，字義解構智顗對「佛性」與「如來藏」的界定，以探二詞的關係與使用時態。

（三）第三章，智顗學說中的「心」與「即」義：擬抉微智顗學說中的「心」，探討智顗爲何重視觀心法門。並探討何謂「心具」說，及其開展之內涵。此外，從「十界一心」、「一念三千」，考察智顗著述中，繫連敵對或類例二詞的「即」字所扮演的角色與意義。

（四）第四章，智顗「佛性」的結構與意義：擬從「心」，亦即「一念無明法性心」，來探討智顗「佛性」內部結構及其特質。並從「一念無明法性心」引申思考智顗「心」之意義。此外，從「心即佛性」之證成探智顗「佛性」之內蘊。

（五）第五章，智顗「中道佛性」論：擬抉微智顗用來旨說圓教大意的「『因緣』『中道』『實相』」一詞，並探究該詞所推導出的「中道佛性」之義蘊。

（六）第六章，智顗「三因佛性」論：擬以三因佛性爲線索，說明智顗著述易令讀者困惑的地方。爾後以「相、性、體」、「三軌」、「因果」、「佛種」等各種面向，考察智顗「三因佛性」本義。

（七）第七章，智顗性惡說：擬以《觀音玄義》爲例，考察智顗「『性』

真不斷性惡嗎？〉，收錄於《現代佛教學術叢刊（57）》，1980 年 10 月，頁363；釋慧嶽，〈天台大師之性惡思想觀〉（同上，頁 356～360）；釋聖嚴，《大乘止觀法門之研究》（臺北：東初出版社，1991 年 1 月），頁 182；參潘桂明，《智顗評傳》（南京：南京大學出版社，1996 年 2 月），頁 276；楊維中，〈天台宗"性具善惡"觀論析〉，《人文雜誌》，2004 年第 3 期，頁 38；安藤俊雄，蘇榮焜譯，《天台學——根本思想及其開展》（臺北：慧炬出版社，1989 年10 月），頁 201～204；牟宗三，《佛性與般若》（臺北：學生書局，1997 年 5月），頁 871；尤惠貞，《天台宗性具圓教之研究》（臺北：文津出版社，1993年 5 月），頁 34～53。

『惡』說之定義與特質。並從「權實」角度，表明智顗「性惡」說不僅是天台的圓教實義，且爲逗機施教的方便法。此外，並就實踐層面，探討智顗性惡說的意義與價值。

　　其中：第一章思想史脈絡回顧。第二章，旨探討智顗「『佛』『性』」基本義涵與多重面向。有別他章直涉佛性義，第三章則另類探討智顗學說中的「心」與「即」義。若以外觀審視之，該章確實易令人以爲將佛性、如來藏之論述軸線的連貫切割。然而，筆者會闢此章，主要是爲了叩緊下一章「從『心即佛性』探智顗『佛性』之結構與意義」的行文安排。亦即，要能合理論證第四章的核心要點，首先需先處理：智顗如何定位「心」與「即」的意義，以及如何立基圓教，開展「心具」說。此外，「心」與「即」字，在智顗以眾生爲本位而所建構的佛性論中佔有極重要的角色，不得遺漏。在第三章的地基鋪陳後，於第四章，則能較完整處理：爲何「心即佛性」？若說「心」具有無明、法性雙重結構，是否佛性具有善、惡，便能合理證成？而智顗對「心」的正向意義的定位，是否便預設：佛性雖具善、惡，則成佛，便須發顯性德善、通達性德惡？又，在第五、六章集中細論智顗中道佛性論與三因佛性論前，會設第三、四章，另有一原因：筆者初初在智顗佛性論門外徘徊時，始終未解「心」與「佛性」的關係。若說「佛性」在「心」外，則有頭上安頭的弊端；若說「佛性」在「心」內，或與「心」相即，則「心」有意識活動、會覺知，則如何可能與「佛性」有關？再者，智顗定位佛性本具善惡，且善性即惡性，能直契眞如實相一乘理，若欲闡明清楚，則就作爲「一念無明法性心」的「心」切入，則未嘗不是一良好途徑？以上，乃筆者闢第三、四章的緣由。第五、第六章，則是從一「佛性」，進而分別探討智顗如何闡述「中道佛性」與「三因佛性」。從中將能得知，智顗肯定諸法，無論有情眾生或無情物，皆具「中道佛性」。然而無情木石較有情眾生，更無成佛可能？智顗如何闡述三因佛性論，則可提供一答案：若無親身踐履，圓滿修德善，使緣因佛性資助了因佛性，圓滿開顯正因佛性，則與解脫成佛絕緣。亦即，無情木石，雖具與「法性」、「中道佛性」相即的「正因佛性」，卻未具與修行有關的了因、緣因佛性，因此未能成佛。第七章，則是以《觀音玄義》爲例，細部闡釋智顗性惡說。一是探討該經著作版權是否是智顗；二是檢視智顗性惡說是否如理如法。下以簡易圖表示之：

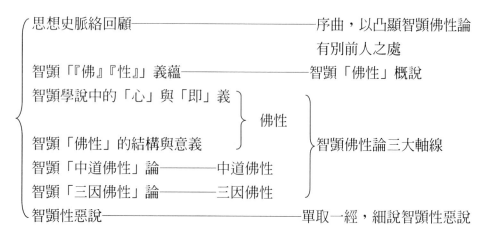

要之，本文擬以「微觀」與「宏觀」的方式開展。所謂「微觀」，即回歸原典，對智顗豐富的著作作一詳實的考察，以鉤隱抉微佛性論深義。所謂「宏觀」，即將智顗佛性論置於整個中國思想史，以及中、印佛教思想史的脈絡裡觀視；亦即將梁、陳、隋三代的時代思潮、議題作為智顗的橫向學術脈絡，並將智顗佛性論淵源的探溯，以及古今有關智顗佛性論詮釋的演變發展，作為綜向的學術脈絡。如此，以時間為經、空間為緯，有「微觀」的深察與「宏觀」的開拓，希冀能客觀解決智顗佛性論所引發的、尚遺而未決的議題，並如實還原智顗佛性論原貌。此外，並對古今相關研究成果作精確的檢視、回應。

第一章　思想史脈絡下的回顧

　　一種新思想的形成，往往不是無中生有。若上溯探源，將發現「思」出有因；必是該思想者蒙受曾觸及的思想文化啓萌、激盪、影響，而於因緣成熟時，使靈思的質與量有了創造性的超越。以佛教而言，各個宗派除了立基佛教基本教義，並各有各的立說主張；此外，隨時代遷流，並有承繼前人且予以創新的新思想。在浩瀚佛學裡，無論是否因宗派之故而有不同主張，諸思想間往往各有相繫連的環扣，或互立或互倚或互涉。然而其中有無特別重要、最不可欠缺的思想呢？本章旨從思想史脈絡下回顧：一、從佛教發展，談佛性論存在的重要性；二、佛教佛性論早期之演進。由此檢討發展的背後，是否潛藏有限性及尚待開拓的空間。此外，並與本文後幾章相輔映照，以揭示智顗佛性論在佛教思想史上的位置與意義。

第一節　從佛教發展談佛性論的重要性

　　鳥瞰佛教歷史：從佛陀在世時的根本佛教、佛滅百年的原始佛教、之後異執紛紜的部派佛教〔註1〕、一世紀由大眾部發展而興起的大乘佛教……，直迄當代佛教，其思想的層層流變與開枝散葉，無非便是吾人觀新、舊思想更替，因時因地因理，合「宜」則存在的最佳案例。其中，從佛教初始的隱性蘊釀，

〔註1〕　對於小、大乘未對立前的佛教，學界對其分類仍未有定論，而本文主要參考釋印順《原始佛教聖典之集成》：「我以爲，佛陀時代，四五（或説四九）年的教化活動，是『根本佛教』，是一切佛法的根源。大眾部 Mahāsāṃghika 與上座部 Sthavira 分立以後，是『部派佛教』。佛滅後，到還沒有部派對立的那個時期，是一味的『原始佛教』。」（臺北：正聞出版社，1994 年 1 月，頁 1～3）

〔註 2〕至三世紀興起，及四、五世紀盛行的如來藏／佛性思想，可堪幾度衝擊教界，諸如：近些年日本形成的「批判佛教」風潮，其批判之一便是：如來藏是「僞佛教」、「如來藏思想不是佛教」，〔註3〕將如來藏學摒除於佛教外。如來藏學／佛性論是否屬於正統佛教？就佛教發展而言，其存在是否特別重要？如果是，爲何萌端並發展迄今，仍然頗受負面評議？如果不是，爲何印度佛教發展至後來，小乘及大乘中觀、瑜伽二系〔註4〕紛紛糅合佛性思想？本節重心置於：一、鳥瞰佛教歷史，爬梳出小乘以及大乘中觀、瑜伽二系否定佛性的相關記載，然後指出：印度大乘佛教發展至後期，小乘以及中觀、瑜伽系糅合佛性思想，照樣也闡論佛性的文獻證據。藉此反映：一思想有時遭逢駁斥，不是己身學說未究竟契理，而是涉及斥方所立的思考基點、切入向度、文化場域，及其自身思想的成熟度，就此正面顯示：佛性論存在的重要性。

〔註 2〕 大乘初期及其之前，是否已言及佛性，學界意見不一。個人則認爲佛性思想可溯源至佛陀時期，原因是，佛陀雖未闡述「如來藏」、「佛性」之詞，卻不表示相關義涵與主張未深蘊於教義裡。

〔註 3〕 參袴谷憲昭，《本覺思想批判》（東京：大藏出版社，1989 年）；袴谷憲昭，《批判佛教》（東京：大藏出版社，1990 年）；E. Jamie Hubbard & Paul L. Swanson, Pruning the Boghi Tree: The Storm over Critical Buddhism（Univ. of Hawaii Press, 1997）（中譯本：（美）霍巴德，（美）史乃森編，龔雋等譯，《修剪菩提樹:「批判佛教」的風暴》（上海：上海古籍出版社），2004 年 11 月；松本史朗，《禪思想之批判研究》（東京：大藏出版社），1994）。

〔註 4〕 關於大乘判教，歷來有單指中觀、唯識二派，如：〔唐〕釋義淨，《南海寄歸內法傳》卷 1：「所云大乘無過二種：一則中觀；二乃瑜伽。中觀，則俗有眞空，體虛如幻；瑜伽，則外無內有，事皆唯識」。此外，亦有包含眞常的三系說，但歷來迭有異名。如：〔唐〕釋法藏，《大乘起信論義記》卷 1：「現今東流一切經論，通大小乘，宗途有四：……二、眞空無相宗。即《般若》等經，《中觀》等論所說是也。三、唯識法相宗。即《解深密》等經，《瑜伽》等論所說是也。四、如來藏緣起宗。即《楞伽》、《密嚴》等經，《起信》、《寶性》等論所說是也」；〔唐〕釋宗密，《大方廣圓覺修多羅了義經略疏》卷 1：「大乘教總有三宗，謂法相、破相……法性」；《禪源諸詮集都序》卷 1：「禪三宗者。一息妄修心宗；二泯絕無寄宗；三直顯心性宗。教三種者。一密意依性說相教；二密意破相顯性教；三顯示眞心即性教」；釋太虛，太虛大師委員編，《太虛大師全書》：「大乘宗者，略說三類：一、法空觀慧宗。……二、法相唯識宗。……三、眞如淨德宗」；釋印順，《無諍之辯》：「大乘三系，即性空唯名論，虛妄唯識論，眞常唯心論」。（參《大正藏》冊 44，頁 243 中；冊 54，頁 205 下；冊 39，頁 525 下；冊 48，頁 402 中；太虛大師委員編，《太虛大師全書》（臺北：善導寺佛經流通處，1980 年），頁 463～464；釋印順，《無諍之辯》（臺北：正聞出版社，1990 年 3 月），頁 126）

　　「如來藏」與「佛性」二詞，歷來常被視爲異名同義，在佛教發展中先後被取作佛性論的核心詞彙。若僅針對文字記載，則「如來藏」最早單一出現於原始佛教聖典《增壹阿含經・序品》。〔註5〕該經並未多作闡述，但考察上下文意，可推敲「如來藏」表徵如來所說的一切經藏，用來稱譽「義豐慧廣不可盡」、契通三藏暨三乘教法的《增壹阿含經》；引申義可爲如來智。若欲論「如來藏」、「佛性」相關理論建構，則在部派佛教時期及之後。而隨著時空的遷移、派別的演化，佛性論漸趨縝密的多樣演繹。其過程，反對者的駁正語不時伴隨，原因雖隨各式佛性論內涵而有殊異，但大體不離：凡論述佛性，必是預設有一「佛性」或「我」存在的前提，而這，至少有悖「緣起」、「無常」、「無我」等佛教根本教義。既是有違，則持說者要拓展出一片天地，並於佛教界立足，實得面對披荊斬棘的重重考驗，而這可從大乘如來藏早期經典《央掘魔羅經》所載的「荷四擔」窺見一斑：當「演說如來常恒不變如來之藏」，可能遭「兇惡像類」加害或毀罵；無緣對君臣將士等上流者演說，唯「下劣形殘貧乞」者尚能忍聽之；此外，環境麁劣，且多遇「男悉邪謗，女人少信」等薄信者。可知於佛性論成熟發展的大乘後期及之後，無論是否逆境減輕，此「四擔」說未嘗不影射佛性論者於歷史洪流中，或多或少身陷被駁斥的猛浪裡，道途崎嶇危阻。以下先分別探討聲、緣二乘，以及大乘中觀系、瑜伽系對佛性所持的態度：

一、聲、緣二乘

　　若以三乘言之，小乘乃相對於中乘、大乘。由於「乘」含「運載」〔註6〕義，指能運載行者各到果地的教法，因此從教義言，對小機說羅漢之道，名「小」乘；對中機說辟支佛之道，名「中」乘；對大機說成佛之道，名「大」乘。〔註7〕從行者言，小乘，指聽聞佛說之言教而悟解四諦之理的聲聞乘；中

〔註5〕　〔東晉〕瞿曇僧伽提婆譯，《增壹阿含經》卷1：「一一契經義亦深，是故名曰增壹含。……佛經微妙極甚深，能除結使如流河。然此增一最在上，能淨三眼除三垢。其有專心持增一，便爲總持如來藏。正使今身不盡結，後生便得高才智。……契經一藏律二藏，阿毘曇經爲三藏。方等大乘義玄遠，及諸契經爲雜藏。……此經眞實如來說，使阿難尋道果成。」（《大正藏》冊2，頁550中～下）

〔註6〕　〔隋〕釋智顗說，《妙法蓮華經玄義》卷9，《大正藏》冊33，頁793上；〔唐〕釋不空譯，《仁王護國般若波羅蜜多經》卷1，冊8，頁835下。

〔註7〕　〔隋〕吉藏，《法華遊意》卷1：「佛教雖復塵沙，今以二義往收，則事無不盡：一者赴小機說，名曰小乘；赴大機說，稱爲大乘教。」（《大正藏》冊34，頁644中）

乘，指自覺十二因緣之理的緣覺乘；大乘，指求一切智、修六度萬行、欲度一切眾生的菩薩乘。〔註8〕此外，若僅以大、小二乘言之，小乘則指灰身滅智，純「自了漢」〔註9〕的聲聞、緣覺二乘，亦即將原指中乘的緣覺乘納入；相對的，大乘則指能自度度人的菩薩乘。然而無論是二乘或三乘說，「小乘」乃大乘佛教興起後，為有別之前的部派佛教，而予以名之。專以自度的小乘，是否有佛性論呢？由於大乘肯定眾生即是佛、無量三千世界，同時有無量之佛出世之說；〔註10〕小乘，無論信仰歷史佛或理想佛，則持一佛出世，無一時二佛出世之說，〔註11〕可知：大、小二乘對孰持「佛」之「性」的看法必是不同。甚至可進一步探得：大乘，尤其是中、後期的大乘，肯定佛性，持眾生悉有佛性說；小乘則相反。與大乘相較，小乘所認知的佛與眾生，更顯聖俗涇渭分明，再加執泥「有」、「無」、「諸行無常」、「諸法無我」等佛教基本教義，可知小乘雖部派分立，教義有別，但其佛性思想僅能在有限的空間發展。以下分兩點揭之：

（一）佛　性

1. 「不信有無性眾生」

分別部為持說代表。主張一切凡聖眾生「空為其本」、「皆從空出」，而「空

〔註8〕　〔姚秦〕鳩摩羅什譯，〔明〕釋一如集註，《法華經科註》卷2：「三乘者。乘以運載為義。聲聞以四諦為乘；緣覺以十二因緣為乘；菩薩以六度為乘。運出三界，歸於涅槃也」；〔隋〕釋智顗說，釋灌頂記，《仁王護國般若經疏》卷3：「三乘，聲聞、緣覺、菩薩也」；〔唐〕釋法藏述，《華嚴一乘教義分齊章》卷1：「大乘、中乘、小乘為三乘。此有三義。……如小論中，自有聲聞法、緣覺法，及佛法。」（《卍續藏》冊31，頁220上；《大正藏》冊33，頁266中；冊45，頁479中～下）

〔註9〕　〔宋〕釋克勤，《佛果圜悟禪師碧巖錄》卷2：「師曰：請渡。彼即褰衣，躡波如履平地。回顧云：渡來，渡來。師咄云：這自了漢」；〔清〕釋溥畹，《楞嚴經寶鏡疏》卷8：「當度眾生。設不度生，則成自了漢矣」；〔清〕釋行悅集，《列祖提綱錄》卷20：「豈如寂滅自了漢」。（《大正藏》冊48，頁151中；《卍續藏》冊16，頁584下；《卍續藏》冊64，頁167下）

〔註10〕　如：〔宋〕求那跋陀羅譯，《楞伽阿跋多羅寶經》卷4：「一世界中應有多佛，無差別故」；無著，〔唐〕釋玄奘譯，《顯揚聖教論》卷20：「大乘言教是如來說。於一時間多佛出世及一乘性。」（《大正藏》冊16，頁507中；冊31，頁580下）

〔註11〕　如〔東晉〕瞿曇僧伽提婆譯，《增壹阿含經》卷32：「諸辟支佛即於空中燒身取般涅槃。所以然者。世無二佛之號，故取滅度耳」；世親，〔唐〕釋玄奘譯，《阿毘達磨俱舍論》卷12：「一界中唯有一如來……，一界中無二佛現。」（《大正藏》冊2，頁723中；冊29，頁65上）

是佛性；佛性者即大涅槃」。亦即以「空」定位佛性，以眾生存在之本、生成之源定位「空」，並將「空」與佛性、大涅槃作爲相稱的同義詞。由於眾生皆具「空」本、皆從「空」出，想當然皆具佛性，因此可說分別部持：眾生從空／佛性／涅槃出，「不信有無性眾生」。乍看分別部所言之「空」，易以爲等同大乘中觀系所言之「空」，然而根據「無餘滅，譬如燈滅」〔註12〕等語，顯見分別部之「空」偏斷滅，甚至可等同「實無」，未屬究竟。

2.「不信皆有佛性」

毘曇、薩婆多等部爲持說代表。主張一切眾生「無有性得佛性，但有修得佛性」。眾生並可依「定無」、「不定有無」、「定有」佛性而三分：「定無佛性」者，指永不般涅槃的闡提；「不定有無」佛性者，指有修即得、無修無得的「賢善共位以上人」；「定有佛性」者，指修至一定行位即得佛性的聲聞、獨覺、菩薩等三乘。〔註13〕毘曇、薩婆多等部，不承認眾生先天本具性得佛性，而僅肯定眾生具有後天修行而得的修得佛性。此說恐可思考：一、眾生縱是修得究竟，是否有成佛的可能？二、若無性得佛性之「因」，何來修得佛性之「果」？

「不信有無性眾生」的分別部與「不信皆有佛性」的毘曇、薩婆多等部，其佛性看法基於「有」、「無」而對立。然而更進一步考察，其實亦可滙合爲

〔註12〕婆藪跋摩，〔陳〕釋眞諦譯，《四諦論》卷3：「分別部說，滅有三種：一、念念滅；二、相違滅；三、無餘滅，譬如燈滅。」（《大正藏》冊32，頁389下）
〔註13〕天親，〔陳〕釋眞諦譯，《佛性論》卷1：「破小乘執者。佛爲小乘人說：有眾生不住於性，永不般涅槃，故於此生疑，起不信心。釋曰：所以生疑者，由佛說，故小乘諸部解執不同。若依分別部，說一切凡聖眾生，並以空爲其本，所以凡聖眾生皆從空出，故空是佛性。佛性者，即大涅槃。若依毘曇、薩婆多等諸部說者，則一切眾生無有性得佛性，但有修得佛性。分別眾生凡有三種：一、定無佛性。永不得涅槃，是一闡提犯重禁者。二、不定有無。若修時，即得；不修，不得。是賢善共位以上人故。三、定有佛性。即三乘人：一、聲聞從苦忍以上，即得佛性；二，獨覺從世法以上，即得佛性；三者，菩薩十迴向以上是不退位時，得於佛性。所以然者。如經說：有眾生不住於性，永無般涅槃故。又《阿鋡》說：佛十力中，性力所照。眾生境界有種種性，乃至麁妙等界不同，故稱性力。所以者何？一切眾生有性無性異，故有佛性者，則修種種妙行；無佛性者，則起種種麁惡。是故學小乘人，見此二說皆有道理，未知何者爲定，故起疑心。復次生不信心者：於二說中，各偏一執，故不相信。何者？若從分別部說，則不信有無性眾生。若薩婆多等部說，則不信皆有佛性，故明有佛性者。」（《大正藏》冊31，頁787下）

法藏所言的：「小乘中，但佛一人有佛性，餘一切人皆不說有」、「於此教中，除佛一人，餘一切眾生皆不說有大菩提性」；〔註14〕亦即智顗所言的，小乘「無佛性」。〔註15〕原因在於：一、分別部肯定眾生皆有佛性，已意識有「我」、「自性」的存在。然而此「我」與佛教根本教義「無我」相悖，相信這是分別部若欲立「有佛性」便需處理的問題。分別部以「空是佛性」作為解決之道，亦即以指涉「無我」的「空」義，來泯除有「我」而可能產生的偏執。這定位眾生存在與生成根本的「空」義看似與大乘中觀系近似，卻因偏斷滅而有別。再加小乘多持「佛一人」的佛陀觀，因而可言，分別部明面上持「『有』佛性」，卻因其獨特的「空」義色彩，實際上則意指「『無』佛性」。二、毘曇、薩婆多部明言「一切眾生無有性得佛性」，即已契合小乘「『無』佛性」之旨。此外，有一線索亦可取為應證：毘曇、薩婆多部在闡論「定有（修得）佛性」時，規範三乘可隨修行程度而有不同的修得佛性，亦可由修得佛性之別而定位三乘身份。其中，未言佛與修得佛性的關係，這已隱露：一、佛縱無修得佛性，亦是佛，只因佛具有性得佛性；二、眾生無性得佛性，註定不可成佛，但可藉由後天修行，而具有不同層級的修得佛性，以及恒比佛小的三乘果位。

毘曇、薩婆多部認為，佛才真正完全具有佛之為佛的佛性，眾生僅能就後天努力而獲修得佛性。此說，將佛與眾生完全割裂，相信多少有受印度種姓制度的潛在影響。分別部能擺脫種姓制度的羈袱，將眾生一視同仁，肯定皆有佛性，實比毘曇、薩婆多部更肯定眾生存在的價值，然而可惜在「空」義上落於「實無」，致使偏差了修行方向。要之，分別部與毘曇、薩婆多等部的佛性論雖有異，但大抵皆持「無佛性」說；亦即，與大乘相較，分別部持眾生具有「空（實無）」佛性；毘曇、薩婆多部持眾生「實無」佛性。兩方皆恪守「無常」、「無我」的佛教根本教義，又展示對神我的無比崇拜。如此排斥「我」卻又肯定「我」，實存內在矛盾，以致留給反方或大乘無限補正的空間。而兩家所反應出的，小乘「無佛性」思想，其實亦扣合：小乘將歷史佛或理想佛置於神聖崇高的地位，任憑眾生多麼精進修行，也因無內具佛性，

〔註14〕 〔唐〕釋法藏述，《華嚴一乘教義分齊章》卷 2，《大正藏》冊 45，頁 486 下～487 上：485 下。

〔註15〕 〔隋〕釋智顗，《妙法蓮華經玄義》卷 10：「大、小通有十二部，但有佛性、無佛性之異耳。」（《大正藏》冊 33，頁 803 下）

而不能與之並駕。如此將產生一問題：眾生「無」佛性、不能成佛，則修行有無意義？若根據小乘教義，可知小乘不像大乘認同眾生即佛的關係，因此雖肯定修行、甚至重視後天修行，卻以證得灰身滅智的涅槃為修行目的。而這，也反應部派佛教之為小乘，而非大乘，乃在於重視寂滅的自度。

小乘對「成佛」、「涅槃」、「空」、「有」、「佛性」等諸多重要詞彙，基於根基與識見之故，易執泥一端，不能究竟契義的予以理解，以致不能和慧證一切智的大乘同日而語。由於小乘持眾生「『無』佛性」，因此雖然部派眾多，但其實不像大乘對佛性論多所著墨。此外，除了將眾生與佛涇渭視之，小乘並因理解程度之故，不像大乘能認同心與佛性同位的關係。然而有一特殊現象是，小乘雖少言佛性，卻多對心性染淨議題多作探討：

（二）心 性

1. 心性本淨

持說者以「心本性淨，有時客塵煩惱所染」為根柢，而各加闡發。可細分為三：

（1）大眾、一說、說出世、雞胤等四部：定義「淨」是「三善根」，能「生信智」，可「暫滅，非永滅」；「客塵」，即是眾生無始生死已來具有的「煩惱」，即是「隨眠」，即是「三不善根」，能「起貪瞋等不善」之「纏」，一旦「斷，則永不生」。由此，該四部基於隨眠與纏有別、「隨眠與心不相應，纏與心相應」，來闡論「心性本淨」說。〔註16〕

（2）分別論者：與大眾四部相同，皆言與心相應的是「纏」，而非「隨

〔註16〕德慧，〔陳〕釋真諦譯，《隨相論（解十六諦義）》卷1：「問：三善根是心法不？答：非心法，故有時不與心相應。如僧祇等部說：眾生心性本淨，客塵所污。淨即是三善根。眾生無始生死已來有客塵，即是煩惱。煩惱即是隨眠等煩惱。隨眠煩惱，即是三不善根。由有三善根，故生信智等。信智等生時，與三善根相扶，故名相應。由有三不善根，故起貪瞋等不善。不善生時與三不善相扶，故言相應。若起邪見，斷三善根。三善根暫滅，非永滅。後若生善，還接之令生。若斷三不善根者。斷，則永不生」；世友，〔唐〕釋玄奘譯，《異部宗輪論》卷1：「大眾部、一說部、說出世部、雞胤部，本宗同義者。謂四部同說：……預流者有退義，阿羅漢無退義。……心性本淨，客隨煩惱之所雜染，說為不淨。隨眠非心，非心所法，亦無所緣。隨眠異纏；纏異隨眠，應說隨眠與心不相應，纏與心相應。過去、未來，非實有體。一切法處非所知，非所識量，非所通達，都無中有。諸預流者，亦得靜慮。如是等是本宗同義」。（《大正藏》冊32，頁163中；冊49，頁15中～下）

眠」，不過分別論者更細說「隨眠是纏種子」，「纏」一旦現行，行者即有退轉意。此外，分別論者並假銅器垢淨等喻，闡論染污心、不染污心「其體無異」，皆爲同一淨心。二者之別，取決於心「相」是染或淨。而這，又取決於「隨眠」未斷或已斷。亦即，未斷前，是凡夫，其心是性淨相染；已斷後，是聖人，其心恒是性淨相淨。而「隨眠」如何斷、心染相如何淨、如何轉凡成聖，便涉及聞思、修心、如實知見等修行法門。〔註17〕

（3）一心相續論者：假浣衣、磨鏡、鍊金等喻，闡述除垢行爲皆爲「對治煩惱，非對治心」，致使「聖道未現在前」的「煩惱未斷」，迄「聖道現前」的「煩惱斷」，無論是「隨眠心、無隨眠心」，其實皆僅「一心」，「而性是一」；「性無別。心亦如是」。〔註18〕

以上三論者皆言「心性本淨」；若不淨，則是受客塵煩惱雜染緣故。追溯此宗義，應多少蒙受佛教「心淨」說發源地，亦即原始聖典《阿含經》「心者，

〔註17〕〔姚秦〕曇摩耶舍、曇摩崛多等譯，《舍利弗阿毘曇論》卷27：「心性清淨，爲客塵染。凡夫未聞，故不能如實知見，亦無修心；聖人聞，故如實知見，亦有修心。心性清淨，離客塵垢。凡夫未聞，故不能如實知見，亦無修心；聖人聞，故能如實知見，亦有修心。今當集假心正門」；五百大阿羅漢等，〔唐〕釋玄奘譯，《阿毘達磨大毘婆沙論》卷 27：「分別論者。彼說心本性清淨，客塵煩惱所染污，故相不清淨。……染污、不染污心，其體無異。謂若相應，煩惱未斷，名染污心；若時相應，煩惱已斷，名不染心。如銅器等。未除垢時，名有垢器等；若除垢已，名無垢器等。心亦如是」；《阿毘達磨大毘婆沙論》卷 60：「分別論者又說：隨眠是纏種子。隨眠自性心不相應；諸纏自性與心相應。纏從隨眠生。纏現前，故退。諸阿羅漢已斷隨眠。纏既不生，彼如何退？故說無退是應正理」；眾賢，釋玄奘譯，《阿毘達磨順正理論》卷 72：「分別論者作如是言：唯有貪心，今得解脫。如有垢器，後除其垢。如頞胝迦由所依處，顯色差別，有異色生。如是淨心，貪等所染，名有貪等，後還解脫。聖教亦說：心本性淨，有時客塵煩惱所染」。（《大正藏》冊 28，頁 697 中：冊 27，頁 140 中～下：冊 27，頁 313 上：冊 29，頁 733 上）

〔註18〕 訶梨跋摩，〔姚秦〕鳩摩羅什譯，《成實論》卷 3：「我不爲念念滅心，故如是說。以相續心，故說垢染」；五百大阿羅漢等，〔唐〕釋玄奘譯，《阿毘達磨大毘婆沙論》卷 22：「但有一心，如說一心相續論者。彼作是說：有隨眠心、無隨眠心，其性不異。聖道現前，與煩惱相違，不違心性。爲對治煩惱，非對治心。如浣衣、磨鏡、鍊金等物，與垢等相違，不違衣等。聖道亦爾。又此身中，若聖道未現在前，煩惱未斷，故心有隨眠；聖道現前，煩惱斷，故心無隨眠。此心雖有隨眠、無隨眠時異，而性是一。如衣、鏡、金等，未浣、磨、鍊等時，名有垢衣等；若浣、磨、鍊等已，名無垢衣等。有、無垢等，時雖有異，而性無別。心亦如是。」（《大正藏》冊 32，頁 258 中：冊 27，頁 110 上）

是極光淨」〔註19〕的影響。只不過在小乘盡是「無佛性」的共識中，三論者能肯定心性存在，以及心性本淨，無非增長行者轉凡成聖的可能性。然而，除了修至極善、極淨，就常理論之，凡是有情眾生多少會心生煩惱，或起而作惡，因此若欲持心性本淨說，則如何處理煩惱與心的關係；如何定義清淨心；如何定位「染」是從體透染，或是表層覆障，便為核心問題。以上三論者，明顯將心析分為性體與性相；性體始終清淨，性相則時受煩惱染污而不清淨；無論是染污心、不染污心、隨眠心、無隨眠心，始終皆是一心，其性始終為淨。然而三者仍有小異：一、大眾四部將煩惱二分為三不善根的「隨眠」與現行的「纏」。認為與心相應、使心相受染的是「纏」，但要使心相絕對清淨，則需斷盡三不善根。如此，「纏」將不生，便為「無退」的阿羅漢。從「過去、未來，非實有體」、「阿羅漢無退」等語，可見該論者屬於現在實有者。從善根可「暫滅，非永滅」的堅韌性；惡根「斷，則永不生」的脆弱性，可見該論者未將三善根、三不善根置於齊平等級，以致煩惱惡根是否能永斷、阿羅漢是否能永無退轉，留有商榷的空間；畢竟臻於究竟修行果位，也僅是更加保固善根的未斷，卻不可能有惡根永不生的情形，因為已臻最高境界的佛亦有降至他界的可能，何況阿羅漢？此外，善根、不善根，既名為

〔註19〕若單單根據：〔後秦〕佛陀耶舍、竺佛念譯，《長阿含經》卷1：「心淨故來，詣無煩惱。淨心而來，為佛弟子」；〔東晉〕瞿曇僧伽提婆譯，《中阿含經》卷20：「於此身中，以清淨心無處不遍」；《中阿含經》卷41：「善知清淨心，盡脫婬怒癡」；〔宋〕求那跋陀羅譯，《雜阿含經》卷10：「心惱，故眾生惱；心淨，故眾生淨」；《雜阿含經》卷44：「慈悲為苦行，真實心清淨」；失譯，今附秦錄，《別譯雜阿含經》卷16：「勿貪於欲樂，坌污已淨心。如鳥為塵坌，奮翅振塵穢。比丘亦如是，禪思去塵勞。塵垢來染心，正念能除捨。愛欲即塵垢，非謂外埃土。欲覺及瞋癡，謂之為塵勞。攝心有智者，爾乃能除去」；〔東晉〕僧伽提婆譯，《增壹阿含經》卷22：「心性極清淨，斷魔邪惡念。功德如大海，今入彼邦土」；《增壹阿含經》卷33：「戒清淨義者，能使心清淨。心清淨義者，能使見清淨」。可推論《阿含經》多側重後天修行能得「心淨」。如此，吾人可能會疑問，心是否本是清淨，或是透由修行才清淨？若參佐《南傳大藏經‧增支部》所收的《阿含經》：「諸比丘！心者，是極光淨者，卻為客塵煩惱所雜染，而無聞之異生，不能如實解，故我言無聞之異生不修心」；「諸比丘！心者，是極光淨者，能從客塵煩惱得解脫，而有聞之聖弟子能如實解，故我言有聞之聖弟子修心。」可知，《阿含經》其實是持心性本淨思想。(《大正藏》冊1，頁10下；冊1，頁430下；冊1，頁555下；冊1，頁689上，冊2，頁69下；冊2，頁321上；冊2，頁490上；冊2，頁663下；冊2，頁734下。釋悟醒譯，元亨寺漢譯南傳大藏經編譯委員會編輯，《漢譯‧南傳大藏經》冊17，《增支部‧彈指品》(高雄市：元亨寺，1994年6月初版)，頁12～13)

「根」，豈能「滅」、「斷」？二、分別論者「隨眠是纏種子」、羅漢無退，與大眾四部相近。較不相同的是，分別論者特強調「如實知見」、「修心」是成聖的功夫論，是心性清淨、遠離客塵的法門。而由上文曾載，分別論者持「以空爲其本」、「空是佛性；佛性者即大涅槃」，可知「如實知見」偏般若觀。如此將有一疑問：分別論者的「『修』心」，究竟屬於「觀心」的慧證知，抑或布施、持戒方面的行解脫？亦即，該部以「空」爲本位，則爲「假心」的「心」將如何「修」？此或可作爲分別論者內在理論是否一致性的思考點。三、一心相續論者雖未提起「纏」、「相應」概念，但明顯側重「浣、磨、鍊」是「對治煩惱，非對治心」，凸顯煩惱斷前或後、心念生滅不已的「相續」心其實皆是本淨的「一心」。簡言之，以上三家雖立善、不善；淨、染；無垢、有垢；淨心、貪心等對立概念，但其實皆將清淨心體視作主位、尊位，現行煩惱僅能與心相相應，使心相受染，卻絲毫無法影響始終爲一的清淨心體，而這亦可言，在心識生滅起轉的過程中，心體本淨。

2. 染 心

小乘反「心性本淨」說者，可以說一切有部爲代表。如：眾賢於《阿毘達磨順正理論》中，斥責分別論者所持的「心本性淨，有時客塵煩惱所染」，是「非眞說」、「戾正言」、「違正理」、「抱愚信」、「非了義」，理由是：一、此說「與理相違」，大悖佛教根本教義。二、既言有「染心」，何來「本性清淨」？三、心性本無染，與染心相應才「轉成染」，則煩惱亦可因相應而「轉成淨」。如此，何來煩惱之「染」？四、心性既是本淨，則在因果、時間上並沒有被染污的絲毫可能。亦即，若心本淨，後因煩惱「生」而被染污，則心體不可能刹那便滅失清淨；若先有煩惱，後生淨心，則煩惱「惑體」不可能刹那便滅；若「心與惑俱時而生」，則清淨心爲客塵染之說不可能成立。五、心與煩惱相遇的效應，若眞欲以因果論之，則異時中有異因，即有異果，豈能以「心本淨，煩惱爲客塵」爲定論？六、若清淨心眞爲客塵所染，或煩惱轉成淨，是否意味染心或淨心將「墮」刹那滅？七、若說心性本質爲「淨」，則與煩惱相應而「轉成染」，便失自性，如此何能名「心」，何能言「心」存在？〔註20〕

〔註20〕 眾賢，〔唐〕釋玄奘譯，《阿毘達磨順正理論》卷72：「分別論者作如是言：……聖教亦說心本性淨，有時客塵煩惱所染。……所引至教與理相違，故應此文定非眞說。且應徵詰諸有染心，云何名爲本性清淨？彼言心性本是不染，若爾與染心所相應，爾時此心轉成染者，是則煩惱應轉成淨。由與清淨心體相應，此彼別因不可得故。又心性淨，理無被染，先後與俱皆不成，故謂：若

　　有部論師於《阿毘達磨大毘婆沙論》，亦明顯有一段對分別論者的詰難，內容可資作上述的補充：一、若依「心本性清淨，客塵煩惱所染污」，導致心「相不清淨」，如此是否可反過來說，客塵煩惱本性染污，但由於與本性清淨心相應，導致煩惱「相清淨」？二、由於客塵煩惱本性屬染污，縱使與本性清淨心相應，其煩惱相亦應為不清淨。由此可推，心既是本性清淨，則不因客塵煩惱緣故，而使心「相」不清淨。三、清淨心與煩惱，孰為先生、後生，或俱時生？若清淨心先生，則心應「住」於清淨，何來因煩惱而剎那滅清淨？若二者俱時生，則何能言「心性『本』淨」？若言煩惱先生，則為何無「未來心可言本淨」之說？從這三點更可知，有部四分心性、心相、煩惱性、煩惱相，認為性、相應內外一體，亦即心性若「淨」，心相亦應為「淨」，何能像分別論者有性「淨」、相「染」等裡外不一情形？再者，心若「本」淨，則應自始自終為「淨」，是超越因果、時間，何來有受「染」的情形？〔註21〕

　　合觀小乘持「心性本淨」者與反方之說，明顯可察覺：一、持「心性本淨」者已預設心「相」有實相與假相的前提，甚至傾於默認，若真有染心，則此染心應為「假」心，而淨心才為「真」心、「實」心。亦即，當心性清淨，不為客塵煩惱所染時，心性與實相、假相皆「淨」；當心性清淨，後為客塵煩

先有自性淨心，後煩惱生方被染者，應淨心體非剎那滅。若先有惑，後淨心生，被先已生惑所染者，應此惑體，非剎那滅。若心與惑俱時而生，則不應言心本性淨，有時客塵煩惱所染。許心與煩惱是一時，生一果、一等流、一異熟法，而說心本淨，煩惱為客塵，是庾正言，非應理論。又於三世推微，煩惱畢竟無力能。染淨心過去、未來無作用，故現在俱墮一剎那故。又若說心以淨為性，後與煩惱相應位中轉成染者，應失自性。既失自性，應不名心，故不應說：心本性淨，有時客塵煩惱所染。若抱愚信，不敢非撥言此非經，應知此經違正理，故非了義說。」（《大正藏》冊29，頁733上～中）

〔註21〕五百大阿羅漢等，〔唐〕釋玄奘譯，《阿毘達磨大毘婆沙論》卷27：「有執心性本淨，如分別論者：彼說心本性清淨，客塵煩惱所染污，故相不清淨。為止彼執，顯示心性非本清淨，客塵煩惱所染污，故相不清淨。若心本性清淨，客塵煩惱所染污，故相不清淨者，何不客塵煩惱本性染污，與本性清淨心相應，故其相清淨？若客塵煩惱本性染污，雖與本性清淨心相應，而相不清淨，亦應心本性清淨，不由客塵煩惱相不清淨。義相似故。又此本性淨心為在客塵煩惱先生，為俱時生。若在先生，應心生已住待煩惱。若爾應經二剎那住，有違宗失。若俱時生，云何可說心性本淨？汝宗不說有未來心可言本淨。為止如是他宗異執及顯自宗無顛倒理，故作斯論。……彼說染污、不染污，心其體無異。謂若相應，煩惱未斷，名染污心；若時相應，煩惱已斷，名不染心。如銅器等。未除垢時，名有垢器等；若除垢已，名無垢器等。心亦如是。彼不應作是說。若作是說，理應遮拒。」（《大正藏》冊27，頁140中～下）

惱所染時，則心性與實相為「淨」，假相則為「染」。二、反「心性本淨」者常取分別論者為駁正代表，始終認為性體與性相是同步染淨。當性體若「淨」，則性相亦應如是，絕無「假相」的存在；當「心是一，即為是常，常即真我」，〔註22〕則與佛教基本教義的「無我」、「無常」相悖。也因如此，可看出持「心性本淨」者及反方者雖然皆在「本」字上下功夫，但前者的論述支撐點是，現象界假相背後有一昭然實相；後者則始終堅持體外如一、因果如一，無一假「相」、假「性」的存在。二說皆有立足之由，但若僅根據「心本性淨，有時客塵煩惱所染」此句而論，則有部從根本教義、因果、文字邏輯等而論，其實也點出心清淨說發展的可能盲點。而「心性本淨」說者常取經驗界事物為喻，亦有簡化實際修持將面臨的可能困境，以及薄化義理論據，無怪乎有部會持「賢聖法異，世俗法異」，來斥責「心性本淨說」者「不可以世俗現喻難賢聖法」。〔註23〕此斥難「心性本淨」之說，易引人思索：染心、淨心是否能並存？有客塵煩惱是否等同有惑體、染心？如果心性本體是清淨，則為客塵所染時，其心相究竟是染或淨？客塵煩惱如何「生」？清淨心究竟是與染心相應而「轉成染」，或「客塵煩惱所染」？亦即，清淨心究竟是由外在客塵，抑或內在染心，而「轉成染」？淨心若可「轉成染」；煩惱、染心、惑體若可「轉成淨」，則「成染」、「成淨」的決定因素是什麼？而這因素屬於心性內發或外來？此外，又如何凸顯凡聖之別，以及眾生轉凡成聖的無限潛力，還有佛教向來強調的生滅法中的實相？這些疑問，對襯的點出「心性本淨」說存在的價值，但進一步可思索：依據「心性本淨」的堅固性，其實可思考主體心是一本或二本，以及煩惱何處來等問題。因為心性若是「本」淨，何能輕易為客塵影響而所染？而為客塵所染而有染相時，依體用常一如的角度而言，其內在體性則是淨或是染？

　　小乘對佛教教義的認知，並不像大乘透徹契理，諸如尚未意識心性與佛性、成佛與證得涅槃其實可一體觀之，以致其佛性論、心性論多傾於實有或實無的一端。小乘重視修行，以證得自我解脫的寂滅涅槃為志向，卻未能認

〔註22〕訶梨跋摩，〔後秦〕鳩摩羅什譯，《成實論》卷5：「汝言心為一相。若心是一，即為是常；常即真我。所以者何？以今作後作常一不變，故名為我。又不能知心差別相，故則以為一。如注水相續，心謂為一；如眼病者，見眾髮為一。若於此事能分別者，則知其異。」（《大正藏》冊32，頁279中）

〔註23〕五百大阿羅漢等，〔唐〕釋玄奘譯，《阿毘達磨大毘婆沙論》卷9，《大正藏》冊27，頁43下。

知：真正證得涅槃即意味成佛，然而若無佛性，豈得成佛？不過也因小乘的偏知，以及止於自度的修行法門，致使證得他們心目中的涅槃時，以大乘教義評估之，也僅是落於聲聞乘或緣覺乘的究竟果位而已，並非真正「成佛」。而這，又可回扣到，小乘將佛置於高位，眾生僅可崇拜、仰望，卻不可企及；轉凡成聖、自度解脫是爲修行鵠的。若再細言之，小乘佛性論其實並不成熟、多有偏頗，但從大眾、分別等論者以「空」、「假」詮佛性、心性本淨，其實可淺微看出大乘「性淨」佛性論的萌端處；從有部持無性得佛性、反心性本淨的論述，可看出大乘瑜伽系的承繼，並且轉向「性淨」佛性論的大躍進。而從小乘部派發展至大乘，結合「性淨」、「心淨」的佛性論在多重選擇中蔚爲主流，便也昭示部派佛教對佛性的見解雖未盡善，卻有存在的價值。

二、大乘中觀系

　　思想的承繼與推新，往往猶如接力賽，棒棒接續而邁向真理終點。亦如蓋大廈，後人立基在前人的成就，加以檢討，並多元開創。小乘部派類別，簡言之，可二分爲固守佛陀教義的上座部與應時制宜創新的大眾部。後者發展至後，因其自度度人、開一切智的教義有別部派佛教，爲區別故，名爲大乘。而印度大乘佛教，依其核心教說，並可三分爲：明緣起性空的中觀系、明如來藏的真常系，以及明虛妄唯識的瑜伽系。在一、二世紀的大乘初期，乃以中觀一系爲主流。其形成之由，可從兩則作爲關鍵性質的偈頌窺得：

> 不生亦不滅，不常亦不斷，不一亦不異，不來亦不出。能說是因緣，
> 善滅諸戲論。我稽首禮佛，諸說中第一。（《中論》）〔註24〕

> 眾因緣生法，我說即是無。亦爲是假名，亦是中道義。未曾有一法，
> 不從因緣生。是故一切法，無不是空者。（《中論》）〔註25〕

爲對治世人生、滅、常、斷、一、異、來、出等八種迷見，及導正小乘多執泥實「有」、實「無」的思考框架，作爲中觀系代表人物——龍樹（約 150～250）大闡八不中道與性空緣起思想，以蕩相遣執，滅諸戲論。龍樹將實相「空」義詮解深透，然而既言體「性」是「空」，是否便否定「佛性」的存在？若無，又是如何看待「佛性」？以下分三點言之：

〔註24〕龍樹，青目釋，〔姚秦〕鳩摩羅什譯，《中論》卷1，《大正藏》冊30，頁1下。
〔註25〕龍樹，青目釋，〔姚秦〕鳩摩羅什譯，《中論》卷4，《大正藏》冊30，頁33中。

（一）緣起「性」空

中觀系持能觀之智與所觀之境皆是緣起性「空」，乃與「有」佛性，尤其此「有」涉及神我、梵我、實我相牴牾。也因如此，該系著述有不少不認同「有」佛性的影射。以下茲簡舉龍樹的幾則偈頌論之：

> 雖空亦不斷，雖有亦不常。業果報不失，是名佛所說。（《中論》）
> 〔註26〕

> 以有空義故，一切法得成。若無空義者，一切則不成。（《中論》）
> 〔註27〕

> 法住於自性，不應有有無。涅槃滅相續，則墮於斷滅。（《中論》）
> 〔註28〕

> 若先有果生，而後眾緣合。此即離因緣，名為無因果。（《中論》）
> 〔註29〕

若以文字作品為憑證，大乘真常系繼中觀系之後，乃興起於三世紀的大乘中期，因此就歷史發展而言，中觀系若對佛性論有所駁正，其早期對象應多屬小乘、外道，之後少部分則屬大乘論者。以小乘為例：分別等部持「空是佛性，佛性者即大涅槃」；有部持眾生「無有性得佛性，但有修得佛性」，並將眾生分「定無」、「不定」、「定有」佛性。以《中論》呈顯的中觀系尺寸予以評量，可知：一、分別等部掌握部分「空」義，卻偏「斷」；有部偏「常」，卻未掌握「空」義。會如此偏頗之因，在於兩方皆未解悟諸法因緣起滅，皆無真實自性，亦即未從緣起法思考存在之本質問題。二、分別部的「空」含寂滅義，有違實相國度裡涅槃與生死其實互不離；有部僅談修得佛性，卻未肯定眾生具性得佛性，這是「先有果生」的「離因緣」。是以考察中觀系斥說佛性論之因，不離：「佛性」定義若涉「實」有、「實」無、「真」我的定性或無性，不僅悖反三法印中的「諸法無我」、「諸行無常」，並有違緣起性空實相義。此外，真理應符合因果定律，有部有果無因說顯然有違常理。

（二）佛「性」

中觀系著重能觀之智透過因緣法朗見所觀之境，因此對如何泯除妄惑，

〔註26〕龍樹，青目釋，〔姚秦〕鳩摩羅什譯，《中論》卷3，《大正藏》冊30，頁22下。
〔註27〕龍樹，青目釋，〔姚秦〕鳩摩羅什譯，《中論》卷4，《大正藏》冊30，頁33上。
〔註28〕龍樹，青目釋，〔姚秦〕鳩摩羅什譯，《中論》卷3，《大正藏》冊30，頁29上。
〔註29〕龍樹，青目釋，〔姚秦〕鳩摩羅什譯，《中論》卷3，《大正藏》冊30，頁26下。

洞觀客境實相有番闡述。然而該系定位諸法之「性」是「空」，有無可能忽略：
能觀之智的背後，是否有一本源主體存在？若無，吾人如何進行「觀」的活
動？又，行者修行的動力與目標，是否僅為觀得實相？假若涅槃等同實相之
境，等同見佛、成佛，則行者除修行因緣觀法，其本身是否需要具備什麼條
件？這些問題，中觀系初期建構理論時恐未企及，但後來與小乘、大乘佛性
論對話時，除了批駁，相信必有延伸觸角，思索佛性存在的意義。而這，亦
可在龍樹作品裡尋得：

> 若見因緣法，則為能見佛。(《中論》)〔註30〕

> 若一切法空，無生無滅者，何斷何所滅，而稱為涅槃？若諸法不空，
> 則無生無滅，何斷何所滅，而稱為涅槃？無得亦無至，不斷亦不常，
> 不生亦不滅，是說名涅槃。如佛經中說，斷有斷非有，是故知涅槃，
> 非有亦非無。(《中論》)〔註31〕

> 眾緣所生法，是即無自性。若無自性者，云何有是法？(《十二門論》)
> 〔註32〕

> 因我，故有我所。若無我，則無我所。如是有為法空，故當知無為
> 涅槃法亦空。何以故？此五陰滅，更不生餘五陰，是名涅槃。五陰
> 本來自空，何所滅，故說名涅槃。又我亦復空，誰得涅槃？復次，
> 無生法，名涅槃。若生法成者，無生法亦應成。生法不成，先已說
> 因緣，後當復說。是故生法不成。因生法，故名無生。若生法不成，
> 無生法云何成？是故有為、無為，及我皆空。(《十二門論》)〔註33〕

> 非陰不離陰，此彼不相在。如來不有陰，何處有如來？陰合有如來，
> 則無有自性。若無有自性，云何因他有？法若因他生，是即為非我。
> 若法非我者，云何是如來？若無有自性，云何有他性？離自性他性，
> 何名為如來？(《中論》)〔註34〕

> 不離於生死，而別有涅槃。實相義如是，云何有分別？(《中論》)

〔註30〕龍樹，青目釋，〔姚秦〕鳩摩羅什譯，《中論》卷4，《大正藏》冊30，頁34下。
〔註31〕龍樹，青目釋，〔姚秦〕鳩摩羅什譯，《中論》卷4，《大正藏》冊34下～35中。
〔註32〕龍樹，〔姚秦〕鳩摩羅什譯，《十二門論》卷1，《大正藏》冊30，頁159下。
〔註33〕龍樹，〔姚秦〕鳩摩羅什譯，《十二門論》卷1，《大正藏》冊30，頁160中。
〔註34〕龍樹，青目釋，〔姚秦〕鳩摩羅什譯，《中論》卷4，《大正藏》冊30，頁29
　　　下～30上。

〔註35〕

若果無所從作，則爲是常，如涅槃性。（《十二門論》） 〔註36〕

如來所有性，即是世間性。如來無有性，世間亦無性。（《中論》）

〔註37〕

汝說，則不因菩提，而有佛；亦復不因佛，而有於菩提。雖復勤精

進，修行菩提道。若先非佛性，不應得成佛。（《中論》） 〔註38〕

《中論》有〈觀如來〉、〈觀涅槃〉等品。若言「觀」，很難不探源能觀的主體
是誰，以及「觀」須具備何種能力；若言「如來」、「涅槃」，很難不反思如何
證得、修得，以及自身是否需要具備證果的基本質的或性能，因此若說作爲
中觀系代表人物的龍樹，眞無佛性相關潛在思想，恐難信之。而據「若先非
佛性，不應得成佛」，即可證實龍樹肯定佛性；明指成佛的基本條件，必須先
具備佛性。那麼以緣起性「空」爲核心思想的龍樹，談及佛性，是否會有相
互矛盾的情形？若無，則佛性將以何種姿態存在？其質性是否有別眞常系或
他系所定義的佛性？總覽龍樹思想，可察除了肯定緣起性空的法性，龍樹亦
肯定法有自性、他性，並肯定代表主體之性的「我」。如此，龍樹肯定如來之
性、佛性的存在，其實於情理之內。亦即，龍樹雖肯定諸性存在，但事實上，
諸性存在的面貌，乃以緣起法的「空性」存在。這不但妥當解決小乘「無生
無滅」的「法空」、「法不空」執見；亦同位聯結如來之性與世間之性，避免
眾生與佛陀絕然割裂。此外，此以「非有亦非無」定義的中觀系「佛性」，減
褪小乘、大乘眞常系一向被質疑的「眞我」、「神我」色彩。而這也是眞常系
發展至中期，含融中觀系色彩，而有所謂的「緣起如來藏」說的演變之由。
也因此，吾人可說：在不同思想的對話中，很難互不影響；除非學說周偏圓
融，能普潤眾生，逗機無失。是以可說：因緣成熟時，中觀系可佛性化、眞
常系可中觀化。

（三）清　淨

　　眞常系持「心性本『淨』」說，而「緣起性空」可爲中觀系思想標幟，因
此當中觀系援「清淨」詮「性」，則可見受眞常系影響之跡：

〔註35〕龍樹，青目釋，〔姚秦〕鳩摩羅什譯，《中論》卷3，《大正藏》冊30，頁21中。
〔註36〕龍樹，〔姚秦〕鳩摩羅什譯，《十二門論》卷1，《大正藏》冊30，頁161中。
〔註37〕龍樹，青目釋，〔姚秦〕鳩摩羅什譯，《中論》卷4，《大正藏》冊30，頁31上。
〔註38〕龍樹，青目釋，〔姚秦〕鳩摩羅什譯，《中論》卷4，《大正藏》冊30，頁34上。

畢竟空即是畢竟清淨。以人畏空，故言「清淨」。(《大智度論》)
〔註39〕

三世畢竟淨，無能令不淨。性常淨故，是以說一切諸法性常清淨。
何謂諸法性淨？謂一切法空相……無相相……無作相，……性常清
淨。以是常淨相，知生死性即是涅槃，涅槃性即是一切法性，是故
說心性常清淨。……以虛空實不染污，故還見清淨。凡夫心亦如
是。……以心相實不垢污，性常明淨，是故心得解脫。(《思益梵天
所問經》) 〔註40〕

是心非心，本性淨故。《大般若波羅蜜多經》〔註41〕

中觀系所言之「空」，雖合理、契義，卻因太過形上、玄奧，非常人易解，
以致二元論者易以斷滅義的「實無」解之。為避免常人畏「空」、錯解「空」，
中觀系以「清淨」二字代言之，並試論心性染淨。雖然中觀系與小乘、真常
系相同，皆以體、相闡論心性染淨，皆推導心相恒不垢污心體，但中觀系卻
僅止於「心本性淨」，未像另二者還演繹「有時客塵煩惱所染」，這可看出中
觀系的特殊處：一、立基「諸法性淨」、「虛空」，致使一切法之相是空、無
相、無作；心性是清淨。二、明顯將本是道德意義的「清淨」心性，擴延至
本質、實相意義的「清淨」法性，致使法性與生死性、涅槃性、心性無二無
別，皆「虛空」、皆「清淨」。三、肯定心性本淨，但弔詭的是，並以「是心
非心」此勝義，打破「心性本淨」落於實有的可能。從中可知，中觀系肯定
心性清淨，但此「清淨」，其實蘊有與「染」對立的「清淨」，以及含括超越
染、淨、有、無的「清淨」空義。也由於中觀系從著重闡釋客境法性是「空」，
發展至肯定有一「常清淨」、「得解脫」的心性，明白顯露從「緣起性空」過
渡至「真空妙有」〔註42〕的軌跡。而這當中，不能說真常系佛性論沒有扮
演一個推波助瀾的角色。

〔註39〕龍樹，〔後秦〕鳩摩羅什譯，《大正藏》冊25，頁508下。
〔註40〕〔姚秦〕鳩摩羅什譯，《思益梵天所問經》卷3，《大正藏》冊15，頁51中。
〔註41〕〔唐〕釋玄奘譯，《大般若波羅蜜多經》卷36，《大正藏》冊5，頁202上。
〔註42〕〔隋〕釋智顗述，釋灌頂記，《仁王護國般若經疏》卷3·「問：真空妙有云何？
　　　答：動即寂，真空也；寂即動，妙有也。真空，故非常；妙有，故非斷。真
　　　空不住生死；妙有不住涅槃。妙有，故能起大悲；真空，故能生大慈。」(《大
　　　正藏》冊33，頁265下)

三、大乘瑜伽系

　　發展於大乘中期、略晚於真常系的瑜伽系，旨將作為客境的三千大千世界融攝於心、識當中，亦即以「三界唯心，萬法唯識」，〔註43〕來建構「境空心有」〔註44〕、「境不成實」〔註45〕的認識論。若探究思想之源，可溯至小乘有部、分別部等。若與持「一切法空」、「一切法無自性」〔註46〕的中觀系相較，明顯「有」、「空」各踞一頭。若與闡揚如來藏／佛性思想的真常系相較，可發現無論談心識或佛性，其實都涉及體性與主體存在的問題，則如何從「我」起論，卻又不悖違佛教基本教義，可說是兩系的關懷焦點。若三系併言，中觀系旨以緣起性「空」，承繼並發展佛教「無我」等基本教義；真常、瑜伽系則為解決「無我」基本教義下，未思慮、未鋪延，卻又是行者實際修行中常遭遇的問題，諸如：起心識作用者、成佛者是誰？客境因何因緣法所致？……。若單以瑜伽系細論之：傳統「無我」教義未能交代記憶何以有保固期；染淨意識何能生滅流轉；業力因果何能相續於輪迴中的生命體；生命體若因「無我」而不存在，何能產生經驗性與認知性活動？這些如實存在於經驗界的問題，促使瑜伽系以「心」、「識」為學說主要渠道。不過，究竟是心直接生起萬法，或是屈折透由阿賴耶識而攝取萬法，將決定該心屬於超越性主體或經驗性主體，亦決定是開展實界或造就現象界，以致有一問題是：瑜伽系主以阿賴耶識為核心範疇，則如何能有超越性的主體或心來通往理想界？這致使瑜伽系內部又可分化。若以譯學傳承劃分，可分真諦系的九識說與玄奘系的八識說：

〔註43〕護法等，〔唐〕釋玄奘譯，《成唯識論》卷7：「如契經說：三界唯心。又說：所緣唯識所現」；〔宋〕釋子璿集，《首楞嚴義疏注經》卷10：「十方界依之與正，皆識所變，同一識體，斯則三界唯心，萬法唯識」。（《大正藏》冊31，頁39上：冊39，頁961上）

〔註44〕〔唐〕釋法藏，《華嚴經探玄記》卷1：「佛初鹿園，為諸小根說小乘法，明心境俱有。第二時中，為彼中根說法相大乘，明境空心有唯識道理。以根猶劣，未能令入平等真空，故作是說」；釋明昱《成唯識論俗詮》卷1：「合釋唯識者。唯，謂揀詞，遮無外境；識，謂了別，詮有內心。以顯境空心有，故合名唯識。」（《大正藏》冊35，頁112上：《卍續藏》冊50，頁516中）

〔註45〕尊者眾賢，〔唐〕釋玄奘譯，《阿毘達磨順正理論》卷53，《大正藏》冊29，頁639中。

〔註46〕〔後秦〕鳩摩羅什譯，《摩訶般若波羅蜜經》卷5，《大正藏》冊8，頁250中：〔唐〕釋玄奘譯，《大般若波羅蜜多經》卷181，《大正藏》冊5，頁975上。

（一）真心派

指唯識舊譯；以〔陳〕眞諦（491～569）爲代表。另立九識阿摩羅識爲清淨識、清淨心，而以八識阿賴耶識爲染污識，世界由此二分爲「淨」的眞實世界，以及「染」的現實世界。〔註47〕

（二）妄心派

指唯識新譯；以〔唐〕玄奘（602～664）爲代表。以阿賴耶識含藏有漏、無漏種子爲主說，並以「轉依」來處理阿賴耶識染淨問題。〔註48〕

眞諦、玄奘雖是譯者，然而在意譯、直譯的過程中，其實已自成體系，不但潛在性認同己譯的思想，並有取爲代表己方思想的傾向。就眞諦明顯立基唯識，並吸納如來藏思想，而有所謂「眞心」〔註49〕說；玄奘並無絕對清淨之說，而有所謂「妄心」〔註50〕說，從中可揣推瑜伽系對如來藏存有肯定與不讚賞等兩種迴異的態度。〔註51〕若不是肯定，眞諦便不會使唯識走向「清淨」唯心論，

〔註47〕〔梁〕釋眞諦譯，《決定藏論》卷 1：「一切行種煩惱攝者，聚在阿羅耶識中，得眞如境智。增上行故，修習行故，斷阿羅耶識，即轉凡夫性；捨凡夫法，阿羅耶識滅。此識滅，故一切煩惱滅。阿羅耶識對治，故證阿摩羅識。阿羅耶識是無常，是有漏法；阿摩羅識是常，是無漏法。得眞如境道，故證阿摩羅識。阿羅耶識爲麁惡苦果之所追逐，阿摩羅識無有一切麁惡苦果。阿羅耶識而是一切煩惱根本，不爲聖道而作根本；阿摩羅識亦復不爲煩惱根本。」（《大正藏》冊 30，頁 1020 中）

〔註48〕彌勒，〔唐〕釋玄奘譯，《瑜伽師地論》卷 51：「修觀行者，以阿賴耶識是一切戲論所攝諸行界……。阿賴耶識體是無常，有取受性；轉依是常，無取受性。緣眞如境聖道，方能轉依。又阿賴耶識恒爲一切麁重所隨，轉依究竟，遠離一切所有麁重。又阿賴耶識是煩惱轉因，聖道不轉因；轉依是煩惱不轉因，聖道轉因。應知但是建立因性，非生因性。又阿賴耶識令於善淨無記法中不得自在；轉依令於一切善淨無記法中得大自在。」（《大正藏》冊 30，頁 581 下）

〔註49〕如：馬鳴菩薩，〔梁〕釋眞諦譯，《大乘起信論》卷 1：「若心離於妄動，則一切境界滅，唯一眞心無所不遍，此謂如來廣大性智究竟之義。」（《大正藏》冊 32，頁 580 上）

〔註50〕如：〔唐〕釋玄奘譯，《大寶積經》卷 44：「若當發起心不平等，應令染心轉不平等，如是眼色爲緣生於眼識。染心起滅由隨眠，故彼心體生於所緣境，妄心計淨。若能了知彼不如理而體不淨，如是知已，便得解脫」；卷 90：「無有人能作者，皆從分別妄心生」。（《大正藏》冊 11，頁 255 下～256 上；頁 518 下）

〔註51〕釋印順，《唯識學探源》：「在印度大乘佛教的開展中，唯心論有眞心派與妄心派二大流。傳到中國來，即有地論師、攝論師、唯識師三派。此兩大流，眞心派從印度東方（南）的大眾分別說系發展而來；妄心派從印度西方（北）的說一切有系中出來。在長期的離合發展中，彼此關涉得很深；然兩大體系的不同，到底存在。大體的說：妄心派重於論典，如無著、世親等的著作；

而以「如來藏」、「自性清淨心」爲主,「虛妄熏習」爲客;〔註52〕若不是不讚賞,玄奘就不會未援如來藏建構己說,而僅持虛妄「異熟識」爲主,「正聞熏習」寄於其中;〔註53〕其弟子,諸如〔唐〕義淨(635~713)便不會判定「大乘無過二種:一則中觀;二乃瑜伽」,〔註54〕直接將眞常系排除於大乘之外。何以眞諦系肯定如來藏,玄奘系則否定之?其實從歧義中,可窺得瑜伽系對眞常系的觀感,以及對己系的定位,而從玄奘系對眞諦系的批評,亦可看出其對如來藏的看法。茲舉幾則瑜伽系負面評價或隱射如來藏之文:

> 大慧菩薩摩訶薩白佛言:「……如來之藏常住不變,亦復如是,而陰界入垢衣所纏,貪欲、恚、癡、不實妄想、塵勞所污,一切諸佛之所演說。云何世尊同外道說我,言有如來藏耶?世尊!外道亦說有常、作者離於求那,周遍不滅。世尊!彼說有我。」(《楞伽阿跋多羅寶經》)〔註55〕

若連結後文世尊「不應作我見計著」等回答,可見代表眞諦系的該經其實是肯定「如來藏不同外道所說之我」,並以「無我如來之藏」爲立說核心。〔註56〕然而巧設大慧菩薩此段疑問,大有代言瑜伽系內或系外質疑如來藏者:本是清淨、常住不變的如來藏,與富有神我色彩的外道相似,盡說有我、周遍、不滅。

　　玄奘系否定眞諦系,進而隱射如來藏的缺處,從如來藏「常住不變」的

重思辨,重分析,重事相,重認識論:以虛妄心爲染淨的所依,清淨法是附屬的。眞心派重於經典,都編集爲經典的體裁:重直覺,重綜合,重理性,重本體論;以眞常心爲染淨的所依,雜染是外鑠的。」((臺北:正聞出版社)1988年,〈自序〉,頁2~3)

〔註52〕龍樹,〔陳〕眞諦譯,《十八空論》卷1:「阿摩羅識是自性清淨心,但爲客塵所污,故名不淨;爲客塵盡,故立爲淨」;馬鳴,〔梁〕釋眞諦譯,《大乘起信論》卷1:「自性清淨心義,故常樂我淨義,故清涼不變自在義……故名爲如來藏,亦名如來法身」;世親菩薩釋,〔陳〕釋眞諦譯,《攝大乘論釋》卷14:「諸惑本來不入眾生自性清淨心;諸惑唯是客塵自分別所起」;〔陳〕釋眞諦譯,《顯識論》卷1:「虛妄熏習種子煩惱同是虛妄,是故熏習能增長本識」。(《大正藏》冊31,頁863中;冊32,頁579上;冊31,頁259下;冊31,頁882上)

〔註53〕無著,〔唐〕釋玄奘譯,《攝大乘論本》卷1:「從最清淨法界等流,正聞熏習種子所生。此聞熏習爲是阿賴耶識自性,爲非阿賴耶識自性。……乃至證得諸佛菩提,此聞熏習隨在一種所依轉處,寄在異熟識中」。(《大正藏》冊31,頁136中~下)

〔註54〕〔唐〕釋義淨,《南海寄歸內法傳》卷1,《大正藏》冊54,頁205下。

〔註55〕〔宋〕求那跋陀羅譯,《楞伽阿跋多羅寶經》卷2,《大正藏》冊16,頁489上~中。

〔註56〕〔宋〕求那跋陀羅譯,《楞伽阿跋多羅寶經》卷2,《大正藏》冊16,頁489中。

特質便可大作文章。諸如玄奘以緣起論駁正漸實體化的眞諦系：一、持「一切種子心識成熟展轉和合、增長、廣大」之說，以刹那生滅相續的有漏、無漏種子，成立流轉還滅的一切法，隱意批評眞諦系執「常」；二、闡明阿陀那識「亦名阿賴耶識」，並定義該識「攝受藏隱同安危」，隱意批評眞諦系九識無「攝受藏隱」等特質；〔註57〕三、強調「諸識所緣，唯識所現」、「實無外境，唯有內識」，否定眞諦系「實有」之說。〔註58〕此外，如來藏「清淨」的特質，亦是玄奘系否定處。而這，可從上文玄奘於小乘有部反「心性本淨」說的譯文中，數度強調心性若「淨」，心相亦應爲「淨」，何有受「染」情形，見其端倪。〔註59〕若再據玄奘「一切種子阿賴耶識」〔註60〕、「阿賴耶識爲一切法眞實種子」〔註61〕等說，可推知玄奘系及其門下持有漏、無漏種子同攝阿賴耶識；透由轉依，不違同一性。無怪乎〔唐〕窺基（632～682）云：

> 唯無漏依，體性無垢。先名阿末羅識，或名阿摩羅識。古師立爲第九識者，非也。（《成唯識論述記》）〔註62〕

窺基直接了當否定第九識，僅因該識具無漏、無垢特性。而這也點出玄奘系不能認同「彼二分」：〔註63〕若如眞諦系所言，九識無垢，是無漏依，則一旦

〔註57〕 〔唐〕釋玄奘譯，《解深密經》卷1：「於六趣生死。彼彼有情墮彼彼有情眾中。……於中最初一切種子心識，成熟展轉和合、增長、廣大。依二執受：一者，有色諸根及所依執受：二者，相名分別言說戲論習氣執受。……此識亦名阿陀那識。何以故？由此識於身隨逐執持，故亦名阿賴耶識。何以故？由此識於身攝受藏隱同安危義，故亦名爲心。何以故？由此識色聲香味觸等積集滋長故。」（《大正藏》冊16，頁692中）

〔註58〕 護法等菩薩，〔唐〕釋玄奘譯，《成唯識論》卷2：「諸識所緣，唯識所現。依他起性，如幻事等。如是外道餘乘所執。離識我法，皆非實有。故心、心所，決定不用外色等法。爲所緣緣。緣用必依實有體，故現在彼聚心心所法。非此聚識親所緣緣，如非所緣，他聚攝，故同聚心所亦非親所緣。自體異，故如餘非所取。由此應知：實無外境，唯有內識，似外境生。是故契經伽他中說。」（《大正藏》冊31，頁7上）

〔註59〕 如：五百大阿羅漢等，〔唐〕釋玄奘譯，《阿毘達磨大毘婆沙論》卷27，《大正藏》冊27，頁140中～下。

〔註60〕 彌勒，〔唐〕釋玄奘譯，《瑜伽師地論》卷1，《大正藏》冊30，頁279中～下。

〔註61〕 世親，〔唐〕釋玄奘譯，《攝大乘論釋》卷2，《大正藏》冊31，頁329中。

〔註62〕 見〔唐〕釋窺基《成唯識論述記》卷3，《大正藏》冊43，頁344下。

〔註63〕 該詞參世親菩薩，〔隋〕笈多共行矩等譯，《攝大乘論釋論》卷5：「論曰：如世尊於《阿毘達磨經》中說三種法：染污分、清淨分、彼二分。……依他性是彼二分。……以金土藏爲譬。……是故地界有二分。如是如是此識性未爲無分別智火所燒時，於識性中虛妄分別性顯現，成就性不顯現：此識性若爲

有漏未盡淨，有爲無漏種子如何熏習？再簡言之，無漏何能生有漏？此類問題，〔唐〕慧沼（650～714）曾以四面向論之：一、「無漏之因生於無漏」，不可能「有漏，無漏生」；二、無漏既爲無漏，則「無因果，不生有漏」，則何有「無漏『種』」；三、唯有「外道無生有」、「無無明即轉變因」，則何能「有漏生無漏」；四、有漏、無漏皆「刹那」，何來「大乘無刹那」？〔註64〕慧沼以無漏特性、染淨因果二分、諸法皆刹那生滅等，點出眞諦系類同外道，而這也順帶批評具清淨、常、無漏特性的如來藏思想。

　　眞諦系基於「自性清淨心」等本體思想，而與眞常系相近，但由於清楚劃分染與淨、現象界與實相界，多少忽略阿摩羅識外的餘識；玄奘系未像眞諦系側談清淨本體，而旨從妄識出發，探究現象界本源，以及生命體何以生滅流轉，然而如何從染污現象界通往清淨實相界仍是早晚需面對。整體言之，眞諦系以通因果的種子爲喻說、重唯心、傾眾生悉成佛、持心性本淨、肯定如來藏、重勝義、持「一乘爲究竟，三乘爲方便」；〔註65〕玄奘系肯定生滅種子因體的存在、重唯識、眾生成佛取決於是否具備成佛的無漏種子、傾心性無記、避說如來藏，而以「眞如」、「眞如性」指稱清淨識心、多從世俗說勝義、持「三乘究竟」。〔註66〕二系雖同爲瑜伽系，卻是有別。若論對如來藏的隱意駁斥，當然以玄奘系爲多；若論與如來藏合流，則以眞諦系爲勝。何以眞諦系要立基唯識，匯通如來藏？何以玄奘在一定限度內接納「眞如」、「眞如性」等與如來藏相近之詞？這其實反映眞常系所言的如來藏、佛性，對瑜伽系有一定的影響力與重要性。若統括而言，瑜伽系合流如來藏，可就兩點論之：一、以未離障清淨、隱而未顯的「眞如」遍一切眾生，表示

無分別智火所燒，於識性中實有成就性顯現，虛妄分別性不顯現。是故此虛妄分別識體，依他性有二分，如金藏土中所有地界。」（《大正藏》冊31，頁291中）

〔註64〕〔唐〕釋慧沼，《能顯中邊慧日論》卷2：「無漏之因生於無漏者，令爲比量相違例云：見道已前因有漏，不許因有漏無漏生。世第一法是世間世因非生出世種。又無漏有因無漏起。無漏之因無漏，名無漏。名無漏，無因果，不生有漏，誰之無漏種？又云：唯信外道無生有。不信涅槃轉無明爲明。有漏生無漏者，亦不爾。《楞伽》不許無生有。何同外道有因無無明即轉變因，豈不同於兩眾說？又云：論云：唯初無漏五蘊刹那等，乃至若謂大乘無刹那者。出何經論者？前引《攝論》有同類因；《瑜伽論》本無漏種。」（《大正藏》冊45，頁430下）

〔註65〕〔唐〕釋法寶，《一乘佛性究竟論》卷1，《卍續藏》冊55，頁490上。

〔註66〕〔唐〕釋窺基，《成唯識論述記》卷6，《大正藏》冊43，頁437中。

「一切眾生有如來藏」；〔註67〕二、以「眞如」遍一切法，表示「一切法有如來藏」。〔註68〕亦即，瑜伽系以兼具眾生性、法性的清淨「眞如」，蘊含如來藏之意。此說，並非便意味玄奘系抹殺本色。其實玄奘系仍就生滅有爲法談「識」，多就「眞如」談「識『性』」部份。雖是如此，較濃的緣起蘊義，比眞常系更減卻不少神我色彩。

瑜伽系發展至後，更有阿賴耶識融合如來藏之說：

> 若無如來藏名藏識者，則無生滅。……如來藏藏識本性清淨，客塵所染而爲不淨。……如來藏名藏識，與七識俱起。(《大乘入楞伽經》)〔註69〕

> 如是賴耶識，是清淨佛性。凡位恒雜染，佛果常寶持。……佛說如來藏，以爲阿賴耶。惡慧不能知，藏即賴耶識。如來清淨藏，世間阿賴耶，如金與指環，展轉無差別。(《大乘密嚴經》)〔註70〕

對玄奘系而言，阿賴耶識若是清淨，應是根據轉依的究竟果所判定，或是就識性而論；對眞諦系而言，阿賴耶識若是清淨，阿摩羅識便無存在的可能，八識整體性將更趨顯爲：一起，「俱起」。瑜伽系能發展至「如來藏名藏識」、「藏即賴耶識」，堪爲受如來藏影響之例。估不論是否能普受系內、系外認同，既是刹那生滅、又是「本性清淨」的藏識緣起說，確實解決眞諦系實體化爲「常」、染淨「彼二分」等缺處，也減卻玄奘系妄識如何轉依至清淨實相界的難度。此外，「賴耶識是清淨佛性」之說與傳統上阿賴耶識本具染淨的特質看似矛盾，然而根據：一、該識究竟果位乃清淨；二、識「性」究竟爲緣起性「空」，而「空」可與「清淨」同義，可知阿賴耶識即佛性之說在合流地域裡，未嘗不可成立。

眞諦系與玄奘系，前者在解說、比附等糅合過程中，已呈顯對如來藏思想持肯定態度；後者則多否定之。根據前者，便能輕而易舉明察如來藏對瑜伽系有一定的重要性與影響力；根據後者在時空遷移、思想遞進下，漸出現不採用、採用如來藏的分歧，同可窺見一斑。若加以宏觀統說，瑜伽系的正

〔註67〕如：〔後魏〕勒那摩提譯，《究竟一乘寶性論》卷1，《大正藏》冊31，頁813下。
〔註68〕如：世親菩薩，〔唐〕釋玄奘譯，《攝大乘論釋》卷5：「自性清淨者。謂此自性本來清淨，即是眞如白性，實有一切有情平等共相。由有此，故說一切法有如來藏。」(《大正藏》冊31，頁344上)
〔註69〕〔唐〕實叉難陀譯，《大乘入楞伽經》卷5，《大正藏》冊16，頁619下～620上。
〔註70〕〔唐〕釋不空譯，《大乘密嚴經》卷3，《大正藏》冊16，頁769中～776上。

統本色在於，以具染與淨、生死流轉與涅槃解脫的阿賴耶識，來勾勒有爲生滅相，以解釋有爲生滅世間；然而根據究竟識性本是不生滅的清淨性而言，瑜伽系會援取眞常系如來藏思想，是可預及的發展。

若欲從佛教發展談佛性論的重要性，其實可單就大乘中觀系、瑜伽系一方面斥責、否定眞常系佛性論，另一方面卻又加以截長補短、內援己說中，襯托性的看出：佛性論的重要程度。那麼本文何以並對小乘佛性、心性論加以著墨、申述？緣由在於，小乘佛性、心性論雖然大異大乘佛性論暨相關思想，但從中卻可看出後起佛性論暨相關論諍的雛形。而在鳥瞰佛教發展思想史，可證實佛性論存在的重要性。

要之，中觀系著重透由空觀，穿過顛倒虛妄的現象界，而觀得實相界；以勘得現象界的本質，亦即實相界爲核心關懷。瑜伽系有感，若僅像中觀系著重勝義實相界，將無法完善闡論心識所造的現象界如何變現，亦即無法明確解釋染、妄的源由，因而該系以心識解構與建構世俗客境，並透由轉依，來進階實相界。撇開中觀系重實相界、瑜伽系重現象界，眞常系則另起，專對法界之「性」、生命體之「性」作討論。若如義淨等人所判定，大乘僅有中觀、瑜伽等二系，或可如此言說，但深析教義，恐有缺憾，有賴眞常系來補足。原因是，眞常系所談的佛性，可說是連結現象界與實相界的橋樑，亦即緊密連結多滯著現象界的眾生，以及證得實相的佛。佛性論提供一個類似「投資，即有報酬」的渠道，使眾生齊平具有一定成佛資質，純賴精進修行與否來決定成佛的可能，而行者所下的修行功夫將與修行的境界成正比。是故，眞常系佛性論實聯結佛與眾生的共質性，不像大乘之前佛與眾生高下懸殊、不可共位。

四、佛教經典對佛性論的正面評價

所謂佛性論，乃涉及：何謂佛性、孰具佛性、爲何需有佛性、有無佛性，將導致何種結果等議題。這些議題，以及相關哲理論述，並非在佛陀時期便蔚爲風潮，而是大乘佛教中期才興起，並至後期才成主流。在盛行之前，明顯屬於佛性論點滴蘊蓄的階段。此種漸續發展、涓滴成河之因，來自於佛陀雖有眾生平等觀，〔註71〕卻因當時迫切的課題，較以接引眾生如何對治煩惱、

〔註71〕東晉（失譯），《菩薩本行經》卷3：「我今以此肉眼施與眾生。以此功德，當得如來智慧之眼，當爲一切而作正導」；〔東晉〕佛馱跋陀羅譯，《大方廣佛華

解縛爲導向，以致並未顯著著墨佛性。至佛陀圓寂、部派分化，行者漸由敬仰、緬懷佛陀，轉而思索一佛與多佛相即的可能性，以及佛與眾生的關係，進而將佛的神聖性結合現實意義，拉近超歷史佛與眾生的實質距離，致使眾生是否能成佛、如何成佛等問題層出成爲教界關注的重心。然而佛陀未假「如來藏」、「佛性」等詞闡論，並非意味全盤否定或未有此類思想，是以古今中外單取佛性論肯定佛性之「有」，實不符佛陀「『無』我」、「『無』常」二法印教義，而加以批判，甚至責斥爲外道，恐有商榷之處。因爲：佛性論是否僅言「有」／「不空」之說？有無可能當中亦含「無」／「空」的微言？而佛陀強調「無」／「空」，是否從大道一體兩面而言，亦含「非無」／「妙有」之意？此外，一學說的發展，往往是從胎兒雛形，漸內伸外延爲縝密成熟的系統組織，是以考察佛性論的發展，將可發現隨時代背景、世代思潮，或因材施教之故，有階段性的轉折變化。

繼上，從根源處及彼此薄弱處來襯托佛性重要的論述，以下，擬耙疏佛教經典對佛性論的正面評價，一者，凸顯佛性論在佛教中的重要性；二者，乃就佛教整體著眼，指出：其核心教義中，佛性論僅居其一。但彼此環環相扣，缺一不可，亦無法偏頗一邊，否則將出現嚴重問題。若必不得已，一定要論其比較意義的輕重，則佛性論格外重要。

（一）啟開邁向成佛之道的門鑰

若無如來藏者，空修梵行，如窮劫鑽水，終不得酥。（《央掘魔羅經》）
〔註72〕

若無佛性，解脫之果，不得成就。（《十八空論》）〔註73〕

有佛性者，則修種種妙行；無佛性者，則起種種麁惡。（《佛性論》）
〔註74〕

嚴經》：「心、佛及眾生，是三無差別」；〔宋〕求那跋陀羅譯，《雜阿含經》卷20：「四種姓者，皆悉平等，無有勝如差別之異」；〔隋〕闍那崛多譯，《佛本行集經》：「能利諸眾生，怨親悉平等。度脫千萬眾，於深煩惱海」；〔唐〕釋般若譯，《大乘本生心地觀經》卷5：「如來世尊憐愍眾生，平等無二，猶如一子。」（《大正藏》冊3，頁120上；冊9，頁465下；冊2，頁142中；冊3，頁683下）

〔註72〕〔宋〕求那跋陀羅譯，《央掘魔羅經》卷4，《大正藏》冊2，頁540上。
〔註73〕龍樹，〔陳〕釋眞諦譯，《十八空論》，《大正藏》冊31，頁862中。
〔註74〕天親，〔陳〕釋眞諦譯，《佛性論》卷1，《大正藏》冊31，頁787下。

若無佛性，雖說一乘教及發菩提心，終不得成佛。(《法華義疏》)
〔註75〕

若無佛性，雖起大行大願，不得成佛。如龍樹云：鐵無金性。雖復
鍛煉，終不成金。(《勝鬘寶窟》)〔註76〕

佛知見者，謂佛性之異名。眾生本有知見，為煩惱覆，故不清淨。
法華教起為開眾生有佛知見，此即是佛性義。若無佛性者，教何所
開耶？(《法華玄論》)〔註77〕

沒有先天本具的成佛之「性」，等於與成佛絕緣；縱使精進修行或發菩提大願，
亦是徒勞。亦即，無因，便無果。若欲成佛，需具有佛性；若無佛性，便斷
絕成佛的可能。佛性等同啟開邁進成佛之道的門鑰。

（二）厭苦樂，求涅槃

若無如來藏者，不得厭苦樂、求涅槃。何以故？於此六識及心法智，
此七法剎那不住，不種眾苦，不得厭苦樂、求涅槃。(《勝鬘師子吼
一乘大方便方廣經》)〔註78〕

若無如來藏者，不得厭苦樂、求涅槃。亦無欲涅槃，亦不願求。(《究
竟一乘寶性論》)〔註79〕

人若能不畏困難的往前邁進，往往是因為目的地對該人有重大的意義。惡性
的欲望，引人墮入沈淪之獄，而良性的欲望，卻會激勵人更上層樓的向陽邁
進。佛性意謂可能成佛的性質、性能、質素，但亦潛含「善欲」的特質。使
具佛性者在所存的現實環境中，能敏銳覺察相對苦樂的有限存在，而生起出
離心。此外，並對極樂的涅槃彼岸，展開無限憧憬。善欲的生起，來自有靈
動覺性，能自然而然對善性循環充滿親近之心，並欲出離現有的惡性循環；
善欲的實現，帶來無限的動力。假如沒有佛性，確實便不會「厭苦樂，求涅
槃」，便不會對真善美充滿嚮往。亦即，沒有佛性，常是麻木不仁的活於黑暗
國度。因此，佛性是佛之性，能使具有者趨動成佛的想望。

〔註75〕〔隋〕釋吉藏，《法華義疏》卷4，《大正藏》冊34，頁506上。
〔註76〕〔隋〕釋吉藏，《勝鬘寶窟》卷3，《大正藏》冊37，頁67上。
〔註77〕〔隋〕釋吉藏，《法華玄論》卷1，《大正藏》冊34，頁367上。
〔註78〕〔宋〕藏求那跋陀羅譯，《勝鬘師子吼一乘大方便方廣經》卷1，《大正藏》冊
12，頁222中。
〔註79〕〔後魏〕勒那摩提譯，《究竟一乘寶性論》卷3，《大正藏》冊31，頁831上。

（三）遠離五種過

> 以有怯弱心；輕慢諸眾生；執著虛妄法；謗真如實性；計身有神我。
>
> 為令如是等，遠離五種過，故說有佛性。(《究竟一乘寶性論》)〔註80〕

大乘行者若察覺佛道難行，難免心生退怯；若以習大乘法為殊勝，難免輕慢他乘眾生。小乘行者若妄執顛倒法，難免偏「有」、「無」之端；若誤解成佛為罕事，難免謗毀眾生無佛性。常人及外道若計佛性為實有，難免染上神我色彩。但凡能定自心本具佛性，人人平等，則毋須卑怯、驕慢、過執、謗真實法、計我。成佛與否，純賴個人精進程度。

（四）斷愚夫之畏

> 我說如來藏，不同外道所說之我。大慧！有時說空、無相、無願、如、實際、法性、法身、涅槃、離自性、不生不滅、本來寂靜、自性涅槃，如是等句，說如來藏已。如來應供等正覺，為斷愚夫畏無我句，故說離妄想無所有境界如來藏門。(《楞伽阿跋多羅寶經》)〔註81〕

大凡談「我」，若不補述是立基於緣起中道思想，則常被歸類為執神我的外道。「無我」說，由於屬於佛教基本教義，因此常被奉為圭臬，然而由於常援「空」釋之，甚至二詞共義併言，「空」又十足深奧，以致常人難免畏「空」，萌生「惡取空」〔註82〕等謬見，進而畏起「無我」。這恐怕亦是龍樹暨中觀系後來會為減化「人畏空」，而以「清淨」一詞代言「空」之由。〔註83〕實相真理並無疏漏，然而世人根性有淺深，理解度、識見、習氣、顛倒妄想亦不同，以致難可言詮、難被理解的實相真理恐被曲解。大道無誤，誤的是人心。既有所偏，即有相應的對治之方。如來藏思想看似等同神我，然而深究其義，未嘗非屬大道，未嘗無提供給執「空」的世人一另類省思。此外，再加上其義理隨世代遷移而更周徧圓說，終可說是「斷愚夫畏無我」之良方。

（五）斷愚夫不識輪迴與涅槃

> 陰界入生滅，彼無有我，誰生誰滅？愚夫者，依於生滅，不覺苦盡，

〔註80〕〔後魏〕勒那摩提譯，《究竟一乘寶性論》卷1，《大正藏》冊31，頁816上～中。

〔註81〕〔宋〕求那跋陀羅譯，《楞伽阿跋多羅寶經》卷2，《大正藏》冊16，頁489中。

〔註82〕彌勒，〔唐〕釋玄奘譯，《瑜伽師地論》，《大正藏》冊30，頁488下～489上。

〔註83〕龍樹，〔後秦〕鳩摩羅什譯，《大智度論》：「畢竟空即是畢竟清淨。以人畏空，故言『清淨』。」(《大正藏》冊25，頁508下)

不識涅槃。……如來之藏，是善不善因，能遍興造一切趣生。(《楞
伽阿跋多羅寶經》) 〔註84〕

若依佛教基本教義，可說佛教不承認有一究竟主宰體，亦即否認有位格式與
非位格式的絕對存有。誠然佛教否定上帝、道的絕對存有，有一縝密合理的
論述，但世間萬物優點的同時，從另一角度觀視，亦常即為缺點，因此佛教
無究竟主體亦可歸屬為佛教自始使然不能解決的基源問題之一。是以真常系
應多少有察覺佛教此類問題，因而探源：若無「我」，「誰生誰滅」、孰「覺苦
盡」、孰「識涅槃」？何者是不善的生死雜染因、善的清淨佛果因？亦即，作
用的主體是誰？這些問題或與佛教本義看似悖謬，但在剖開該系佛性論「我」
之表相義，尤其真常系後來受中觀系影響，在解說上，援緣起探佛性論；尤
其後來受瑜伽系影響，將「佛性」實體化為清淨之「心」，以「心」建構對世
界的認知，更當可覺察真常系不能以外道定位之。該系立說佛性論的初衷，
恐為補足中觀系、瑜伽系未涉、未解決之處，讓眾生另類深識輪迴與涅槃。

就思想成分分析，真常系佛性論的源頭有二：一、受婆羅門教《奧義書》
〔註85〕影響；二、民間漸卸根深蒂固的種族階層包袱，眾生平等意識抬頭。
此外，真常系應有感佛教基本教義「無我」說所顯露的無究竟主體，將導致
佛教整體教義在建構中產生無法顧及的盲點，諸如：「無我」之下既是有、又
非有的修行主體，何需修行？修行目的為何？證得圓滿果位是否需要具備一
定的資質？中觀系、瑜伽系雖然承自佛教基本教義的程度有別，但多少隸屬
佛教正統，這是歷史不爭的事實。相照之下，與佛教基本教義「無我」大違
的真常系，是否便應歸於「非佛教」，這恐有爭議。若再以生態圈為例，但凡
動、植物先天或客觀環境雖是不足，生命仍是會在本具一定韌性的無限可能
的求生機制下，而在生理、心理作出某程度因應的轉化功能。若以一套縣亙
古今發展的學說體系而言，後人若深察前人學說有限或不足，在精益求精之
下，往往會加以改革、創新。如此，再回頭看真常系，是否可說：其實它是
承繼根本佛教母系學說，而加以因時制宜因應出的開枝散葉？其實若說後人
深察前人學說有限，而加以改造，嚴格而論，亦有些偏頗。因為一套思想體
系往往有與之因應的時代背景，甲時代的思潮，不一定等同乙時代的思潮，
亦不一定適用乙時代。時代不斷創新，思潮不迭更替，若斷言真常系佛性論

〔註84〕 〔宋〕求那跋陀羅譯，《楞伽阿跋多羅寶經》卷4，《大正藏》冊16，頁510中。
〔註85〕 林建國譯，《奧義書》(臺北：遠景出版社)，1981年。

未契入中道實相真義、在佛學中無重要性，恐怕需要再三商榷。而若欲論大乘三系的關係，筆者傾於認為三系如三國鼎立，又如蘆葦互倚，皆是應材施教的智慧產物。再加上三系隨時空遷移，彼此互涉、截長補短，甚或合流，實難以判定孰重孰輕。這誠如印順導師於《成佛之道》所言：「三系是適應眾生的方便不同，而歸宗於法空性的現證，毫無差別」。〔註86〕但若真欲論大乘三系的高下之別，當以闡論成佛的內在資源，亦即真常系佛性論格為重要。因為眾生若無佛性，便欠缺發展無限潛能的必備資質，則一切皆不得門而入。

此外，大乘三系之間，必有一樞紐，繫聯疏通彼此。細究之，「清淨」二字或可代表之：中觀系所闡論的緣起性「空」，可以「清淨」言詮，意謂實相如理清淨；瑜伽系雖可二分為真心派與妄心派，但無論直接或屈折轉依，最終目的仍是捨染趨淨，使清淨心識開展清淨真實界。瑜伽系縱使涉緣起，談心識生滅，但一旦肯定心識有染淨，前提便肯定心識之「有」；中觀系著重因緣法談「空」，如此二系貌似在「有」、「無」存在上相抵牾，然而卻可以藉由「清淨」之性內貫彼此。而何謂「清淨」之性？宏觀而言，吾人可指諸法、萬法、法界之性，亦即以法性稱之；若單就生命體而言，吾人可以佛性稱之。法性可含括佛性，亦可言，二者異名同義。是故，真常系的佛性論其實可聯結大乘另二系，亦可與另二系三角并立。而從佛學理論論之，無論就種子義的「因」、實相、修行意義、輪迴、涅槃……等，佛性論將扮演一個重要的基礎角色。若無真常系佛性論，佛學理論將如無根之萍，將失落一角。

第二節　佛教佛性論早期之演進

佛教界中，若責斥、否定彼方思想，其因除了有感彼方悖違佛教教義，其實還涉及佛教內部正統之爭的問題。大乘真常系所倡的如來藏、佛性說，一來，由於佛陀成道至入滅，並未有明確相關詞彙與論述；二來，小乘部派認為佛是遙不可企的完美典範，不認為眾生有成佛可能；三來，大乘中觀系、瑜伽系分別可從「緣起」、「無我」、「心」找到對號入座的古老發源地，相較之下，真常系佛性論明顯可說是大乘時期才萌發的獨創物；四來，真常系至少與佛教「無我」基本教義相悖；五來，古今中外亦有經典文獻僅載大乘有中觀、瑜伽二系，並未承認真常系。基於種種因素，真常系佛性論理應無立

〔註86〕釋印順，《成佛之道》（臺北：正聞出版社），1987 年頁 382～383。

足於佛教之由，然而根據上文中觀系、瑜伽系等除了斥說真常系，亦反過來
吸納真常系之長，這是否意味其佛性論並非鄙如糟糠，而是確有存在的價值？

　　若從佛教整體著眼，其核心教義不外乎佛陀所宣說的緣起論，及其所開
展出的十二因緣、三法印、四聖諦、八正道，以及佛陀入滅後漸形成的空、
實相、佛性、唯識等幾大範疇；佛性論僅居其一。若考究彼此關係，可發現
它們環環相扣，缺一不可；不但缺一不可，若偏頗一邊，都會出現嚴重的問
題。好比：若無緣起說，則不知諸法生滅中有湛然實相；〔註87〕若無「十二
因緣觀，則不解三世二重因果；〔註88〕若無三法印，則無從鑑別教義是否屬
於了義經；〔註89〕若未見四聖諦，則欠缺法炬以照盡顛倒無明，亦遠離轉凡
成聖；〔註90〕若無八正道，則缺乏良好途徑以斷愛欲、得脫；〔註91〕若不解

〔註87〕　〔東晉〕僧伽提婆譯，《中阿含經》卷7：「世尊亦如是說。若見緣起，便見法；
　　　　　若見法，便見緣起」；〔隋〕釋吉藏，《中觀論疏》卷5：「因緣生，宛然而常寂
　　　　　滅」。（《大正藏》冊1，頁467上；冊42，頁84中）

〔註88〕　〔東晉〕僧伽提婆譯，《增壹阿含經》卷46：「其有眾生不解十二緣法，流轉生
　　　　　死，無有出期，皆悉迷惑，不識行本。於今世至後世，從後世至今世，永在五
　　　　　惱之中，求出甚難」；〔唐〕釋窺基，《成唯識論述記》卷8：「問小乘曰：何勞
　　　　　三世二重因果？小乘答曰：謂有外道撥無過，未說法自然，常我等生。愚三際，
　　　　　故說有緣起；無前際，故說諸法常；無後際，故說諸法斷。今說二因在過去。
　　　　　有過去世因業而生法，非自然常我等起。體非常住，有因所生。有未來二果，
　　　　　破法後斷，非即解脫。體輪轉，故現五果三因，故非自然起。後有因生，故說
　　　　　二重三世因果。」（《大正藏》冊2，頁798上；冊43，頁528下）

〔註89〕　龍樹，〔後秦〕鳩摩羅什譯，《成實論》卷1「佛法中有三法印。一切無我：有
　　　　　為諸法，念念無常；寂滅涅槃，是三法印。一切論者，所不能壞，以真實，
　　　　　故名清淨調柔」；〔唐〕釋義淨譯，《根本說一切有部毘奈耶》卷9：「世尊即為
　　　　　說三句法，告言賢首：諸行皆無常，諸法悉無我，寂靜即涅槃，是名三法印」；
　　　　　〔隋〕釋智顗，《維摩經玄疏》卷6：「若無三法印，即是不了義經」。（《大正
　　　　　藏》冊32，頁243下；冊23，670中～下；冊38，頁555上）

〔註90〕　〔北涼〕曇無讖譯，《大般涅槃經》卷12：「苦集滅道，是名四聖諦」；卷15：
　　　　　「若能見四諦，則得斷生死」；〔姚秦〕竺佛念譯，《菩薩瓔珞經》卷9：「執四
　　　　　聖諦炬，照彼無明根」；〔隋〕釋吉藏，《中觀論疏》卷10：「四諦是迷悟之本。
　　　　　迷之，則六道紛然；悟之，則有三乘賢聖。是故始終皆明四諦。」（《大正藏》
　　　　　冊12，頁434下；冊12，頁451下；冊16，頁86上；冊42，頁148下）

〔註91〕　〔東晉〕釋法顯譯，《大般涅槃經》卷1：「八聖道分。汝應修習，精勤思惟。
　　　　　此法能令到解脫處」；〔宋〕求那跋陀羅譯，《雜阿含經》卷28：「佛告比丘，
　　　　　有八正道，能斷愛欲。謂正見、正志、正語、正業、正命、正方便、正念、
　　　　　正定」；馬鳴菩薩，〔後秦〕鳩摩羅什譯，《大莊嚴論經》卷2：「得修八正道。
　　　　　修道，故解脫」。（《大正藏》冊1，頁193上；冊2，頁199上；冊4，頁
　　　　　265中）

法性是緣起性「空」，則易誤執實有、實無等戲論；〔註92〕若不知佛性，則不得決定涅槃，亦不得悟入不二法門；〔註93〕若不解唯識，則易執境有、滯心空。〔註94〕

　　筆者認爲，若必不得已，非要比較諸意義的輕重，則將凸顯佛性論格外重要。好比：按理而言，佛教徒的唯一鵠的無非解脫成佛。若以事理圓融角度言之，「佛」乃行者透過修行，累積福慧功德，所臻的離苦得樂、解脫自在、悲智雙運、覺行圓滿、明心見性的不可思議境界。以簡單邏輯而言，佛是果，因指什麼？吾人當可開列出許多因，好比：懺悔、發菩提心、修三無漏學、行六度波羅密、具足三十七道品等。然而一個人何以能修持、做到這些呢？姑且將佛教視爲一種宗教教育，教育的前提在因材而教，根本無此材，教幾十輩子也徒勞無功。換言之，眾生是否皆能成佛，姑置不論，只要承認或相信極少數人可以成佛，就得追問：他們得以成佛的內在資源是什麼？以佛教術語而言：種子是什麼？而這，誠如《楞伽經》所載，「破瓶不作瓶事，亦如焦種不作芽事」；〔註95〕亦如〔明〕王陽明（1472～1528）所言，「燒鍋煮飯，鍋內不曾漬水下米」，卻「專去添柴放火」，則不知煮出何物，且鍋將先破；亦如〔明〕黃宗羲（1610～1695）所言，「卵中原有一點眞陽種子，方抱得成」。若無，則「抱之雖勤，終成殠卵」；〔註96〕亦如俗諺常言，「巧婦難爲無米之炊」。是故可知，縱使吾人

〔註92〕龍樹，青目釋，〔姚秦〕鳩摩羅什譯，《中論》卷4：「眾因緣生法，我說即是無。亦爲是假名，亦是中道義。未曾有一法，不從因緣生。是故一切法，無不是空者」；〔隋〕釋吉藏，《維摩經義疏》卷2：「毘曇明三世實有，成論辨三世實無。如此內外，並非正說。如來所演，離斯有無。故云：說法不有亦不無。以因緣，故諸法生。既離定有無，即是因緣生也。離定有無，所謂破邪；因緣所生，名爲顯正。」（《大正藏》冊30，頁33中；冊38，頁925中）

〔註93〕〔北涼〕曇無讖譯，《大般涅槃經》卷5：「知佛性，決定涅槃」；〔唐〕釋玄奘譯，《說無垢稱經》卷4：「若諸菩薩了知佛性即是法性，法即僧性。如是三寶，皆無爲相。與虛空等，諸法亦爾。若此通達，是爲悟入不二法門」。（《大正藏》冊12，頁395下；冊14，頁578上）

〔註94〕無性，〔唐〕釋玄奘奉譯，《攝大乘論釋》卷4：「如是三界，皆唯有心。此言顯示三界唯識」；〔唐〕釋窺基，《成唯識論述記》卷1：「唯謂簡別，遮無外境。識謂能了，詮有內心。識體即唯，持業釋也。識性、識相，皆不離心。心所、心王，以識爲主。歸心泯相，總言唯識。唯遮境有。執有者，喪其眞。識簡心空。滯空者，乖其實。」（《大正藏》冊31，頁400中；冊43，頁229中）

〔註95〕〔宋〕求那跋陀羅譯，《楞伽阿跋多羅寶經》卷1，《大正藏》冊16，頁483下。

〔註96〕王陽明《傳習錄》卷中，〈答聶文蔚〉：「燒鍋煮飯，鍋內不曾漬水下米，而乃專去添柴放火，不知畢竟煮出箇甚麼物來。吾恐火候未及調停，而鍋已先破

精勤不懈，倘若破瓶、焦種、無米、無眞陽種子、無佛性，欠缺發展無限潛能的必備資質，則一切皆不得門而入，而僅能枉然收場。

若以學說必然潛存的問題而論：中觀系直從實相界談勝義，肯定「空」、「無我」，在此之下，無「我」，何以肯定自我存在的意義？若無佛性，何以肯定人有修行的必要，以及成佛的可能？瑜伽系肯定生滅流轉的心識與種子，凸顯有爲現象界的存在，卻未有一清淨途徑「直」通無爲眞實界，如此是否可能滯著於現象界的顛倒認識中？再者，該系是否需要具備類似清淨佛性等生命資質的思想，以告示雖是著重現象界闡述，卻仍是不違清淨勝義爲鵠的？誠然，吾人亦可說眞常系起碼就肯定如來藏、佛性存在此點，而大悖佛教基本教義，然而藉由眞常系漸以緣起、漸廣釋中道教義，神我色彩其實已某程度淡化，則是否眞爲不了義、是否眞未契入眞義，恐怕就底子而言，仍多有商榷處。否則，佛陀轉法輪時，便不會在一轉「四諦」、二轉「諸法無有體相」，三轉「自性涅槃」，〔註97〕藉由三轉法輪時所開演的如來藏諸功德，昭示與涅槃息息相關的如來藏、佛性有其重要性。而總歸來說，大乘三系，恐怕皆是因時制宜、因材施教、殊途同歸的智慧產物；三系之間，恐怕皆爲互補，皆是合乎佛教究竟意趣。

上一節，爲明印度佛教思想發展過程裡正反兩方對佛性思想的迎拒，已對小乘部派及大乘中觀、瑜伽二系的佛性論作初步探討；此外，並舉佛學經典，彰顯佛性論的正面價值與意義，因此本節擬探討智顗之前佛性論之演進，回顧佛性思想發展脈絡下所呈顯的多種樣貌與可能的限制。內容，旨將智顗之前印度眞常系如來藏初、中、晚期思想作爲論說主幹，並上探思想之可能淵源，以及他系受其影響的面向。以下依時間先後、學說特質，分作四大點論之。

〔註97〕之後接續：

裂矣」（王陽明：《王陽明傳習錄及大學問》（臺北：黎明文化出版社，1992年4月再版），頁108）；黃宗羲：《明儒學案（上）》卷12，〈浙中王門學案二·語錄〉（臺北：河洛出版社，1974年12月），頁9。

〔註97〕〔元魏〕菩提流支譯，《深密解脫經》卷2：「如來初成應正等覺，於波羅奈城仙人集處、諸禽獸遊處，爲諸修行聲聞行人，一轉四諦希有法輪。世間一切沙門、婆羅門、天人、魔、梵、無能轉者。若有能轉依法相應，無有是處。世尊。此第二轉法輪。說上法相，可入法相。分別彼諸不了義修多羅，爲住大乘眾生，說於諸法無有體相。諸法不生、諸法不滅、諸法寂靜、諸法自性涅槃。希有之中復是希有。世尊。此是第三轉法輪。爲住一切大乘眾生，說諸法無體相、不生不滅寂靜自性涅槃。」（《大正藏》冊16，頁673下～674上）

一、大乘如來藏學形成前的可能思想淵源

在西元一、二世紀左右，在大乘眞常系如來藏思想興起之前，《摩訶般若經》、《法華經》、《維摩經》、《華嚴經》等初期大乘經典可堪稱醞釀如來藏思想的淵源：

（一）《摩訶般若波羅蜜經》

該經爲中觀系代表作品之一，乃屬緣起性空的智慧寶典。茲舉兩點窺探可能對後來如來藏學的影響：

1.「我實得阿耨多羅三藐三菩提」：

> 諸法實相，名字不住亦不不住。何以故？是名字無所有故。……諸法因緣和合，假名施設，所謂菩薩。是名字於五陰中不可說，十二入、十八界乃至十八不共法中不可說，於和合法中亦無可說。（《摩訶般若波羅蜜經》）

> 我實得阿耨多羅三藐三菩提。無所住。若有爲相，若無爲相。（《摩訶般若波羅蜜經》）

> 菩薩摩訶薩……爲諸法實相性空，故求阿耨多羅三藐三菩提。是性空。前際亦是性空，後際亦是性空，中際亦是性空。常性空，無不性空時。（《摩訶般若波羅蜜經》）

> 若不二，不分別諸法，則是阿耨多羅三藐三菩提。菩提是不二相、不壞相。……色即是菩提、菩提即是色，不二不分別。（《摩訶般若波羅蜜經》）〔註98〕

《般若經》旨在闡明諸法皆因緣和合而「性空」。由於諸法性空、實相性空，因此有爲相與無爲相、色與空、色與菩提、住與無住等相對立的兩方，皆可因同體性空而相「即」，使「Ａ即－Ａ；－Ａ即Ａ」，「不二不分別」；亦即，「一切法不二相」。如何能「不二，不分別諸法」？乃因阿耨多羅三藐三菩提之故。那麼孰能得之？該經直明是「我」。此「我」除了指證得阿耨多羅三藐三菩提的佛，此外，基於「若有爲相，若無爲相」，一切法皆不二不別，皆是性空的實相，因此此「我」並可指含具「色」、「有爲相」等世間法的眾生。也因「實得阿耨多羅三藐三菩提」的「我」，基於實相性空不二法之故，可同指佛與眾

〔註98〕　〔後秦〕鳩摩羅什譯，《摩訶般若波羅蜜經》，卷 3，《大正藏》冊 8，頁 234下；卷 21，頁 374 下；卷 25，頁 403 上；卷 25，頁 403 下。

生，因此可呼應眞常系「眾生悉有佛性」之說。那麼究竟是《般若經》受眞常系影響，或影響著眞常系呢？由於《般若經》出世早於眞常系如來藏學，因此應是眞常系受其影響；從中，可見我／眾生／佛得阿耨多羅三藐三菩提，發展至我／眾生／佛皆具佛性之迹。此外，《般若經》爲破實我實法之執，而言一切名字皆是因緣和合，假名施設。雖然該經言假名施設，仍是導歸至實相性空，而未進一步像如來藏學對假名假法作深度多元的闡釋，但相信必對後世有不少啟發。

2.「佛性空」

> 阿羅漢性、辟支佛性、佛性，不出三界，亦不住薩婆若。所以者何？
> 阿羅漢性、阿羅漢性空；辟支佛性、辟支佛性空；佛性、佛性空故。
> 若人欲使須陀洹果、斯陀含果、阿那含果、阿羅漢果、辟支佛道、佛道、一切種智出，是人爲欲使無相法出。（《摩訶般若波羅蜜經》）
> 佛、佛法、佛如、佛性、佛相，無所從來，亦無所去，亦無所住。阿耨多羅三藐三菩提，阿耨多羅三藐三菩提法、如、性、相無所從來，亦無所去，亦無所住。（《摩訶般若波羅蜜經》）
> 若佛法、佛法性、如、實際、不可思議性、涅槃，是一切諸法皆不合不散、無色無形無對無閡無等。一相所謂無相。（《摩訶般若波羅蜜經》）〔註99〕

《般若經》以「實相性空」定義一切法；「實相」是如如離妄的所觀之境；「性空」是現象背後的實相的本質眞義。除了佛、佛法、佛如、佛性、佛法性、佛相、如、實際、不可思議性、涅槃等表究竟位、究竟法、究竟如、究竟性、究竟法性、究竟相等究竟義，皆因諸法性空而契入實相眞諦，《般若經》並明言指出阿羅漢性、辟支佛性、佛性皆因「性」空之故，「不出三界，亦不住薩婆若」，無二無別。此透露：一、該經不像如來藏學重視佛之性所具的各種殊勝的性質、性能，而是側重強調阿羅漢、辟支佛、佛、甚至眾生，皆是「性空」不二。該經以實相性空之理，證明眾生與佛皆因「性空」，以致無二無別。二、該經除了以「性空」、「實相」相互表述，其實究竟乃言無色無形無對無閡無等的「無相」。實相無相，因此連實相也不可執。可知《般若經》泯一切

〔註99〕〔後秦〕鳩摩羅什譯，《摩訶般若波羅蜜經》卷6，《大正藏》冊8，頁260中；卷6，頁265上；卷7，《大正藏》冊8，頁267上。

相對法，離諸戲論，雖是弔詭卻是合理的處於不二法、不二相，以及無相之中。職是之故，中觀系的般若觀法及其實相空義，對如來藏學後來會援「實相」來與如來藏、佛性相即，雖說兩者「實相」義不盡相同，卻未嘗沒有推波助瀾之效。

（二）《妙法蓮華經》

該經闡述「一乘」妙法，以明眾生不分貧富貴賤大小，皆可成佛。雖未明言「如來藏」、「佛性」二詞，卻可窺其相關思想：

1. 衣珠喻

> 譬如有人至親友家，醉酒而臥。是時親友官事當行，以無價寶珠繫其衣裏，與之而去。其人醉臥，都不覺知。起已遊行，到於他國。為衣食故，勤力求索，甚大艱難。若少有所得，便以為足。於後親友會遇見之，而作是言：「咄哉，丈夫！何為衣食乃至如是。我昔欲令汝得安樂、五欲自恣，於某年日月，以無價寶珠繫汝衣裏。今故現在，而汝不知。勤苦憂惱，以求自活，甚為癡也。汝今可以此寶貿易所須，常可如意，無所乏短。」（《妙法蓮華經》）

法華七喻中的衣珠喻，闡述無價寶珠繫其衣裏，其人不自覺知，竟貧窮困頓他方，乞食馳走；猶如眾生身中內藏清淨如來性，卻不自覺知。以寶珠譬佛性之喻，《法華經》開啟先端後，漸有類似之喻在經典中鋪展、深化。

2. 法性「虛空」

> 觀諸法性，無有二相，猶如虛空。（《妙法蓮華經》）

> 佛所成就第一希有難解之法，唯佛與佛乃能究盡諸法實相。（《妙法蓮華經》）

明諸法實相性空的《般若經》，尚未有眾生悉可成佛的思想。爾後，傳之於世的《法華經》，雖同中觀系言及非虛妄的實相，卻更側重於，以一乘法強調眾生皆能「成菩提」、「當作佛」、「入佛道」，誠可見「法常無性」、「無有二相，猶如虛空」的「法性」概念，類同中觀系緣起性空義。

3. 「佛種從緣起」

> 諸佛兩足尊，知法常無性。佛種從緣起，是故說一乘。是法住法位，世間相常住。於道場知已，導師方便說。……知第一寂滅，以方便力故，雖示種種道，其實為佛乘。（《妙法蓮華經》）

《法華經》雖已言及「法性」、眾生「當作佛」，卻未進一步闡述「如來藏」、「佛性」二詞，實為可惜。但據「佛種從緣起」，可知已從因緣法探源：何樣種子能證得佛果、又是如何證得，揭示該經已潛藏「如來藏」、「佛性」思想。此外，由於《法華經》是從緣起法論佛種，可知該經所界定的「佛種」，含有性空實相義。

4. 「眾生當作佛」

> 十方佛土中，唯有一乘法，無二亦無三，除佛方便說。但以假名字，引導於眾生。……欲令一切眾，如我等無異。……化一切眾生，皆令入佛道。(《妙法蓮華經》)

> 演暢實相義，開闡一乘法，廣導諸眾生，令速成菩提。(《妙法蓮華經》)

> 佛於大眾中，說我當作佛，聞如是法音，疑悔悉已除。(《妙法蓮華經》)

> 不敢輕於汝等，汝等皆當作佛。(《妙法蓮華經》)〔註100〕

《法華經》雖以一乘妙法為思想核心，卻未忽略眾生根性有別，而能以假名的方便說，應機施教。其開權顯實、會三歸一的教說，較中觀系專言虛無形質、空無障礙的實相性空、性空實相，多了以眾生為本位。該經能關注眾生如何證得涅槃、如何成就佛道，實為肯定眾生存在價值的一大躍進。

（三）《維摩詰所說經》

該經繼《般若經》，屬初期大乘中觀系經典。雖同《般若經》以緣起性空之說蕩相遣執，卻更進一步導向菩薩行的實踐法門。雖未闡述「如來藏」、「佛性」二詞，但至少潛藏三點相關思想：

1. 「塵勞之儔為如來種」

> 有身為種，無明有愛為種，貪恚癡為種，四顛倒為種，五蓋為種，六入為種，七識處為種，八邪法為種，九惱處為種，十不善道為種。以要言之，六十二見及一切煩惱，皆是佛種。……一切煩惱為如來種。譬如不下巨海，不能得無價寶珠。如是不入煩惱大海，則不能

〔註100〕〔後秦〕鳩摩羅什譯，《妙法蓮華經》卷4，《大正藏》冊9，頁29上；卷1，頁3中；頁5下；頁9中；頁8上～中；卷4，頁35中；卷2，頁11上；卷6，頁50下。

　　得一切智寶。……塵勞之儔爲如來種。(《維摩詰所說經》)〔註101〕

此段引文巧妙的運用十種數字所指涉的「非道」，來與成佛的種子相即，意指：「六十二見及一切煩惱，皆是佛種」、「一切煩惱爲如來種」、「塵勞之儔爲如來種」。以常理言，污穢真性、擾亂身心的塵勞儔類，應是吾人修行成道的敵對方，須加以對治、抗衡，然而《維摩經》則提出非道即正道的概念，層層遞進的表達：一、肯定代言邪見、煩惱的「非道」的存在價值；二、肯定眾生這「非道」的製造者、持有者；三、肯定眾生皆是佛種；四、欲得智寶，須入煩惱大海，而欲成佛，則不離會妄生邪見煩惱的眾生。從中可知《法華經》從緣起法闡論「佛種」，而《維摩經》則進一步以有違正道的「非道」論之，並且清楚表明：煩惱與佛種、非道與佛道、眾生與佛，乃相即不二。

2.「行於非道，是為通達佛道」

　　示入下賤，而生佛種姓中，具諸功德……現於涅槃，而不斷生死。文殊師利！菩薩能如是行於非道，是爲通達佛道。(《維摩詰所說經》)

　　生死、涅槃爲二。若見生死性，則無生死、無縛無解、不生不滅。如是解者，是爲入不二法門。(《維摩詰所說經》)

　　見身實相者，不起見身及見滅身，身與滅身無二無分別，於其中不驚、不懼者，是爲入不二法門。(《維摩詰所說經》)

　　若不二，不分別諸法，則是阿耨多羅三藐三菩提。菩提是不二相、不壞相。……色即是菩提、菩提即是色，不二不分別。(《維摩詰所說經》)

　　諸佛知一切眾生畢竟寂滅，即涅槃相，不復更滅。(《維摩詰所說經》)

　　能令眾生入佛法藏，攝諸賢聖一切智慧。說眾菩薩所行之道，依於諸法實相之義。明宣無常、苦、空、無我、寂滅之法，能救一切毀禁眾生。(《維摩詰所說經》)〔註102〕

《維摩經》雖與同爲中觀系的《般若經》，皆闡述「不二」，但《般若經》側重從緣起性「空」，談色與空、菩提、一切智等無別，顯從佛眼如是智觀實相、

〔註101〕〔姚秦〕鳩摩羅什譯，《維摩詰所說經》卷2，《大正藏》冊14，頁549上～中。

〔註102〕〔姚秦〕鳩摩羅什譯，《維摩詰所說經》卷2，《大正藏》冊14，頁549上；卷2，頁551上；卷2，頁551中；卷25，頁403下；卷1，頁542中；卷3，頁556中。

　　身中而不知見？我當教彼眾生覺悟聖道，悉令永離妄想顛倒垢縛，具

　　見如來智慧在其身內，與佛無異。」（《大方廣佛華嚴經》）〔註109〕

猶如芥子可納須彌，一渺小微塵亦可含三千大千世界等經卷。小大之別，本
非世間法可蓋棺論定。此處，「微塵」喻眾生（身），「經卷」喻清淨如來智慧。
雖未直用「如來藏」〔註110〕一詞，卻可從「如來智慧在其身內」，揭示眾生皆
具如來智慧，與佛無異。然而若是無異，何以分二名？原因是，就「理」上
佛與眾生無二；就「事」上，眾生顛倒妄想之故，未知、未見如來智慧已遍
入身內，實有賴修行以解縛離垢，覺悟聖道，讓微塵中的經卷朗現，才能真
正事理交徹，真俗圓融。

2. 鍊金喻

　　譬如金師鍊金，隨以火力，調柔可用，增益光色。如是菩薩供養諸

　　佛，教化眾生，行淨地法，此諸功德皆迴向薩婆若，轉益明顯隨意

　　所用。……善根轉明淨，猶若成鍊金。菩薩住是地，能了知十住。（《大

　　方廣佛華嚴經》）〔註111〕

淘去金礦表層雜質，以顯究竟本然，猶如藉由修行，拂去雜垢瑕穢，以顯內
在如來本來之性。金性與如來功德、智德，以及如來之性，皆是如實清淨的
無上至寶，致使《華嚴經・十地品》所述的每一地，皆可用鍊金之喻明「善
根轉明淨」為如來功德，闡明「淨地法」的重要。此外，地地展轉增勝至成
佛，更凸顯眾生與佛之性始終清淨如一，以及修行的效用。

〔註109〕〔東晉〕佛馱跋陀羅譯，《大方廣佛華嚴經》卷35，《大正藏》冊9，頁623
　　　　下～624上。

〔註110〕據〔東晉〕佛馱跋陀羅譯，《大方廣佛華嚴經》卷36，〈寶王如來性起品〉：「如
　　　　是微密法，無量劫難聞，精進智慧者，乃聞如來藏」中之「如來藏」一詞，
　　　　恐以為該經已有如來（胎）藏觀念，然而參：一、〔唐〕實叉難陀譯，《大方
　　　　廣佛華嚴經》卷52，〈如來出現品〉：「如是微密甚深法，百千萬劫難可聞：
　　　　精進智慧調伏者，乃得聞此祕奧義」；二、〔西晉〕竺法護譯，《佛說如來興顯
　　　　經》卷4：「如是洪範，則是如來祕奧之藏。」；三、〔東晉〕佛馱跋陀羅譯，
　　　　《大方廣佛華嚴經》卷36，〈寶王如來性起品〉：「此經名為一切諸佛微密法
　　　　藏」；四、〔唐〕實叉難陀譯，《大方廣佛華嚴經》卷52，〈如來出現品〉：「此
　　　　法門名為：如來祕密之處」，可窺知佛馱跋陀羅所譯的「如來『藏』」，意謂如
　　　　來含藏一切甚深妙法，尚未具有胎藏義。（《大正藏》冊9，頁631上：冊10，
　　　　頁278下：冊10，頁613上：冊9，頁629下：冊10，頁277中）

〔註111〕〔東晉〕佛馱跋陀羅譯，《大方廣佛華嚴經》卷23，〈十地品〉，《大正藏》冊
　　　　9，頁547上～548中。

3. 寶珠喻

> 譬如大摩尼寶珠，有十事能與眾生一切寶物，何等為十？一、出大
> 海；二、巧匠加治；三、轉精妙；四、除垢穢；五、以火鍊治；六、
> 眾寶莊嚴；七、貫以寶縷；八、置瑠璃高柱；九、光明四照；十、
> 隨王意雨眾寶物。菩薩發菩提心寶亦有十事，何等為十？一、初發
> 心佈施離慳；二、修持戒頭陀苦行；三、以諸禪定解脫三昧令轉精
> 妙；四、以道行清淨；五、鍊以方便神通；六、以深因緣法莊嚴；
> 七、以種種深方便智慧貫穿；八、置神通自在幢上；九、觀眾生行
> 放多聞智慧光明；十、諸佛授智職，於一切眾生能為佛事，墮在佛
> 數。（《大方廣佛華嚴經》）

> 譬如清淨摩尼寶珠。眼有翳，故見為不淨。菩薩摩訶薩亦復如是。
> 大菩提心本性清淨。一切眾生無智翳眼，以不信故，謂為不淨。（《大
> 方廣佛華嚴經》）〔註112〕

《華嚴經》舉摩尼寶珠，無論是否需要冶鍊，其體性乃內具轉精妙、除垢穢、
光明四照等十種德用，由此來比況眾生一旦發菩提心，則能修行轉精湛深妙、
令道行清淨、福慧莊嚴等。從中可見，該經雖未直接以寶珠譬喻「如來藏」、
「佛性」二詞，卻彰顯此二詞與求正覺之「心」無別，具有此「心」所具備
的一切德性效用。而從引文二，更可證明：清淨摩尼寶珠猶如本性清淨的大
菩提心。眾生無智而不信，猶如眼翳而不見己身所本具的清淨心。

4. 華藏喻

> 此華藏莊嚴世界海，是毘盧遮那如來往昔於世界海微塵數劫修菩薩
> 行時，一一劫中親近世界海微塵數佛，一一佛所淨修世界海微塵數
> 大願之所嚴淨。諸佛子！此華藏莊嚴世界海，有須彌山微塵數風輪
> 所持。其最下風輪，名：平等住，能持其上一切寶焰熾然莊嚴。……。
> 彼須彌山微塵數風輪，最在上者，名：殊勝威光藏，能持普光摩尼
> 莊嚴香水海；此香水海有大蓮華，名：種種光明蕊香幢。華藏莊嚴
> 世界海，住在其中，四方均平，清淨堅固；金剛輪山，周匝圍遶；
> 地海眾樹，各有區別。（《大方廣佛華嚴經》）〔註113〕

〔註112〕〔東晉〕佛馱跋陀羅譯，《大方廣佛華嚴經》卷27，《大正藏》冊9，頁575
　　　　中；卷36，頁830上。

〔註113〕〔東晉〕佛馱跋陀羅譯，《大方廣佛華嚴經》卷8，《大正藏》冊10，頁39

菩薩，當持此契經來詣罽賓。(《佛說大般泥洹經》)〔註119〕

一思想若是以「遷徙」的方式傳至他地，往往是爲了尋求能被認同的生存空間。大乘如來藏經典發源於南印度，爾後流佈至北印度罽賓一帶，可想像被視爲「眾邪異說」、爾後漸被容納的過程，屬於充滿艱困的考驗。而在傳佈的過程中，想必也需要配合風土民情、世代思潮，不斷彈性修繕、補強自己學說可調整處。若以義涵轉折論之，如來藏學初期代表作品有《大方等如來藏經》、《佛說如來興顯經》、《大方等大集經》、《大哀經》、《大般泥洹經》、《大般涅槃經》、《大方等無想經》(《大雲經》現存本)、《央掘摩羅經》、《佛說無上依經》、《大法鼓經》〔註120〕等。這些作品各有特色與核心經義，雖未全然使用「如來藏」、「佛性」詞彙，卻皆有眾生悉有佛性〔註121〕等類的概念。茲就共質性闡述如下：

(一)質樸文字與譬喻

語言文字，與開天闢地以來所有的進化相似，皆由混沌、簡樸，發展至繁複精密。初期如來藏系經典較中、後期，顯得樸實，並多以深入淺出的譬喻言詮之。如：《大方等如來藏經》，約西元 250 年以前集成、是首部以如來藏爲主題的大乘經、亦爲如來藏學三部經之一。該經便舉萎花有佛、不淨處

〔註119〕〔東晉〕釋法顯譯，《佛說大般泥洹經》卷 6，《大正藏》冊 12，頁 895 上。
〔註120〕〔東晉〕佛陀跋陀羅譯，《大方等如來藏經》，《大正藏》冊 16，頁 457 上～460 中：〔西晉〕竺法護譯，《佛說如來興顯經》，《大正藏》冊 10，頁 592 下-～617 中：〔北涼〕曇無讖等譯，《大方等大集經》，《大正藏》冊 13，頁 1 上～407 上〔西晉〕竺法護譯，《大哀經》，《大正藏》冊 13，頁 409 上～452 上：〔東晉〕釋法顯譯，《佛說大般泥洹經》，《大正藏》冊 12，頁 853 上～899 下：〔北涼〕曇無讖譯，《大般涅槃經》(北本)，《大正藏》冊 12，頁 365 上～604 上：〔宋〕釋慧觀等依《泥洹經》加之，《大般涅槃經》(南本)，《大正藏》冊 12，頁 605 上～852 中：〔北涼〕曇無讖譯，《大方等無想經》，《大正藏》冊 12，頁 1077 下～1107 中：〔宋〕求那跋陀羅譯，《央掘魔羅經》，《大正藏》冊 2，頁 512 中～544 中：〔梁〕釋眞諦譯，《佛說無上依經》，《大正藏》冊 16，頁 468 上～477 下：〔宋〕求那跋陀羅譯，《大法鼓經》，《大正藏》冊 9，頁 290 中～300 中。
〔註121〕如：〔東晉〕佛陀跋陀羅譯，《大方等如來藏經》卷 1：「一切眾生有如來藏」；〔東晉〕釋法顯譯，《佛說大般泥洹經》卷 4：「一切眾生皆有佛性，在於身中，無量煩惱悉除滅已」；〔北涼〕曇無讖譯，《大般涅槃經》卷 10：「一切眾生同一佛性無有差別。以其先聞如來密藏，後成佛時自然得知」；〔宋〕求那跋陀羅譯，《大法鼓經》卷 2：「一切眾生悉有佛性，無量相好，莊嚴照明……。一切眾生有如來藏一性一乘。」(《大正藏》冊 16，頁 457 下：冊 12，頁 881 中：冊 12，頁 423 上：冊 9，頁 297 上～中)

眞金、穀內果種、貧女懷輪王等九重譬喻以明如來藏，並強調眾生皆有清淨如來藏，但因煩惱覆蓋而不察。又，《大方等大集經》，便舉身中有寶器等譬明之。以下擷華藏、寶珠、瓶中燈喻分述之：

> 善男子。如佛所化無數蓮花，忽然萎變。無量化佛在蓮花內，相好莊嚴，結加趺坐，放大光明。眾覩稀有，靡不恭敬。……善男子。一切眾生雖在諸趣煩惱身中，有如來藏常無染汙，德相備足，如我無異。……如是善男子。佛見眾生如來藏已，欲令開敷爲說經法，除滅煩惱，顯現佛性。（《大方等如來藏經》）〔註122〕

> 其人未曾有，不與諸塵勞。以成如法幻，志性離瑕穢。所在胎生處，不能垢所染。其有逮得此，最上之總持，則住於蓮華，立在諸佛前。《大哀經》〔註123〕

> 善男子。汝今應當諦觀我身。爾時魔王聞是語已，如教諦觀，見其臍中有一世界，名水王光。有佛世尊，號寶優鉢羅。其世界中有大寶山。如來處中結加趺坐，與諸菩薩宣說正法。（《大方等大集經》）〔註124〕

華藏喻蘊有《華嚴經》安住於蓮華中的「華藏莊嚴世界」之跡。其「藏」義，若再溯源，可推至印度古神話孕育世界及一切生命的胎藏義。而再連結蓮華開敷、出汙泥而不染，以及華中有實等自然生態所表徵的意象，恰揭示眾生縱使五蘊熾盛、煩惱纏縛，其身中悉藏清淨如來；猶如萎花中的如來，又如蓮花中的華藏世界。而若欲外顯，唯有修行爲上上道。寶珠喻有相似之意：

> 善男子。譬如善識眞寶之匠，於寶山中獲得一珠。得以水漬，從漬出已；置酢漿中，從酢漿出已。置之豆汁，意猶不已。復置苦酒，苦酒出已；置眾藥中，從藥出已。以璂褐磨，是名眞正青琉璃珠。（《大方等大集經》）〔註125〕

> 如淨寶珠。匠者琢磨價直無量，人所珍重。……淨寶珠者離九種寶。何等爲九？一者，金性；二者，銀性；三者，琉璃性；四者，頗梨

〔註122〕〔東晉〕佛陀跋陀羅譯，《大方等如來藏經》卷1，《大正藏》冊16，頁457中～下。

〔註123〕〔西晉〕竺法護譯，《大哀經》卷7，《大正藏》冊13，頁445中。

〔註124〕〔北涼〕曇無讖譯，《大方等大集經》卷4，《大正藏》冊13，頁22中。

〔註125〕〔北涼〕曇無讖譯，《大方等大集經》卷3，《大正藏》冊13，頁21下。

性；五者，馬瑙性；六者，蓮花性；七者，車磲性；八者，功德寶性；九者，珊瑚性。是名爲九離。是九性，名淨寶珠。其價無量，轉輪聖王之所受用，是珠光明，餘光不及。……離是九性，入佛種性，得淨印三昧。……淨寶珠者，耐磨穿押，是故此珠名無瑕玭。(《大方等大集經》) 〔註126〕

一大寶珠，一一各出光明之曜，消除眾冥。如是諸人一心善本，觀其修行，而念應順，皆除一切無明眾冥、六十二見、九十六逕眾患之難。(《大哀經》) 〔註127〕

汝等比丘修眞實法，如得寶珠；於不眞實法，修無常想。(《佛說大般泥洹經》) 〔註128〕

「善識眞寶之匠」，喻具有佛眼的如來能觀得眾生內具佛性，亦喻眾生能靈明覺照自身佛性存在；寶珠優於金、銀、琉璃等世間無上寶之性，縱使泥覆汙漬、磨穿押鑄，亦是始終潔淨光潤無瑕、價值非凡，此喻能消除眾冥、眾患的佛性。若取與華藏喻相較，雖二喻皆用來肯定眾生悉有清淨佛性，但前喻僅論及寶珠與外覆、外壓，後者則談及如來與莊嚴世界、蓮花、汙泥的彼此關係，而由於居中者蓮花出汙泥而不染，「塵水不著」，已具淨化功能，更凸顯寶珠較如來、莊嚴世界「一切不汙」，〔註129〕自發光明之曜淨化外冥。雖有小異，卻幾近達於化煩惱爲菩提之效。再論瓶中燈喻：

佛性，煩惱中住。如瓶中燈；瓶破，則現。瓶者，謂煩惱；燈者，謂如來藏。能破受者億煩惱瓶，然後則能自見其性。……如來之藏亦復如是。煩惱所覆，性不明顯。出離煩惱，大明普照。佛性明淨，猶如日月。(《央掘摩羅經》)

一切眾生有如來藏，爲無量煩惱覆，如瓶中燈。(《央掘魔羅經》)

〔註130〕

〔註126〕〔北涼〕曇無讖譯，《大方等大集經》卷8，《大正藏》冊13，頁47下〜48上。

〔註127〕〔西晉〕竺法護譯，《大哀經》卷1，《大正藏》冊13，頁414中。

〔註128〕〔東晉〕釋法顯譯，《佛說大般泥洹經》卷2，《大正藏》冊12，頁862中

〔註129〕〔宋〕那跋陀羅譯，《大法鼓經》卷2：「如來……煩惱習垢一切悉滅，常大照明。如彼明珠，一切不汙；如淨蓮華，塵水不著。」(《大正藏》冊9，頁298上)

〔註130〕〔宋〕求那跋陀羅譯，《央掘摩羅經》卷2，《大正藏》冊2，頁526中〜下；卷4，頁539上。

> 如瓶中燈焰，其明不現，於眾生無用。若壞去瓶，其光普炤。如是諸
> 煩惱瓶，覆如來藏燈。……若離一切諸煩惱藏。彼如來性，煩惱永盡。
> 相好照明，施作佛事，如破瓶燈，眾生受用。(《大法鼓經》)〔註131〕

煩惱與佛性，在華藏、寶珠及瓶中燈喻中，乃分別界定爲外覆的客性，以及內藏的主體性。再擴大言之，智顗之前如來藏學多如此定位：煩惱遮覆佛性，卻不能消滅、更易顯佛性始終清淨的本質；佛性若欲外顯，有賴具有佛性的眾生能於身口意精進修行。在瓶中燈喻，「瓶破，則現」佛性，與佛典常言的「執智慧劍，破煩惱賊」〔註132〕有同工之妙，然而「『破』瓶」易引人有小乘實滅盡的聯想，顯見小乘過渡至大乘之跡。

（二）由法性、法身等詞發展至如來藏

「如來藏」、「佛性」二詞的立名與意並非如來藏學初始時便有，而是隨佛學發展思潮：如來、佛、法、法身、佛身、如來智、佛智、如來身、如來之性、如來性、如來界、法性、法界、實性、涅槃、涅槃性、祕密之藏、如來祕藏、如來之藏、如來種性、佛種、佛種性、菩提、菩提性、法界性、眞如、眞性、三藐三菩提中道種子……等彼此有千絲萬縷關係之詞雨後春筍，相互交匯激盪後，才漸豐厚、界定、普及二詞的義涵。這樣的演變，尤其在初期如來藏學更爲顯著。茲舉幾則爲例：

> 去來今佛，一切悉等，爲一法身。……法身慧體，究竟無相。法度
> 無極，遊於法界，無有二行。(《佛說如來興顯經》)〔註133〕

> 見如來者，則爲一法身。以一法身，若一慈心向於一人，則爲普及
> 一切群萌……。佛身如是，普入一切群萌之類，悉於諸法。……如
> 是若見如來之身，普照世間，及度世事，因別罪福。如來不來，亦
> 無所去。無所罣礙，亦不可得。所以者何？大聖光明，蠲除一切八
> 十顛倒。(《佛說如來興顯經》)〔註134〕

> 如來法身眞實常住，非磨滅法。(《佛說大般泥洹經》)〔註135〕

〔註131〕〔宋〕求那跋陀羅譯，《大法鼓經》卷2，《大正藏》冊9，頁297中。
〔註132〕如：〔唐〕釋般若譯，《大乘本生心地觀經》卷5，《大正藏》冊3，頁313中。
〔註133〕〔西晉〕竺法護譯，《佛說如來興顯經》，《大正藏》冊10，頁592下。
〔註134〕〔西晉〕竺法護譯，《佛說如來興顯經》卷1，《大正藏》冊10，頁592下；
　　　　卷2，頁598中。
〔註135〕〔東晉〕釋法顯譯，《佛說大般泥洹經》卷2，《大正藏》冊12，頁867上。

從大乘之前的教眾景仰實際生活於根本佛教時期的釋迦牟尼佛，迄大乘時期
「眾生悉有佛性」如口號般響徹教界，其實已風轉雲行的經過好幾重蛻變性的
轉折。簡眩言之，可分為：一佛、昔今未十方三世佛，以及佛即眾生等三階段。
所有相關演繹，不離於此，而這三階段相通無礙的成立條件，其主要根據可說
是：法身、法性。前者為無形無色、遍滿虛空法界的法之理體，亦即佛的自性
真身；後者為諸法的真實體性，亦即佛之真性。若再究竟言，可說是取決於每
一法的究竟理體、質性皆是同一，是以佛陀圓寂，歷史佛轉為超歷史佛、神化
佛，爾後有昔今未三世無數佛，爾後佛即眾生、眾生即佛，皆因就究竟實相、
本然本質而言，彼此皆無差無別。是以法身等同佛身，亦等同眾生身；法性等
同佛性，亦等同眾生性。若欲跳至形下，論其有別，也僅是眾生的法性、佛性、
法身、佛身，外覆一煩惱纏縛的客體。也因此，法身慧體真實常住，遍於法界，
想當然能普及尚盲昧的無明眾生。法性亦為同理：

> 一切法性是名無性。若無性者，則無有二。是故菩提無身無為。(《大
> 方等大集經》)

> 如來知不汙界。云何而知？一切諸法性本淨故。(《大方等大集經》)

> 真實了知於法性，是名諸法自在定。觀察佛身如諸法，佛性、法性
> 無差別。(《大方等大集經》)

> 如爾不動不轉，知於法性，是名真性，是名法性，是名實性。(《大
> 方等大集經》)〔註136〕

> 依法者，即是如來大般涅槃。一切佛法即是法性。是法性者，即是
> 如來，是故如來常住不變。……是人善解如來微密深奧藏，故能知
> 如來常住不變。……依法者即是法性；不依人者即是聲聞。法性者
> 即是如來。(《大般涅槃經》)〔註137〕

相對於法身，法性其實在大乘之前並不多見。而法性在大乘會漸普及，其實
中觀系緣起性空實相論位居很大的功臣。也因中觀系如此關注諸法存在的本
性、質性，並以「非有非無」定位之，使初期如來藏學中的「法性」能合理
與「無身無為」、「不動不轉」、「常住不變」的「佛性」、「真性」、「實性」、「菩

〔註136〕〔北涼〕曇無讖等譯，《大方等大集經》卷2，《大正藏》冊13，頁12上；卷
3，頁15下；卷7，頁42上；卷8，頁50下。
〔註137〕〔北涼〕曇無讖譯，《大般涅槃經》卷6，《大正藏》冊12，頁401下。

提」、「如來微密深奧藏」等詞畫上等號。法性實較法身，更深層內探萬物存在並齊一的本質，也帶動相關之性的討論：

> 如來之性不受染。（《佛説大般泥洹經》）

> 長養自身如來種子，速令佛性開發顯現，無量結患一時除滅。（《佛説大般泥洹經》）〔註138〕

> 凡夫謂二；智者了達其性無二。無二之性即是實性。我與無我性無有二。如來祕藏其義如是。（《大般涅槃經》）〔註139〕

> 如來性眞實無變，無有破壞，隨順世間，如是示現。（《大般涅槃經》）〔註140〕

> 釋迦如來種性清淨，如紺琉璃。（《大方等無想經》）〔註141〕

> 佛性者，即是一切諸佛阿耨多羅三藐三菩提中道種子。（《大般涅槃經》）〔註142〕

> 眾生即佛性；佛性即眾生。（《大般涅槃經》）〔註143〕

諸法萬物，當欲探其「性」時，無論別性如何無窮盡的有別，其共性依然是在「非有非無」的理體基準下呈現齊一。我性、無我性、實性、如來性、如來種性、佛性、眾生性……等皆爲無二之性。就此可言，初期如來藏學——此大乘「如來藏」、「佛性」初初發展之際，無論就種子性的因義、抑或佛德的果義言之，如來藏相關之詞皆有一混沌至較清晰，並相連貫的發展過程。

（三）重「常」

　　如來藏學最受教內、教外駁斥的根本原因是，大悖「諸行無常，諸法無我」等佛教基本教義。如來藏學何以要悖逆傳統？是故意爲之、爲悖逆而悖逆；抑或承繼傳統，應時制宜以脫胎換骨？就上文可知，如來藏、佛性就理體共性而言，與傳統佛教並不相違，那麼何以如來藏學重「常」、「我」，尤其在初期發展之時？

〔註138〕 〔東晉〕釋法顯譯，《佛説大般泥洹經》卷2，《大正藏》冊12，頁893上；卷4，頁882上。

〔註139〕 〔北涼〕曇無讖譯，《大般涅槃經》卷8，《大正藏》冊12，頁410下～411上。

〔註140〕 〔北涼〕曇無讖譯，《大般涅槃經》卷9，《大正藏》冊12，頁416下。

〔註141〕 〔北涼〕曇無讖譯，《大方等無想經》卷4，《大正藏》冊12，頁1095中。

〔註142〕 〔北涼〕曇無讖譯，《大般涅槃經》卷27，《大正藏》冊12，頁523下。

〔註143〕 〔北涼〕曇無讖譯，《大般涅槃經》卷35，《大正藏》冊12，頁572中。

一者，如來；二，常；三，樂；四，我；五，淨。是名如來無上功德，不可思議。(《大方等無想經》)〔註144〕

如來常恒不變如來之藏。(《央掘摩羅經》)〔註145〕

如是經典凡有三名：一名大雲；二名大般涅槃；三名無想。大雲密藏菩薩所問，故名大雲。如來常住無有畢竟入涅槃者，一切眾生悉有佛性，故得名為大般涅槃。受持讀誦如是經典，斷一切想，故名無想。(《大方等無想經》)〔註146〕

當知如來是常住法、不變易法。如來此身是變化身，非雜食身。為度眾生，示同毒樹，是故現捨入於涅槃。(《大般涅槃經》)〔註147〕

諸佛世尊般涅槃者悉皆常住，……不磨滅，……不畢竟滅。……如是如是諸佛涅槃，即是解脫。(《大法鼓經》)〔註148〕

若欲論如來藏學何以重「常」、「我」，其實可更全面的問：何以該學看重永恆不變而無生無滅的常德、寂滅永安的樂德、體用真實自在的我德，以及解脫一切垢染的淨德，而與傳統佛教的無常、苦、無我、不淨、無我所〔註149〕等見地大相徑庭？亦即，常樂我淨等涅槃四德，雖隨時代變遷而義涵微些轉折，為何始終堪為大乘如來藏學的根本標幟，而有別傳統？簡單而言：當如來藏證得究竟果德，便等同證得解脫涅槃，亦即圓滿證得涅槃四德。是以果位、佛性外顯的涅槃四德，能用以對應出：因位的如來胎藏、佛性亦具常樂我淨四性。也因此可說：如來藏學從傳統佛學沃土中，尋得一新視角，觀獲涅槃、佛、佛性等無為法並非完全屬於無常、苦、無我、不淨的範疇。其中，若單就常德而言：一切有為法，無論刹那或相續，皆是處於生住異滅的無常狀態中。諸法無常，雖有一番道理，卻易使過度執著者以為：如來涅槃是實然滅盡；人生無常，生不足喜，死不足惜，以致身心麻木枯槁，並萌生遊離萬物與自身的虛無存在感。然而，過執「無常」並非符合真理，何況從一體兩面

〔註144〕〔北涼〕曇無讖譯，《大方等無想經》卷2，《大正藏》冊12，頁1084中。
〔註145〕〔宋〕求那跋陀羅譯，《央掘魔羅經》卷4，《大正藏》冊2，頁537下。
〔註146〕〔北涼〕曇無讖譯，《大方等無想經》卷5，《大正藏》冊12，頁1099上。
〔註147〕〔北涼〕曇無讖譯，《大般涅槃經》卷3，《大正藏》冊12，頁381下。
〔註148〕〔宋〕求那跋陀羅譯，《大法鼓經》卷1，《大正藏》冊9，頁294下。
〔註149〕如：〔宋〕求那跋陀羅譯，《雜阿含經》卷5：「多聞聖弟子於此五受陰，觀察如病、如癰、如刺、如殺；無常、苦、空、非我、非我所。於此五受陰不著、不受。不受，故不著；不著，故自覺涅槃。」(《大正藏》冊2，頁31下)

而言，無爲法往往安住於常恒不變易的狀態與境界，清淨佛性亦是本然存在於佛與眾生之中。這正如，中觀系標榜的「緣起性空」一詞，就「緣起」，可說無常；但無論就「『性』空」或「性『空』」而言，卻不可抹滅其恒常性。此外，如來既是常住不變，則與如來相即不二的眾生想當然亦具常住不變的如來體性。

（四）重「不空」之「如來藏，我」

無論常住不變的因性或果性，上溯至究竟，必有一「我」的主體。任是緣起性「空」說，亦無法抹殺這「我」的存在。而在常樂我淨此涅槃四德中，於初期如來藏學，最爲特別的，應屬我德。該階段，可以「如來藏，我」賅括之：

> 如來……若不滅者，則常住安樂。常住安樂，則必有我。（《大法鼓經》）〔註150〕

> 我者即是佛義；常者是法身義；樂者是涅槃義；淨者是法義。（《大般涅槃經》）〔註151〕

> 何者是我？若法是實、是眞、是常、是主、是依、性不變易者，是名爲我。（《大般涅槃經》）〔註152〕

> 佛法有我，即是佛性……。我者，即是如來藏義；一切眾生悉有佛性，即是我義。（《大般涅槃經》）〔註153〕

> 菩薩道者。謂一切眾生皆有如來藏。我次第斷諸煩惱，得佛性。（《央掘魔羅經》）〔註154〕

> 一切眾生悉有佛性，無量相好，莊嚴照明。以彼性，故一切眾生得般涅槃。如彼眼翳，是可治病。……若遇諸佛、聲聞、緣覺，乃知眞我。如治病癒，其目開明。翳者謂諸煩惱；眼者謂如來性。如雲覆月，月不明淨。諸煩惱藏覆如來性，性不明淨。若離一切煩惱雲覆，如來之性淨如滿月。……修習善行掘煩惱土，得如來性水。（《大法鼓經》）〔註155〕

〔註150〕〔宋〕求那跋陀羅譯，《大法鼓經》卷2，《大正藏》冊9，頁296下。
〔註151〕〔北涼〕曇無讖譯，《大般涅槃經》卷2，《大正藏》冊12，頁377中。
〔註152〕〔北涼〕曇無讖譯，《大般涅槃經》卷2，《大正藏》冊12，頁379上。
〔註153〕〔北涼〕曇無讖譯，《大般涅槃經》卷7，《大正藏》冊12，頁407上～中。
〔註154〕〔宋〕求那跋陀羅譯，《央掘魔羅經》卷4，《大正藏》冊2，頁539下。
〔註155〕〔宋〕求那跋陀羅譯，《大法鼓經》卷2，《大正藏》冊9，頁297中。

無論就宏觀或微觀而言，整體佛教教義可說主要在討論存在與緣起的關係。此
不承認有類似上帝的位格式、亦不承認有類似道的非位格式的絕對存有，可堪
為佛教有別他教的最大特點，亦是成就己說思想網絡的主要樞紐，然而卻也凸
顯佛教的自身困限：沒有一究竟絕對的主體，要如何施行善惡的判斷，以及去
惡向善的實踐？孰又是身口意的作者，以及業果的受者？是以，若站在補正角
度，如來藏學會獨樹一幟提出「常樂我淨」，尤其其中的「我」說，便可稱譽為
有別傳統佛教的異類者、新血者。也因此，取「我」為異名的如來藏，應是有
意識到：「我」，是潛存於每一生命體內，並具最有力的支配、主宰性格；「我」，
真實不變易的常存於屬於該「我」生命體的時空舞臺，能與諸法相應，並是諸
法存在的主要依據。而就細節而論，「我」說至少源於對應教內：一、用來證其
為佛說的三法印之一的「諸法無我」。二、部派佛教縱是枝椏分歧，卻盡是貫徹
「無我」〔註156〕的根本教義；即使一切有部，也在強調「法有」之外，而有所
謂的「我空」〔註157〕之說。三、大乘中觀系與瑜伽系雖各成宗流，卻不離「無
我」基髓。是以，如來藏學重視「我」，尤其初期並強調「如來藏，我」，應是
有感教界普遍標榜無我、無常，恐易忽略主體存在的必然價值與意義，甚至執
文取義者易滯於「實」無。此外，就教外而言，如來藏雖同「我」義，卻應含
具有別古印度婆羅門教所強調的常住不變之「我」的本懷，原因是：印度神教
傾「梵我一如」一元論的「神我」；如來藏學，則相對於五蘊假和合的「假我」，
而從如來、佛、法身、如來性、界、我、佛子、佛種性等異名同義，以及真實
自在無礙的涅槃我德，來論「真我」。是故，以「我」、「真我」詮如來藏，除對
應教內大闡「無我」的可能之疏，亦可能基於「差之毫釐，繆以千里」之慮，
並用來誘引並攝受計著「神我」的外道。而由「無我」、「我」，更進一步可看出

〔註156〕如：〔姚秦〕曇摩耶舍共曇摩崛多等譯，《舍利弗阿毘曇論》卷 16：「何謂空
定？……以我空，我所亦空。常空不變易空」；五百大阿羅漢，〔唐〕釋玄奘
譯，《阿毘達磨大毘婆沙論》卷 9：「有說……謂空行相義不決定。以一切法
有義故空，約他性故；有義故不空，約自性故。非我行相無不決定，以約自
他俱無我故。由此尊者世友說言：我不定說諸法皆空，定說一切法皆無我。」
（《大正藏》冊 28，頁 633 上；冊 27，頁 45 上～中）

〔註157〕五百大阿羅漢，〔唐〕釋玄奘譯，《阿毘達磨大毘婆沙論》卷9：「我有二種。
一者，法我；二者，補特伽羅我。善說法者，唯說實有法我。法性實有，如
實見，故不名惡見。外道亦說，實有補特伽羅我。補特伽羅，非實有性」；卷
90：「補特伽羅是假，色等五蘊是實。於此假者身相續中，依得非得，說有成
就、不成就法。由此因緣，故作斯論。」（《大正藏》冊 27，頁 40 下；頁 463
中）

初期如來藏學對「空」與「不空」的態度：

> 有異法是空，有異法不空。……云何極空相，而言眞解脫？如來眞解脫，不空亦如是。出離一切過，故說解脫空。如來實不空。離一切煩惱，及諸天人陰，是故說名空。(《央掘魔羅經》)〔註158〕

> 空者，謂無二十五有及諸煩惱。一切苦、一切相、一切有爲行，如瓶無酪，則名爲空。不空者，謂眞實善色，常樂我淨，不動不變。(《大般涅槃經》)〔註159〕

> 如來常住及有如來藏，而不捨空，亦非身見空。空彼一切有爲自性。……

> 一切空經是有餘說，唯有此經是無上說。(《大法鼓經》)〔註160〕

> 爲壞眾生計常想，故如來不般涅槃，示般涅槃；不生，示生。所以者何？眾生謂佛尚有終沒，不得自在，何況我等有我、我所？(《大法鼓經》)〔註161〕

不同學系在面對相同名相，常基於各自學說背景與識見，而有不同詮解角度。初期如來藏學明顯以「不空」爲了義本位，認爲代言常樂我淨、法身、勝義、實相、涅槃的「不空」，優越於代言苦、煩惱、有爲法、有餘說的「空」。此說，有別強調「以有空義故，一切法得成」〔註162〕的中觀系，亦有別以虛妄分別阿賴耶識爲「所知依」〔註163〕的瑜伽系。然而雖與重實相、現象的大乘另二系大相逕庭，如來藏學單就果德而言，除了別有新意，亦有番合理性：一、以「不空」，定位解脫自在、湛然寂靜、不生不滅的涅槃境界；以「空」，定位生滅無常的煩惱纏縛；二、闢取「煩惱」爲受詞，「空」(煩惱)，意謂未臻無爲法前的有纏狀況；「不空」(煩惱)，意謂與煩惱不離、不脫、不異的無爲法境界。順此，亦可說如來藏學是以本質判論：煩惱是生滅無常虛妄法，因而是「空」；自性清

〔註158〕〔宋〕求那跋陀羅譯，《央掘魔羅經》卷2，《大正藏》冊2，頁527中～下。

〔註159〕〔北涼〕曇無讖譯，《大般涅槃經》卷5，《大正藏》冊12，頁395中。

〔註160〕〔宋〕求那跋陀羅譯，《大法鼓經》，《大正藏》冊9，頁291中～296中。

〔註161〕〔宋〕求那跋陀羅譯，《大法鼓經》卷2，《大正藏》冊9，頁296下。

〔註162〕龍樹菩薩，青目釋，〔姚秦〕鳩摩羅什譯，《中論》卷4，《大正藏》冊30，頁33上。

〔註163〕護法等菩薩，〔唐〕釋玄奘譯，《成唯識論》卷3：「或名所知依，能與染淨所知諸法爲依止故。……或名阿賴耶，攝藏一切雜染品法令不失故，我見愛等執藏以爲自內我故。」(《大正藏》冊31，頁13中)

淨的如來藏，以及殊勝的涅槃果德，是無生滅的眞實無爲法，因而是「不空」。

（五）重能觀之智

當有所謂的「我」，便有主、客；此、彼；能、所等相對之分。巧妙的是，如來藏學中的「我」，除了指如來，也往往等同內具如來胎藏或佛性的眾生。只不過，如來與眾生無訴理由、直接繫連的畫上等號，乃屬於中、晚期如來藏學日漸定型之理，而在初期，則多以能觀之智來推演如來與眾生同位的關係，藉此：一者，凸顯「我」的份量；二者，方便推導出，發自如來與眾生的能觀之智，將能對應何種特質的所觀之境：

> 我以佛眼觀一切眾生，貪欲恚癡諸煩惱中，有如來智、如來眼、如來身。……一切眾生雖在諸趣煩惱身中，有如來藏常無染汙，德相備足，如我無異。（《大方等如來藏經》）

> 譬如天眼之人觀未敷花。見諸花內有如來身結加趺坐。除去萎花，便得顯現。……佛見眾生如來藏已，欲令開敷，爲說經法，除滅煩惱，顯現佛性。（《大方等如來藏經》）

> 大寶在身內，常在不變易。如是觀察已，而爲眾生說，令得智寶藏，大富兼廣利。（《大方等如來藏經》）〔註164〕

> 如來之慧，不可限量……。斯眾生類，愚騃乃爾，不能分別如來聖慧。（《佛說如來興顯經》）〔註165〕

> 如來之天眼，清淨無垢穢，普見於眾生，微妙身神處。（《大哀經》）〔註166〕

瓦礫廢墟中能淘出珍寶、萬駒中能識出千里馬，往往取決於辨識者能否具有睿智慧眼。眾生佛性往往被煩惱覆蔽，而隨習氣、業力走向沈淪之路，是以能在煩惱障、煩惱身中觀得清淨佛性，將初階決定眾生有無走向光明的可能性。也因此，正所謂有色之鏡將觀得眾物悉是莫須有的有色，能觀者的智慧、眼力高下，以及無色之鏡的質素等級，將與所觀之物被還原的眞實面貌成正比。如來藏學初期，常以「我」代言如來，以佛眼、如來眼、天眼，等同如來之慧、如

〔註164〕〔東晉〕佛陀跋陀羅譯，《大方等如來藏經》卷1，《大正藏》冊16，頁457中；457下；458中。

〔註165〕〔西晉〕竺法護譯，《佛說如來興顯經》卷3，《大正藏》冊10，頁607下。

〔註166〕〔西晉〕竺法護譯，《大哀經》卷5，《大正藏》冊13，頁432上～中。

來智、能觀之智，並以該眼清淨無垢穢，表示能破妄顯眞，能鑑別、透視、認證眾生煩惱身中的眞正價值，便是同等之理。此能觀之智之說，應受中觀系影響極深；所不同的，如來藏學所觀的客體常特定爲眾生內具的如來藏、佛性，而此無價寶並爲能觀者本具，以致推導出：能觀、所觀者悉具清淨如來智、如來眼、如來身、如來性。此「觀」，除了是如來「下『觀』眾生的「觀」，也同屬眾生「內『觀』」的覺行活動。此外，並與「淨」息息相關：

> 一切眾生如來之藏常住不變，但彼眾生煩惱覆，故如來出世廣爲説法，除滅塵勞，淨一切智。(《大方等如來藏經》) 〔註167〕

> 如來於彼以無漏慧，清淨無垢，鮮潔顯曜，蠲除一切諸所止處罣礙之蔽。……如來至眞，亦無罪業罣礙止處。威儀禮節亦無缺漏，猶如虛空而本清淨。(《大哀經》) 〔註168〕

> 如來清淨，無有垢穢；如來之身，非胎所汙；如分陀利本性清淨。(《大般涅槃經》) 〔註169〕

> 如來性淨、身淨、心淨。(《大方等無想經》) 〔註170〕

> 謂如來藏義。若自性清淨意，是如來藏勝一切法；一切法是如來藏。
> 所作及淨信意法，斷一切煩惱，故見我界故。(《央掘摩羅經》) 〔註171〕

若嚴格賅括之，如來與眾生差別於，前者性、相皆淨；後者本性是淨，相則常受煩惱蓋覆。是以，能觀者正向素質愈高，便愈能穿透顛倒妄相、垢染瑕穢，觀得眞如實理。被煩惱覆蔽中的清淨佛性，若欲被人全全識得，往往該人最基本處需具備清淨的「性淨、身淨、心淨」，以致唯有如來與證得涅槃的行者能眞正觀得佛性的存在與體用效能。也因此，帶有悟見特質的能觀之智，與淨性、淨行、淨觀、淨德，其實有密切的關係：淨性是本質屬性，並猶如能清淨濁水的摩尼寶珠，有淨他潛能；淨行是離垢染瑕穢、蠲除煩惱欲望之蔽的行爲，能成就無漏清淨之業；淨觀能發顯淨性之用，湛徹觀境；淨德是如來果德，屬境界描述，含括離惡證善的道德義、得見眞理的實相義。其中，尤是淨觀，更可算是能觀之智的異名，並與淨性、淨行、淨德相得益彰。

〔註167〕 〔東晉〕佛陀跋陀羅譯，《大方等如來藏經》卷1，《大正藏》冊16，頁457下。
〔註168〕 〔西晉〕竺法護譯，《大哀經》卷5，《大正藏》冊13，頁432中。
〔註169〕 〔北涼〕曇無讖譯，《大般涅槃經》卷5，《大正藏》冊12，頁392中。
〔註170〕 〔北涼〕曇無讖譯，《大方等無想經》卷4，《大正藏》冊12，頁1095上。
〔註171〕 〔宋〕求那跋陀羅譯，《央掘魔羅經》卷4，《大正藏》冊2，頁540上。

（六）從小乘、大乘空宗漸過渡至如來藏學中期

一思想的發展，往往是不斷告別與之交涉、激盪的他類思想，而迎向有別現在的新階段。而在蛻變的過程中，往往隱約可見他類思想的跡痕，以及預兆未來的思想端倪。在初期如來藏系經典中，零丁載有「煩惱身滅，猶如燈滅」〔註172〕等類語，雖有別中、後期漸成熟的「煩惱即菩提」思想，卻因新增中觀空性成分，以致就底子言，並不算灰身滅智的小乘餘緒。然而抉微初期思想，可見受空宗啓蒙極深，諸如：

> 善男子。一切諸法，性本自空。何以故？一切法性不可得故。……
> 善男子。一切諸法，性本自空。亦因菩薩修習空，故見諸法空。善男子。如一切法性無常，故滅能滅之。若非無常，滅不能滅。(《大般涅槃經》)〔註173〕

> 中道者，名爲佛性。以是義，故佛性常恒，無有變易。無明覆，故令諸眾生不能得見。(《大般涅槃經》)〔註174〕

> 如來說一乘中道，離於二邊。我眞實；佛眞實；法眞實；僧眞實。是故說中道，名摩訶衍。(《央掘摩羅經》)〔註175〕

> 實相之相畢竟眞實，是名如來。(《大方等無想經》)〔註176〕

> 善男子。汝今觀是安住三昧諸菩薩等，能知如來常恒不變。(《大方等無想經》)〔註177〕

> 觀此如來致於一解脫味，分別顯現無有限量不可思議清淨之德。(《佛

〔註172〕如：見〔北涼〕曇無讖譯，《大般涅槃經》卷4：「燈滅盡已，無有方所。如來亦爾。既滅度已，無有方所。善男子。譬如男女然燈之時，燈爐大小，悉滿中油。隨有油在，其明猶存。若油盡已，明亦俱盡。其明滅者，喻煩惱滅。明雖滅盡，燈爐猶存。如來亦爾。煩惱雖滅，法身常存」；《大般涅槃經》卷34：「善男子。我於一時宣說，涅槃即是遠離。煩惱永盡，滅無遺餘。猶如燈滅，更無法生。涅槃亦爾。言虛空者，即無所有。譬如世間無所有，故名爲虛空」；《大方等無想經》卷6：「善男子。身有二種：一者，煩惱身；二者，法身。煩惱身滅，猶如燈滅，是故我說餘法無常；法身無滅，猶如虛空，是故我說餘法是常。斷煩惱器，名爲解脫。得解脫已，無常身者。諸佛世尊，則是斷見」。(《大正藏》冊12，頁390上；頁567下；頁1105上～中)

〔註173〕〔北涼〕曇無讖譯，《大般涅槃經》卷26，《大正藏》冊12，頁520下～521上。

〔註174〕〔北涼〕曇無讖譯，《大般涅槃經》卷27，《大正藏》冊12，頁523中。

〔註175〕〔宋〕求那跋陀羅譯，《央掘魔羅經》卷4，《大正藏》冊2，頁541下。

〔註176〕〔北涼〕曇無讖譯，《大方等無想經》卷1，《大正藏》冊12，頁1082中。

〔註177〕〔北涼〕曇無讖譯，《大方等無想經》卷5，《大正藏》冊12，頁1103上。

說如來興顯經》）〔註178〕

緣起、性空、法空、中道、實相、能觀、所觀、中觀⋯⋯等詞，往往是空宗
闡述宗義的必備詞。若嚴格而論，如來藏學處處可拈得空宗思想；除了涉及
當時思想與文化氛圍，這現象也源於般若學、如來藏學有相近之處：般若學
探究實相之「性」；如來藏學探究如來之「性」，二者可說基於無為法之性而
有異曲同工之妙。判定如來藏學初、中、晚期的基準之一，也可從這三期融
匯、消解空宗思想，以及轉生新義的程度有層次之別中窺得。初期明顯外援
空宗的實相觀、中道觀，從諸法之性、法身之性，漸轉為觀得如來之性、主
體之性具有常樂我淨的德性；當中的常德，明顯承繼空宗的性空之常、實相
之常，而著重眾生位的我德，雖與空宗的人無我、法無我看似抵牾，然而再
加深探，亦可算是如來藏學初期承繼並轉新般若學的標幟之一。

若欲論如來藏學初期過渡至中期，其漸漸發展之跡，可以「境界」為例：

如來之慧不可限量，靡不周達，不可窮極。正覺之智，不可計會。
觀察一切萌類境界，怪未曾有。斯眾生類，愚騃乃爾，不能分別如
來聖慧。（《佛說如來興顯經》）〔註179〕

菩薩觀入眾生之界，猶如虛空，無有緣相。一切法眾，亦復如茲。
入諸佛土，而無有誠。（《佛說如來興顯經》）〔註180〕

以三昧力教化眾生，復有十種。⋯⋯六者，寂靜其心。七者，觀身。
八者，常觀法界。九者，心得自在。十者，獲得聖性。是名三昧瓔
珞莊嚴。（《大方等大集經》）〔註181〕

汝觀是經不可思議，功德境界亦不可思議，乃是諸佛菩薩不可思議
不可量法藏，亦是眾生不可思議無盡寶藏。復次，善男子。此經境
界不可思議。⋯⋯此經復有諸佛菩薩如來境界法門。（《大方等無想
經》）〔註182〕

如來所說如淨珠，成就無量諸功德。其聲遍滿十方界，一音能令種
種解。凡所演說不作念，更不觀眾心境界。如來音聲如響相，無說

〔註178〕〔西晉〕竺法護譯，《佛說如來興顯經》卷1，《大正藏》冊10，頁597中。
〔註179〕〔西晉〕竺法護譯，《佛說如來興顯經》卷3，《大正藏》冊10，頁607下。
〔註180〕〔西晉〕竺法護譯，《佛說如來興顯經》卷4，《大正藏》冊10，頁616中。
〔註181〕〔北涼〕曇無讖譯，《大方等大集經》卷1，《大正藏》冊13，頁6中。
〔註182〕〔北涼〕曇無讖譯，《大方等無想經》卷2，《大正藏》冊12，頁1084上。

無聞亦如是。大慈大悲清淨語，為眾生解種種法。是故宣說如來業，

二十八業如先佛。(《大方等無想經》)〔註183〕

每一階段的思想特徵，往往表露於思想的比例成份。初期如來藏學著重能觀之智，對於所觀之境其實著墨不多。若有，亦是：一、多就如來智、如來慧、我、能觀角度論之；二、作為實修的禪定之觀；三、被取為稱譽經典的功德境界；四、零丁載有結合心的境界說，是為中期的前趨。與中期所觀之境義不大相同，卻可視為演變過程中的可能樣貌。此外，普及於中期的「真如」〔註184〕、含有「清淨」義的佛性、「不空之空」〔註185〕等詞，在初期亦算罕見，可說是過渡至中期的萌端之兆。

初期如來藏學著作，大多以質樸的緣起故事揭示如來藏的價值意義，諸如《如來藏經》承繼《華嚴經‧寶王如來性起品》，〔註186〕而有「華藏」緣起；《大般涅槃經》以如來入涅槃為緣起，說如來常住，是以一切眾生具有佛性，具常樂我淨等涅槃果德；《央掘摩羅經》以央掘魔羅執劍害佛為緣起，闡論眾生悉有常恒不變的如來藏，並與眾生界、我界同一性；《大法鼓經》以波斯匿王擊鼓見佛為緣起，可謂《法華經》如來藏化。此外，《如來興顯經》可說是晉譯《華嚴經‧寶王如來性起品》、唐譯《華嚴經‧如來出現品》〔註187〕的異譯，是中國首部與大乘如來藏學有關之經；《大哀經》為《寶性論》造論的本經依據，雖未直明「如來藏」、「佛性」等詞，但亦初揭相關意涵；《無想經》，簡略提及「一切眾生皆有佛性」、「得見如來常樂我淨」……。眾生悉有清淨佛性，但因煩惱所覆而輪轉生死，為諸經一貫要旨；縱使尚存闡提有無佛性等歧義，〔註188〕卻無礙奠定如來藏發展脈絡的初始基礎：受中觀系啟蒙，取

〔註183〕〔北涼〕曇無讖譯，《大方等大集經》卷3，《大正藏》冊13，頁21上。

〔註184〕如：〔北涼〕曇無讖譯，《大方等大集經》卷10：「如來真實知因果，故為眾生說業報。真如法界非有無，是故我讚無上尊。」(《大正藏》冊13，頁66中～下)

〔註185〕〔東晉〕釋法顯譯，《佛說大般泥洹經》卷2：「解脫不空，亦復如是。有形有色，故說不空。無量煩惱、二十五有、生死輪轉，世界行處，往來永絕，如無蘇蜜，名為空瓶。滅諸過患，故名為空。如瓶色像，離世間法周旋行處，不動快樂，常住不變。然彼瓶色是無常法。真解脫者，常住不變，是故名曰不空之空。」(《大正藏》冊12，頁875上)

〔註186〕〔東晉〕佛馱跋陀羅譯，《大方廣佛華嚴經》，《大正藏》冊9，頁628中～631中。

〔註187〕〔唐〕實叉難陀譯，《大方廣佛華嚴經》卷50～52，《大正藏》冊10，頁262上～278下。

〔註188〕如：〔東晉〕釋法顯譯，《佛說大般泥洹經》卷4：「一切眾生皆有佛性，在於

「實相之相」定位「如來」，並以「淨」描述如來性、身、心的本質狀態。此外，並肯定造三惡罪的提婆達多與如來無別。最特別的是，一反「諸法無我」傳統教義，肯定「我」的主體存在性，以及眾生悉有成佛的可能性。道德行為的執行者，以及業果的受者在如來藏學尋得安頓之處，但待修繕的是，初期的「眞我」說因過度解讀眾生位的佛性，使執文者易流於神我、實我之弊，導致中期如來藏學結合緣起性空之說，更有發展的空間。

三、中期如來藏學

中期如來藏學代表經典，有《佛說不增不減經》、《勝鬘師子吼一乘大方便方廣經》、《究竟一乘寶性論》、《如來莊嚴智慧光明入一切佛境界經》、《佛說無上依經》、《佛性論》、《攝大乘論釋》〔註189〕等。與初期相同，乃以眾生具清淨佛性為一貫思想基說，但與初期相較，更著重理論內涵。其中，有幾點顯著不同：

（一）重「空」之「如來藏者，非我」

初期如來藏學側重眞常，以「如來藏，我」、「不空」，跳脫佛教傳統「無我」、「空」義，獨樹一幟的建立大乘如來藏學初始義涵。當學說一旦有立場，便往往存有對立的一端，並易在語言文字上存有罅隙的混沌地帶。以「我」、「不空」來賦予如來藏義，雖看似自圓其說，但置於佛教基本教義推展延擴的佛學網絡，以及常人易有執文之習，如來藏初義確有調整之處，是以發展重「空」之「如來藏者，非我」此第二階段，來防杜如來藏實體化的危機，而此階段的「空」，可就兩層面言：

> 不思議空智，斷一切煩惱藏。世尊。若壞一切煩惱藏，究竟智是名
> 第一義智。（《勝鬘師子吼一乘大方便方廣經》）

身中，無量煩惱悉除滅已……除一闡提」；〔北涼〕曇無讖譯，《大般涅槃經》卷27：「我常宣說一切眾生悉有佛性，乃至一闡提等亦有佛性」。（《大正藏》冊12，頁881中；，《大正藏》冊12，頁524下）

〔註189〕〔元魏〕菩提流支譯，《佛說不增不減經》，《大正藏》冊16，頁466上～468上；〔宋〕求那跋陀羅譯，《勝鬘師子吼一乘大方便方廣經》，冊12，頁217上～223中；〔後魏〕勒那摩提譯，《究竟一乘寶性論》，冊31，頁813上～848上；〔元魏〕曇摩流支譯，《如來莊嚴智慧光明入一切佛境界經》，冊12，頁239上～250上；〔梁〕釋眞諦譯，《佛說無上依經》，冊16，頁468上～477下；天親，〔陳〕釋眞諦譯，《佛性論》，冊31，頁787上～813上；天親，〔陳〕釋眞諦譯，《攝大乘論釋》，冊31，頁153下～270中。

> 無量煩惱藏所纏如來藏不疑惑者，於出無量煩惱藏，法身亦無疑
> 惑。……世尊。過於恒沙不離、不脫、不異、不思議佛法成就說如
> 來法身。世尊。如是如來法身不離煩惱藏，名如來藏。（《勝鬘師子
> 吼一乘大方便方廣經》）

> 如來藏智是如來空智……。有二種如來藏空智。世尊。空如來藏，
> 若離、若脫、若異一切煩惱藏。世尊。不空如來藏，過於恒沙不離、
> 不脫、不異、不思議佛法。……唯佛得證，壞一切煩惱藏，修一切
> 滅苦道。（《勝鬘師子吼一乘大方便方廣經》）〔註190〕

初期如來藏學即有「無二十五有及諸煩惱」定位「空」、「真實善色，常樂我淨」定位「不空」的思想。至中期，則更進一步以「空智」二分如來藏：一、「空如來藏」；二、「不空如來藏」。前者涉「離、脫、異」〔註191〕有為煩惱的修行義；後者涉不為煩惱染心干擾而常恒不變易，並是眾生本具的無為清淨如來藏。此二分，一來肯定唯有修行，才能「空」除煩惱藏；二來其實不離如來藏學的基說：清淨如來藏是真實不虛、並非全然空無，因此乃為「不空」。此段語，將「空」與如來藏表層會通，凸顯如來藏仍是存有「空」義，並非全然實有。然而說到底，此「空」已非中觀系無自性、染淨雙遣之空，而是具有「離、脫、異」特質的「空」，並且能空的客體僅指煩惱。而藉此二分，分別指涉客塵與清淨本性，將發現與初期如來藏學有殊異之處：至中期，雖亦凸顯如來藏隱覆的特質，但所新立的「煩惱藏」一詞表面上看似與「如來藏」相對，但實際上彼此乃「不離、不脫、不異」的關係，有別初期的「離、脫、異」。之如此轉變，乃因客塵煩惱之「性」可以「空」解之。是以可說，中期如來藏學雖以「不空如來藏」為基說，但新添的「空如來藏」，較初期特著重的「如來藏我」說，更引人省思煩惱如何內化於如來藏，以及二者的關係；此外，亦多少防杜如來藏流於實有。而就這兩段引文，可得知：中期所涉的「空」義，一是具有空宗非有非無、「不離、不脫、不異」的形上義；二是具有「離、脫、異」、「壞」的形下義。前者為主幹，後者為輔說，更顯如來藏學從初期的「我」，過渡至中期的「非我」。此外，正式出現於中期的「煩惱藏」一詞，與「如來藏」形成對立與相即的局面：一、如來藏，指煩惱中藏有如來法身；煩惱藏，指能含攝一切煩惱的根本

〔註190〕〔宋〕求那跋陀羅譯，《勝鬘師子吼一乘大方便方廣經》卷 1，《大正藏》冊 12，頁 221 上；頁 221 中～下；頁 221 下。
〔註191〕〔隋〕釋慧遠，《勝鬘經義記》卷 2，《卍續藏》冊 19，頁 889 上。

煩惱。持有二藏者，將意味具有迎向光明或沈淪黑暗的可能。二、基於性空和修行義的緣故，如來藏與煩惱藏，有著「不離、不脫、不異」的互通關係。「空」的二層義，乃當中推動的樞紐，是以《勝鬘經》並云：

> 生死者，依如來藏。……有如來藏故說生死。是名善說。世尊。生
> 死。生死者。諸受根沒，次第不受根起，是名生死。世尊。死生者
> 此二法是如來藏。……如來藏者，離有爲相。如來藏常住不變。是
> 故如來藏是依、是持、是建立。世尊。不離、不斷、不脫、不異、
> 不思議佛法。世尊。斷、脫、異、外有爲法，依、持、建立者，是
> 如來藏。……世尊。如來藏者，非我、非眾生、非命、非人。如來
> 藏者，墮身見眾生、顛倒眾生、空亂意眾生，非其境界。(《勝鬘師
> 子吼一乘大方便方廣經》)〔註192〕

此段引文可分三要點：一、如來藏的價值，在於肯定眾生具有離脫生死、證得涅槃的內在依據，這是中觀、瑜伽二系所不能及。是以可說，生死與涅槃、輪迴與解脫、雜染與清淨、煩惱與菩提、有爲與無爲、惡與善、苦與樂、眾生與佛，當中起落升降的關鍵，有賴於：是否具有如來藏、是否能發顯如來藏的德用效能。而如來藏之所以能「斷、脫、異、外」有爲法，並爲生死有爲法與涅槃無爲法的依因、持因、建立因，純賴於內具空義、不空義的常住不變特質。至此，亦可言說：雖然中觀、眞常二系皆言「空」，但彼此對「空」義的認知與運用其實不盡相同，尤其眞常系的「空」義基於有常住不變的思想根基，又可言爲「不空」，此在果德處特爲凸顯。二、「如來藏者，非我、非眾生、非命、非人」一句，無論所「非」的對象是具有主體意識的「我」、或五蘊和合的「眾生」、或持煖與識的「命」、或能行人法的「人」，其實皆扣緊「如來藏者，非我」闡述，凸顯中期如來藏學具補充並平衡初期如來藏學重「我」的趨向，以杜絕世人因如來藏學而過執「有」「我」。三、雖說中期如來藏學重「非我」，但究竟言，其實乃勸籲世人一切莫過執。因此，但凡眾生執五蘊和合之身爲實我、執無常外境爲實有、執諸法爲「空」，則因顛倒邪見之故，尚未契入如來藏眞境妙義。

（二）從能觀之「智」至所觀之「境」

從初期如來藏學關注「不空」之「如來藏，我」，可知肯定持如來藏者的

〔註192〕〔宋〕求那跋陀羅譯，《勝鬘師子吼一乘大方便方廣經》卷 1，《大正藏》冊
　　　　12，頁 222 中。

主體性、個別性；從關注能觀之智，可知重視代言佛與眾生的「我」是否有充足智慧，以能知、能見自身所內具的如來之性。然而若僅側重就能觀的主體及其智慧來建構如來藏義涵，恐忽略如來藏所發顯的效用，並且忽略主體之智所對應、所應證的智境。中期如來藏學繼之，補強初期未關注處：

> 舍利弗。甚深義者即是第一義諦；第一義諦者即是眾生界；眾生界者即是如來藏；如來藏者即是法身。舍利弗。如我所說法身義者，過於恒沙不離、不脫、不斷、不異，不思議佛法如來功德智慧。(《佛說不增不減經》)〔註193〕

> 即此法身離一切世間煩惱，使纏過一切苦，離一切煩惱垢，得淨、得清淨，住於彼岸清淨法中，到一切眾生所願之地。於一切境界中究竟通達，更無勝者。離一切障，離一切礙。於一切法中得自在力，名為如來應正遍知。是故舍利弗。不離眾生界，有法身；不離法身，有眾生界。眾生界即法身；法身即眾生界。舍利弗。此二法者，義一名異。(《佛說不增不減經》)〔註194〕

《佛說不增不減經》用遞訓方式，將「甚深義者」、「第一義諦」、「眾生界」、「如來藏」、「法身」等含聖俗之詞相即。此說頗為弔詭，原因是：「甚深義者」、「第一義諦」乃指聖者所見、離虛妄的究竟實義，「法身」乃佛之真身，是發顯法性而所莊嚴成就的功德之身，但「眾生界」乃指多受煩惱纏縛的眾生所相對應的境界，則如此有悟與迷之別的諸詞何能相即？該經以法身能「於一切境界中究竟通達」，關鍵解決此迷題：因為法身具有不思議佛法如來功德智慧，能證甚深第一義諦，能通達無礙一切，所以能離煩惱，得清淨；能「住於彼岸清淨法中，到一切眾生所願之地」；能「恒沙不離、不脫、不斷、不異」。而作為與諸詞相即的「如來藏」，相對應之下，即具有甚深「第一義諦」、「眾生界」「法身」等義。可知，該經之前的如來藏學尚多以諸法緣起性空，來證成眾生與佛相即，並且強調法性、法身有隱顯之別，而該經則直接以法身與境界結合來論之。該經並云：

> 眾生界中亦三種法，皆真實如不異不差。何謂三法？一者，如來藏本際相應體及清淨法；二者，如來藏本際不相應體及煩惱纏不清淨法；三者，如來藏未來際平等恒及有法。舍利弗當知。如來藏本際

〔註193〕〔元魏〕菩提流支譯，《佛說不增不減經》卷1，《大正藏》冊16，頁467上。
〔註194〕〔元魏〕菩提流支譯，《佛說不增不減經》卷1，《大正藏》冊16，頁467中。

相應體及清淨法者。此法如實不虛妄不離不脫。智慧清淨眞如法界
不思議法。無始本際來，有此清淨相應法體。舍利弗。我依此清淨
眞如法界，爲眾生，故說爲不可思議法自性清淨心。舍利弗當知，
如來藏本際不相應體，及煩惱纏不清淨法者。此本際來離脫不相應
煩惱所纏不清淨法，唯有如來菩提智之所能斷。舍利弗。我依此煩
惱所纏不相應不思議法界，爲眾生故說爲客塵煩惱所染，自性清淨
心不可思議法。舍利弗當知，如來藏未來際平等恒及有法者，即是
一切諸法根本。備一切法、具一切法。於世法中不離不脫眞實一切
法。住持一切法、攝一切法。(《佛說不增不減經》)〔註195〕

爲了論證眾生內藏如來性，至中期如來藏學，並以眾生界來闡述「如來藏」
的意義內涵，如《佛說不增不減經》即言眾生界有眞實不異不差的三法：第
一法，乃言眾生所具的如來藏本質清淨，因此能相應「如實不虛妄不離不脫，
智慧清淨眞如法界不思議法」。並由此所相應的清淨眞如法界，來言如來藏即
自性清淨心。第二法，乃言眾生雖被客塵煩惱所纏，但眾生所內具的如來藏
始終清淨，是離、是脫，並且不相應不清淨的煩惱。第三法，言如來藏平等
恒爲眾生所內具。如來藏爲一切法的根本，能「備」、能「具」、能「不離不
脫」、能「住持」、能「攝」染淨善惡聖俗等一切法。可知該經凸顯眾生心即
如來藏，其性清淨，恒與客塵煩惱不相應而不爲所染，是染淨等一切法之所
依。而就如來藏與自性清淨心、眾生界、法身同義，並可呼應經名：無論所
持者是聖或凡，如來藏始終不增不減。除了以眾生界言「如來藏」，《勝鬘經》
等經並就如來境界、涅槃界切入：

聖諦者，說甚深義，微細難知，非思量境界，是智者所知，一切世
間所不能信。何以故？此說甚深如來之藏。如來藏者，是如來境界，
非一切聲聞、緣覺所知。(《勝鬘師子吼一乘大方便方廣經》)〔註196〕

能知之智對應所知之境，是以聖、俗二諦之別，可爲：前者是智者獨知的不
可思量之境；後者是泛泛常人普知之境。順理可說：如來藏本爲眾生皆具，
但唯有如來智能洞悉此理。也因此，如來藏亦可以如來所知、所證的境界稱
之。此外，並可應證：如來藏義，從如來能證之「智」過渡至所證之「境」，

〔註195〕〔元魏〕菩提流支譯，《佛說不增不減經》卷1，《大正藏》冊16，頁467中～下。
〔註196〕〔宋〕求那跋陀羅譯，《勝鬘師子吼一乘大方便方廣經》卷1，《大正藏》冊
　　　　12，頁221中。

並非初期如來藏學便有，而是至中期，由《勝鬘》、《寶性》等經慢慢開展。
這可說，如來藏學漸融合境界論，重心已有所轉移。

> 世尊。如來藏者，是法界藏、法身藏、出世間上上藏、自性清淨藏。
> 自性清淨如來藏，而客塵煩惱、上煩惱所染，不思議如來境界。何
> 以故？剎那善心，非煩惱所染；剎那不善心，亦非煩惱所染。煩惱
> 不觸心；心不觸煩惱。云何不觸法，而能得染心？世尊。然有煩惱，
> 有煩惱染心。自性清淨心而有染者，難可了知。(《勝鬘師子吼一乘
> 大方便方廣經》) 〔註197〕

《勝鬘經》以「法界藏、法身藏、出世間藏、自性清淨藏」，定義「如來藏」
即清淨的法界、法身、出世間法、眞如自性。若以能生萬物的「道」來比擬，
如來藏本是超脫染淨，不染而染，染而不染，亦是非染非淨，然而眞欲定位
之，則當以含括「染」、「淨」的大「淨」，亦即具有空性義的「淨」字總表之
爲宜。同理，若以如來藏境界比擬之，煩惱恒是客塵，善心不爲所染，不善
心亦非其所染，何來染心的存在？境界、心，以及剎那生滅不住的善心、不
善心而所延伸的意識心、自性心，是該經有別初期如來藏學之處，然而：一、
煩惱既不觸心，則不善心從何而來？二、剎那生滅的不善心與染心是否相同？
三、心與如來藏，和煩惱的關係是否會因彼此不觸，而走向斷裂？此三點，
是該經可引人思考的問題，而心與境界的關係則是後來的經典要加強論說之
處。若簡賅言，中期如來藏學從「智」走向「境」，並可以《佛性論》爲代表：

> 如來藏義有三種應知。何者爲三？一、所攝藏；二、隱覆藏；三、
> 能攝藏。一、所攝名藏者。佛說約住自性如如。一切眾生是如來
> 藏。言如者，有二義：一、如如智；二、如如境。並不倒，故名
> 如如。言來者，約從自性來。來至至得，是名如來。故如來性雖
> 因名，應得果名。至得其體不二，但由清濁有異。……煩惑不染，
> 所以假號爲清。所言藏者。一切眾生悉在如來智內，故名爲藏。
> 以如如智稱如如境，故一切眾生決無有出。如如境者，並爲如來
> 之所攝持，故名所藏。眾生爲如來藏。復次，藏有三種。一、顯
> 正境無比。離如如境。無別一境出此境故。二、顯正行無比。離
> 此智外，無別勝智過此智故。三、爲現正果無比。無別一果過此

〔註197〕〔宋〕求那跋陀羅譯，《勝鬘師子吼一乘大方便方廣經》卷 1，《大正藏》冊
　　　　　12，頁 222 中。

果故，故曰無比。由此果能攝藏一切眾生，故說眾生爲如來藏。
二、隱覆爲藏者。如來自隱不現，故名爲藏。……如來性住道前
時，爲煩惱隱覆，眾生不見，故名爲藏。三、能攝爲藏者。謂果
地一切過恒沙數功德，住如來應得性時，攝之已盡故。……非始
得故，故知本有，是故言常。(《佛性論》)〔註198〕

該經表明，「如來藏」含所攝、隱覆、能攝三義。雖分三義，並多重闡釋，
但據「言來者，約從自性來。來至至得，是名如來。故如來性雖因名，應得
果名。至得其體不二」、「如如境者，並爲如來之所攝持，故名所藏」、「正境」、
「正行」、「正果」、「如來性住道前」、「果地一切過恒沙數功德，住如來應得
性」，可知重心置於如如境上，顯露如如智朝如如境的過渡。此外，據「以
如如智稱如如境，故一切眾生決無有出」，並凸顯該經微萌智境一如之端。
那麼該經爲何將「如來藏」分成三義？主要是爲了分別從佛、眾生、即佛即
眾生之境切入，以明三境即一之理。亦即：一、所攝藏：眞常如實的清淨如
來之性含備一切法，包括於眾生之位攝受善惡染淨一切法。基於眾生爲如來
正境、正行、正果所藏，可言「『如來藏』眾生」。二、隱覆藏：眾生因顚倒
煩惱之故，隱覆所內具的清淨如來之性。是以，從眾生之境釋如來之性的隱
覆不現，卻始終清淨，而可言「眾生『藏如來』」。三、能攝藏：果地一切功
德乃是清淨如來之性所攝，而如來之性爲眾生與佛「本有」，而非「始有」，
並且「其體不二」。從中可知，無論從佛之境、或眾生之境、或即佛即眾生
之境言之，如來之性始終清淨，煩惑不染，能含攝一切。

（三）法性、法體、法身、法界、真如、如如、如來藏等無別

在大乘如來藏學尚未興起之前，教界尚未有「眾生悉具如來藏」等語與
義。初期如來藏學雖已肯定眾生悉具如來藏、悉有成佛依據，但多已譬喻或
就簡樸文字來勾勒之。至中期，理論義涵更爲豐富；並且由於闡釋「如來藏」
具足一切功德智慧，於眾生位與果位皆能通達無礙，使「如來藏」更普遍地
與諸多勝義詞相即：

見實者說言，凡夫、聖人、佛。眾生如來藏，眞如無差別。(《究竟
一乘寶性論》)

〔註198〕天親菩薩，〔陳〕釋眞諦譯，《佛性論》卷2，《大正藏》冊31，頁795下～796
　　　　上。

> 觀察一切眾生法性者，乃至邪聚眾生。如我身中法性、法體、法界、
> 如來藏等。彼諸眾生亦復如是，無有差別。(《究竟一乘寶性論》)
>
> 如來藏不生不死不老不變。何以故？世尊。如來藏者，離有爲相境
> 界。世尊。如來藏者，常恒清涼不變故。已説依不淨時，不變不異。
> (《究竟一乘寶性論》)
>
> 以如實見眞如佛性不生不滅，是名不淨、淨時。(《究竟一乘寶性論》)
>
> 佛法不相離，及彼眞如性。法體不虛妄，自性本來淨。(《究竟一乘
> 寶性論》)
>
> 一切諸眾生，平等如來藏。眞如清淨法，名爲如來體。(《究竟一乘
> 寶性論》) 〔註199〕

如來藏學課題之一，在於如何於「理」、於「事」上合理演繹「如來藏」，以
拉近眾生與佛的距離。在中期如來藏學，尚多於「理」上著墨，因而：凡、
聖、佛皆因本具離虛妄而眞實的清淨自性／如來藏，以致無別。其清淨自性，
即等同法之「性」、法之「體」、法之「界」。從中可見：一、至中期，更廣從
體、性、相、用等多元角度，來闡釋「如來藏」。二、雖普以「清淨」稱謂「如
來藏」及異名同義詞，卻非止於道德義，而是從離根塵垢染的「清淨」，更清
楚地指涉離妄「清淨」的眞理妙義。「如來藏」不僅是眾生內具的清淨之「性」，
亦指將眾生含括於內的諸法所內具的清淨之「理」與「性」。三、至中期如來
藏學，「如來藏」、「佛性」二詞於諸經中更廣爲共用。其現象：一應是反映，
「如來藏」始終清淨，煩惱隱覆、含藏的「藏」字發展有限，且普被世人知
曉；二應是反映，當採用「法性」、「法身」、「法界」、「眞如」來定位眾生內
具的清淨之性時，取「不生不死不老不變」的「佛性」一詞稱述，較廣披煩
惱所覆的形象的「如來藏」一詞妥適。《寶性論》並云：

> 有三種義，是故如來說一切時一切眾生有如來藏。何等爲三？一者，
> 如來法身遍在一切諸眾生身。偈言佛法身遍滿故。二者，如來眞如
> 無差別。偈言眞如無差別故。三者，一切眾生皆悉實有眞如佛性。
> 偈言皆實有佛性故。……如偈本言：一切眾生界，不離諸佛智。以

〔註199〕 〔後魏〕勒那摩提譯，《究竟一乘寶性論》卷 1，《大正藏》冊 31，頁 814 上；
卷 2，頁 823 中；卷 3，頁 833 中；卷 3，頁 833 下；卷 3，頁 835 中；卷 4，
頁 838 下。

　　彼淨無垢，性體不二故。依一切諸佛，平等法性身。知一切眾生，

　　皆有如來藏。（《究竟一乘寶性論》）〔註200〕

《寶性論》以法身遍在一切諸眾生身、如來真如無差別、眾生皆悉本具真如佛性等三種義，來證成「一切時一切眾生有如來藏」。從中不僅可呼應上文「如來藏」何以與諸勝義的異名詞同義，並可再次證實「如來藏」可從眾生位、果位、體、性、相、用，亦即眾生界、法身功德、如來智慧、性質、性能等多元角度切入分析。而無論如何演繹，如來藏恒是「淨無垢，性體不二」；意謂著：法身、真如、佛種性，自然自爾本具於眾生身中。《寶性論》並云：

　　萎華至泥模，如是九種喻示：貪瞋癡等九種煩惱垢。垢中如來藏，

　　佛等相對法。如是九種義，以三種體攝。此偈明何義？謂依法身、

　　自性清淨心、如來藏等三種實體。有諸佛等九種譬喻相似、相對法

　　應知。三種實體者偈言：法身及真如、如來性實體。三種及一種，

　　五種喻示現。（《究竟一乘寶性論》）〔註201〕

該經援引《如來藏經》九喻，〔註202〕來隱射九種煩惱垢含有清淨如來藏，並為法身、真如、如來種性等三種真性實體所攝：一、佛、蜂蜜、堅實等三喻喻法身；二、真金一喻喻真如；三、寶藏、果芽、金像、轉輪聖王、寶像等五喻喻如來種性。由此表明法身遍滿、真如無差別、清淨如來性等三義，以證成「一切眾生有如來藏」。〔註203〕若再析論三義，亦可得知：法身義指眾生悉具圓滿佛果、真如義指眾生常如無差的諸法實相、如來義指眾生悉具成佛之因。一疑：文中三種實體，一處載「法身、自性清淨心、如來藏」，另一處則載「法身及真如、如來性」？「如來藏」對應「如來性」可理解，疑點是何以「自性清淨心」能與「真如」對應？其實這可揭示，中期如來藏學已側重從「心」來闡述「如來藏」，並與相關異名同義詞相即。又：

〔註200〕〔後魏〕勒那摩提譯，《究竟一乘寶性論》卷3，《大正藏》冊31，頁828上～中。

〔註201〕〔後魏〕勒那摩提譯，《究竟一乘寶性論》卷4，《大正藏》冊31，頁838上～中。

〔註202〕〔後魏〕勒那摩提譯，《究竟一乘寶性論》卷1：「萎花中諸佛；眾蜂中美蜜；皮糩等中實；糞穢中真金；地中珍寶藏；諸果子中芽；朽故弊壞衣，纏裹真金像；貧賤醜陋女，懷轉輪聖王；焦黑泥模中，有上妙寶像。眾生貪瞋癡，妄想煩惱等。塵勞諸垢中，皆有如來藏。」（《大正藏》冊31，頁814中）

〔註203〕〔後魏〕勒那摩提譯，《究竟一乘寶性論》卷4，《大正藏》冊31，頁838下～839上。

「自性清淨藏」依顯、隱；佛位、眾生位，二分為「自性清淨法身藏、自性清淨如來藏」。這並可呼應引文四：「自性清淨」即「自性清淨如來藏」；「離垢清淨」即「自性清淨法身藏」。前者凸顯清淨如來藏縱被眾生客塵煩惱所纏，卻不相應煩惱，而始終清淨；後者雖言及「離垢」，其實仍是在表明，無論有無客塵，皆無礙自性的清淨，以致於果德上，乃能不離一切法而得解脫，得證清淨法身。因此，別無形質、空無障礙、無因無緣、無生無滅、無依無住、不捨不離客塵煩惱的「自性清淨心」及其體，可說即是「如來藏」。亦即，眾生「自性」、「清淨心」、「如來藏」三詞可同位併言，任一詞並含括另二詞，且「不減一法」、「不增一法」，〔註209〕本然清淨。由上並可知，如來藏學「清淨」有二義：一、表不與客塵相應、不為客塵所染；二、表真諦勝義、出世間無為法，因此「淨如虛空」、無因緣和合、無生無滅、常住不變，卻為一切法之所依。《如來莊嚴智慧光明入一切佛境界經》亦云：

> 一切眾生依清淨心，如實修行，見如來身。（《如來莊嚴智慧光明入一切佛境界經》）

> 心自性清淨，故彼心客塵煩惱染，而自性清淨心不染。而彼自性清淨心，即體無染不染者。彼處無對治法故。以何法對治能滅此煩惱？何以故？彼清淨、非淨，即是本淨。（《如來莊嚴智慧光明入一切佛境界經》）〔註210〕

兩段引文中，但凡載及「心」、「清淨心」、「自性清淨心」，皆可以「如來藏」代言，而不會有歧出之處。可應證中期如來藏學中，被「客塵煩惱染」、卻始終清淨的主角，是作為異名同義的「心」、「自性」、「如來藏」，並彰顯三詞之體乃「無染不染」，是「清淨、非淨」的「本淨」。而心本清淨，不為客塵所染之說，最早可溯源至《阿含經》所反覆強調的，「心清淨，無塵穢」、「心清淨，無瑕穢」、「如來身者，清淨無穢」〔註211〕等。在悠久的歷史長河裡，清淨心與如來藏的合流言說，反映：一、佛陀在世時，雖未言及「如來藏」一詞，卻已透過眾生遍有清淨心，傳達相關概念；二、尤顯如來藏學雖有別「諸

〔註209〕〔後魏〕勒那摩提譯，《究竟一乘寶性論》卷 4：「不減一法者，不減煩惱；不增一法者，真如性中不增一法。」（《大正藏》冊31，頁840上）

〔註210〕〔元魏〕曇摩流支譯，《如來莊嚴智慧光明入一切佛境界經》卷 1，240 下；244 下。

〔註211〕〔東晉〕瞿曇僧伽提婆譯，《增壹阿含經》卷 7，《大正藏》冊 2，頁 582 中；卷 21，頁 657 中。

行無常」、「諸法無我」二法印，卻具有不可抹殺的價值存在；三、大乘如來
藏學融合心性本淨說，屬於自然而然的應時發展，兩者不僅相得益彰，且存
有再開拓的共質空間。四、在諸異名詞與「如來藏」同義相即中，對「心」
正式展開各面向的著墨，可為中期如來藏學的特色之一。顯見糅合傳統古學
與瑜伽系唯識學，使「如來藏」日趨豐富內在的義涵。

（五）如來藏與唯識的合流

初期如來藏學援中觀系般若學詮「如來藏」。至中期，並加糅瑜伽系唯識
學。如來藏與唯識的合流，從上文曾言及的「真如」、「心」與「如來藏」相
即，可見一二。而此處，並加以深述：

1. 心　識

初期、中期如來藏學，無論是以「我」或「無我」來與「如來藏」同位，
其實皆意味眾生內在皆有一真實自在無礙之「真我」；該「我」並具清淨如來
藏。然而以「我」言說，易引人取「諸法無我」法印，予以判量為非法、外
道。為杜絕此現象，中期如來藏學將「如來藏」與本淨的「心」結合，以「真
心」代言「真我」，如此：一來肯定眾生本具清淨之性；二來淡化如來藏學重
「我」之色彩，引世人不拒斥或偏執。而「真心」說加以深探，並可與瑜伽
學心識說結合演繹：

> 於此六識及心法智。此七法剎那不住。不種眾苦，不得厭苦，樂求
> 涅槃。世尊。如來藏者，無前際不起不滅法。種諸苦，得厭苦，樂
> 求涅槃。(《勝鬘師子吼一乘大方便方廣經》)〔註212〕

所謂「識」，在於能了別諸境。中期如來藏學開始言「識」，顯露從「智」過
渡至「境」之跡。雖然《勝鬘經》未明言「阿賴耶識」一詞，但從「於此六
識及心法智。此七法剎那不住」等，可推導：六識及七識為剎那生滅無常法。
阿賴耶識亦同屬剎那生滅法，不僅無有生死流轉與涅槃還滅，且無成立一切，
以致無種苦，何來厭苦、樂求涅槃？相對的，「如來藏」不生不滅，為生死依
與涅槃依。能感苦報，亦能厭苦而志求涅槃，顯見可呼應上文：一、具能生
七識的有漏習氣，屬計著剎那的有為生滅法，是空；二、具無漏習氣、無漏
熏習法，屬非剎那、不生不滅的無為法，是不空。

〔註212〕〔宋〕求那跋陀羅譯，《勝鬘師子吼一乘大方便方廣經》卷 1，《大正藏》冊
　　　　12，頁 222 中。

2. 轉　依

所謂「轉依」，乃出自瑜伽學。《寶性論》云：

> 無垢如者。謂諸佛如來，於無漏法界中遠離一切種種諸垢，轉雜穢
> 身得淨妙身。……實體者。向說如來藏不離煩惱藏所纏。以遠離諸
> 煩惱，轉身得清淨，是名為實體應知。(《究竟一乘寶性論》)〔註213〕

此處「實體」非指絕對實有之體，而是指如實本眞的體性，亦即指能遠離諸垢、轉雜穢身得淨妙身的「如來藏」。可知《勝鬘經》言「如來法身不離煩惱藏」，以如來藏之「顯」的法身與煩惱藏不離，《寶性論》則更進一步直言「如來藏不離煩惱藏」：以眞實體性切入，指出如來藏縱是煩惱藏所纏，本質上卻是遠離諸煩惱，能轉煩惱身為清淨法身。「轉A得B」修行軌則實乃揭示：生死依與涅槃依、雜穢身與淨妙身、煩惱藏與如來藏，乃同體的兩面向，並恒以B為依體。《攝大乘論釋》並云：

> 滅不淨品盡，證得法身，名為清淨法。云何得此清淨法？……對治
> 起時，離本識不淨品一分，與本識淨品一分相應，名為轉依。(《攝
> 大乘論釋》)〔註214〕

該經定義阿賴耶識為本識，並且可二分為淨品、不淨品。此外，並定義「離本識不淨品一分，與本識淨品一分相應」為「轉依」；亦即透過「離」與「相應」，轉第八識之迷依、不淨依為悟依、淨依。當能透過「轉依」，滅不淨品盡，即意謂離煩惱而圓滿顯現如來藏，證得眞如法身佛果，此即名為「清淨法」。從減一分「不淨」，則增一分與「淨」相應，可知第八識中，無論雜染種子的轉捨，抑或清淨眞如的轉得，皆是漸漸為之，且存有對應關係。此外，從該經定位阿賴耶識中的淨品，亦即清淨眞如為轉依體，可知從瑜伽學角度言，已援如來藏學來賦予阿賴耶識清淨概念；從如來藏學角度言，已援瑜伽學「阿賴耶識」與「轉依」，來強化「如來藏」的心識概念。

3. 阿摩羅識

「阿摩羅識」乃眞心派的眞諦所意譯之詞：

> 一切法以識為相，眞如為體故。若方便道，以識為相；若入見道，
> 以眞如為體。(《攝大乘論釋》)〔註215〕

〔註213〕〔後魏〕勒那摩提譯，《究竟一乘寶性論》卷4，《大正藏》冊31，頁841上。
〔註214〕世親釋，〔陳〕釋眞諦譯，《攝大乘論釋》卷14，《大正藏》冊31，頁254下。
〔註215〕世親釋，〔陳〕釋眞諦譯，《攝大乘論釋》卷7，《大正藏》冊31，頁200上。

> 阿摩羅識是自性清淨心。但爲客塵所污，故名不淨；爲客塵盡，故
> 立爲淨。(《十八空論》)〔註216〕

> 明唯識眞實。辨一切諸法，唯有淨識。……唯識義有兩：一者，方
> 便。謂先觀，唯有阿梨耶識無餘境界。現得境智兩空，除妄識已盡，
> 名爲方便唯識也。二、明正觀唯識：遣蕩生死虛妄。識心及以境界，
> 一切皆淨盡，唯有阿摩羅清淨心也。(《十八空論》)〔註217〕

眞諦闡明，一切諸法「唯『識』眞實」。由此將「識」二分：一、妄識：即第八識阿梨耶識，亦即「爲客塵所污，故名不淨」的妄心。由於客塵能淨、妄識能盡，而得境智兩空，因此該識在與第九識對照之下，可稱爲「相」，是「方便道」、「方便唯識」，是有爲法。二、淨識：即第九識阿摩羅識，亦即自性清淨心。由於「遣蕩生死虛妄。識心及以境界，一切皆淨盡」、「爲客塵盡，故立爲淨」，因此該識在與第八識對照之下，可稱爲「體」，是「入見道」、「正觀唯識」，等同「眞如」，是無爲法。而這，並可呼應《轉識論》「境識俱泯即是實性；實性即是阿摩羅識」。〔註218〕可知，眞諦應是有感，若阿賴耶識可二分淨品與不淨品，或可轉捨虛妄分別識而得清淨識，則唯識學中本作爲妄識的「阿賴耶識」是否仍是「阿賴耶識」，而「唯識」是否仍是「唯識」？因此眞諦會推崇眞正的「唯識」，是境識俱泯的眞如實性，亦即阿摩羅識，實有箇中理由。若加以檢討：眞諦肯定如來藏，即自性清淨心，即阿摩羅識，值得讚揚，然而將阿摩羅識、阿梨耶識二分爲第九識、第八識，恐有頭上安頭的弊端。

由上可知，《勝鬘經》、《寶性論》等經漸漸參糅瑜伽學，然而與後期如來藏學不同的是，這些中期如來藏學代表作品廣爲闡述「如來藏」，並開始結合「清淨心」、「識」，卻未言及「如來藏緣起」，且略顯比附之味。而清淨無垢的阿摩羅識之說，立意雖好，卻易與阿賴耶識流於二本，致使後期如來藏學尚存開拓空間。

四、後期如來藏學

智顗之前的印度後期如來藏學，主要以《楞伽經》(《楞伽阿跋多羅寶經》、

〔註216〕龍樹，〔陳〕釋眞諦譯，《十八空論》卷1，《大正藏》冊31，頁864上。
〔註217〕龍樹，〔陳〕釋眞諦譯，《十八空論》卷1，《大正藏》冊31，頁863中。
〔註218〕〔陳〕釋眞諦譯，《轉識論》卷1，《大正藏》冊31，頁62中～下。

《入楞伽經》）〔註219〕、《大乘起信論》〔註220〕爲代表。以下分四點言之：

(一)「眞如」義的「無我，如來之藏」

如來藏學興起時，側重眞常，以「如來藏，我」、「不空」，跳脫佛教傳統「無我」、「空」義，獨樹一幟的建立大乘如來藏學初始義涵。爾後，如來藏學則側重闡述含有「空」義之「如來藏者，非我」，以防杜「如來藏」實體化的危機。然而此階段以「空智」二分的「空如來藏」、「不空如來藏」，其實僅將「空」與如來藏表層會通，究竟仍是以「不離、不脫、不異」的「不空如來藏」爲基位。待如來藏學於印度普遍盛行時，爲避免「如來藏」走向「不空」、「有」、「我」的絕對實體，則提出含具「眞如」義的「無我，如來之藏」：

> 「云何世尊同外道說我，言有如來藏耶？世尊！外道亦說有常、作者離於求那，周遍不滅。世尊！彼說有我。」佛告大慧：「我說如來藏，不同外道所說之我。大慧！有時說空、無相、無願、如、實際、法性、法身、涅槃、離自性、不生不滅、本來寂靜、自性涅槃，如是等句，說如來藏已。如來、應供、等正覺，爲斷愚夫畏無我句故，說離妄想無所有境界如來藏門。……如來亦復如是，於法無我，離一切妄想相，以種種智慧善巧方便，或說如來藏，或說無我。以是因緣，故說如來藏。不同外道所說之我，是名說如來藏。開引計我諸外道，故說如來藏，令離不實我見妄想，入三解脫門境界，悕望疾得阿耨多羅三藐三菩提，是故如來、應供、等正覺作如是說如來之藏。若不如是，則同外道所說之我。是故，大慧。爲離外道見故，當依無我，如來之藏。」
>
> （《楞伽阿跋多羅寶經》）〔註221〕

此段主要是透過大慧菩薩與佛的問答，來闡明：一、「如來藏」爲何有別外道含「我」、「常」、「作者」義的神我；二、「如來藏」有何重要。乍看「無我，如來之藏」，恐以爲等同中期如來藏學「如來藏者，非我」之說。然而據「空、無相、無願、如、實際、法性、法身、涅槃、離自性、不生不滅、本來寂靜、自性涅

〔註219〕《楞伽經》漢譯本，除了〔北涼〕曇無讖譯本已佚，另有三譯本：宋譯本、魏譯本、唐譯本。由於本文限智顗之前印度佛性論，因此取前二譯本。

〔註220〕〔宋〕求那跋陀羅譯，《楞伽阿跋多羅寶經》，《大正藏》冊16，頁479下～514中；〔元魏〕菩提留支譯，《入楞伽經》，《大正藏》冊16，頁514下～586中；馬鳴，〔梁〕釋眞諦譯，《大乘起信論》，冊32，頁575上～583中。

〔註221〕〔宋〕求那跋陀羅譯，《楞伽阿跋多羅寶經》卷2，《大正藏》冊16，頁489上～中。

槃」等與「如來藏」異名同義之詞可知，《楞伽經》並非像中期如來藏學侷於主體意識的「我」、抑或五蘊和合的「眾生」在纏或出纏的狀態，來言說「如來藏」，而是廣置於諸法離虛妄而真實的「真如」來定位之，恰呼應唯識學對「真如」的重視。然而取「真如」即可，何以特申「如來藏」？原因，一是「為斷愚夫畏無我句」；二是「開引計我諸外道」，亦即為對治執我、畏無我之世人，以及引正持「神我」主宰萬有的外道者，而言如來藏。然而在教界往往代言「不空」、「我」、「常」的「如來藏」，豈真有對症之效？《楞伽經》立基「空」義，提出「無我，如來之藏」之說：所謂「無我」，乃因諸法皆因緣和合、人身則為五蘊假和，因此無絕對真實之我。所謂「如來藏」，即是肯定諸法本具清淨之性、眾生皆內具如來之性。「無我」與「如來藏」的聯結，令畏無我者，以及肯定有一「我」是作者、會生滅、會受果業的外道者，願意接近或接受如來藏之說。一問題是：「無我，如來之藏」是否有違傳統「不空」、「我」、「常」的「如來藏」說？據該經以「離妄想無所有境界」，來定義結合「無我」的「如來藏」，可知「無我」，亦可言為含「真如」義的真我、大我。順之，「如來藏」雖立基空義，卻因真實離妄而不改不變的真我、大我，而不離「不空」、「常」的實相真義。因此《楞伽經》「無我，如來之藏」，雖看似等同中期如來藏學「如來藏者，非我」，但實質意涵卻已有別。此外，該經以「真如」義切入，並不算正統承自「諸行無常」、「諸法無我」法印之說，但亦非完全相違。只不過，《楞伽經》此說側重從心識、境界而言，具逗機施設之效。

（二）識　藏

後期如來藏學正式提出「識藏」一詞，以闡釋作為生死依與涅槃依的「如來藏」，何能施設而起虛妄染淨法之身份；亦即，就如來藏所攝、所生的善不善法，進行本源探求，何以「如來之藏是善不善因」。「識藏」結合「如來藏」與「阿賴耶識」，令世人不會偏執一端。然而雖然二詞同位，「阿賴耶識」的底蘊乃屬「如來藏」：

> 彼法無我，離諸一切分別之相。智慧巧便說，名如來藏。或說無我，或說實際及涅槃等。種種名字，章句示現，如彼陶師作種種器。是故大慧。我說如來藏不同外道說有我相。大慧。我說如來藏者，為諸外道執著於我，攝取彼，故說如來藏。令彼外道離於神我，妄想見心執著之處，入三解脫門，速得阿耨多羅三藐三菩提。大慧。以是義故，諸佛如來應正遍知說如來藏，是故我說有如來藏，不同外

道執著神我。(《入楞伽經》)〔註222〕

佛教使命之一，乃是為引導眾生獲正知正見，契入佛道。其中，如何勸籲執著神我的外道入三解脫門，證得聖智涅槃，則是一大工程。《楞伽經》表示，之所以有「如來藏」之名與義，乃是「智慧巧便說」：外道說「神我」，如來藏學則將「我」、「無我」來與「如來藏」併言。除此，並參糅阿賴耶識：

> 如來之藏是善不善因，能遍興造一切趣生。譬如伎兒變現諸趣，離我、我所。不覺彼故，三緣和合，方便而生。外道不覺，計著作者。為無始虛偽惡習所熏。名為識藏：生無明住地，與七識俱，如海浪身，常生不斷；離無常過，離於我論。自性無垢，畢竟清淨；其諸餘識，有生有滅。(《楞伽阿跋多羅寶經》)〔註223〕

> 如來之藏是善不善因，故能與六道作生死因緣。譬如伎兒出種種伎。眾生依於如來藏，故五道生死。大慧。而如來藏離我、我所。諸外道等不知不覺，是故三界生死，因緣不斷。大慧。諸外道等妄計我，故不能如實見如來藏。以諸外道無始世來，虛妄執著種種戲論，諸熏習故。大慧。阿梨耶識者，名如來藏，而與無明七識共俱。如大海波，常不斷絕身俱生，故離無常過，離於我過，自性清淨。餘七識者，心、意、意識等念念不住，是生滅法。(《入楞伽經》)〔註224〕

《楞伽經》凸顯如來藏的所攝義：眾生根塵和合，生一切染法；若無和合，則生一切善法。該經由此因緣法揭示：雖然「如來之藏是善不善因，能遍興造一切趣生」，近似外道神我說，但鑑於「自性無垢，畢竟清淨」，如來藏本是「離我、我所」，因此外道實有「計著作者」、「妄計我，故不能如實見如來藏」、「虛妄執著種種戲論」之疏。此外，對參宋譯本「名為識藏」與魏譯本「阿梨耶識者，名如來藏」等敘述，可知《楞伽經》定位「阿梨耶識」即為「如來藏」，即為「識藏」。然而傳統上本指妄心的「阿梨耶識」與本指淨心的「如來藏」果能相即，並名為「識藏」？若加以考察之，所謂「識藏」乃「阿梨耶識」與「如來藏」的合一，

意謂真妄和合，能含藏一切善惡因果染淨種子，能生善惡染淨等一切法，是有漏、無漏一切法的根本，因此可二分：一、妄心：指無始惡習妄執所熏

〔註222〕〔元魏〕菩提留支譯，《入楞伽經》卷3，《大正藏》冊16，頁529下。

〔註223〕〔宋〕求那跋陀羅譯，《楞伽阿跋多羅寶經》卷4，《大正藏》冊16，頁510中。

〔註224〕〔元魏〕菩提留支譯，《入楞伽經》卷7，《大正藏》冊16，頁556中～下。

的無明煩惱，常生不斷，與七識共俱，如起滅無常的海浪；亦即指阿賴耶識，能生念念不住的生滅法，並能障覆清淨的如來藏。二、眞心：指眾生離一切妄染的清淨自性，亦即本非生滅法的如來藏；恒「離無常過，離於我過」，屬不生不滅法，但有受無明煩惱所覆的可能。可知唯識學中，原指一切諸法種子、爲有漏無漏一切有爲法根本、與如來藏無絲毫聯繫的「阿賴耶識」，至《楞伽經》則發展爲：指能「覆彼眞識」〔註225〕的無明煩惱。當一切妄執不起、煩惱盡、根識滅，「阿賴耶識」即可轉名爲「如來藏」，是以「阿梨耶識者，名如來藏」，兩者實一體兩面。此外，並一改吾人對瑜伽學「阿賴耶識」的固有認知。至此，有一問題：若「阿梨耶識」與「如來藏」能合爲「識藏」，則兩者是二體或一體？此問題，可再探《楞伽經》：

> 善不善者，謂八識。何等爲八？謂如來藏，名識藏。心、意、意識、及五識身，非外道所說。大慧！五識身者，心、意、意識俱。善不善相，展轉變壞，相續流注。不壞身生，亦生亦滅。不覺自心現，次第滅餘識生。形相差別攝受，意識五識，俱相應生，刹那時不住，名爲刹那。大慧！刹那者，名識藏。如來藏意俱。生識習氣，刹那；無漏習氣，非刹那。非凡愚所覺。計著刹那論，故不覺一切法刹那、非刹那，以斷見壞無爲法。大慧！七識不流轉，不受苦樂，非涅槃因。大慧！如來藏者，受苦樂與因俱，若生若滅。四住地、無明住地所醉。凡愚不覺，刹那見妄想熏心。（《楞伽阿跋多羅寶經》）〔註226〕

> 善不善法者，所謂八識。何等爲八？一者，阿梨耶識；二者，意；三者，意識；四者，眼識；五者，耳識；六者，鼻識；七者，舌識；八者，身識。大慧。五識身共意識身。善不善法展轉，差別相續，體無差別身。隨順生法，生已還滅。不知自心，見虛妄境界。即滅時，能取境界形相大小勝如之狀。大慧。意識共五識身相應生。一念時不住，是故我說彼法念時不住。大慧。言刹尼迦者，名之爲空。阿梨耶識，名如來藏。無共意轉識熏習，故名爲空；具足無漏熏習法，故名爲不空。大慧。愚癡凡夫不覺不知，執著諸法，刹那不住。墮在邪見而作是言。無漏之法亦刹那不住，破彼眞如如來藏故。大慧。五識身者，不生六道，不受苦樂，不作涅槃因。大慧。如來藏不受苦樂，非生死

〔註225〕　〔宋〕求那跋陀羅譯，《楞伽阿跋多羅寶經》卷 1，《大正藏》冊 16，頁 483 上。
〔註226〕　〔宋〕求那跋陀羅譯，《楞伽阿跋多羅寶經》卷 4，《大正藏》冊 16，頁 512 中。

因。餘法者，共生共滅。依於四種熏習醉，故而諸凡夫不覺不知邪見熏習，言一切法刹那不住。(《入楞伽經》)〔註227〕

《勝鬘經》雖未言及「阿梨耶識」一詞，但從「六識及心法智」行文所顯露的刹那生滅無常法可知，該經否定阿賴耶識為一切法之所依，或能生一切法。然而「阿梨耶識」與「如來藏」定義發展至《楞伽經》，無論是宋譯本「如來藏，名識藏」、「識藏如來藏」，抑或魏譯本「阿梨耶識，名如來藏」，根據其相關敘述，可知：

本是清淨的如來藏，轉為與阿梨耶識結合，而有「識藏」此新詞代言兩者，並意指「心」／「阿梨耶識」、「意」、「意識」、「五識」等八識中的「心」／「阿梨耶識」。「心」與「阿梨耶識」的同位，其實便有別唯識學對第八識的認知，而本是清淨的「如來藏」結合了妄心；本是妄心的「阿梨耶識」結合了真心，且拉近「如來藏」與「阿梨耶識」的距離，產生概念內涵的轉化。綜合上文如來藏學的脈絡發展可知，與清淨心相即的如來藏，能生一切法，是一切法的根本，那麼為何要與唯識學中能統攝有漏、無漏種子、代表妄心的阿梨耶識結合？這應是如來藏學欲解決：如來藏本是清淨，那麼客塵煩惱、不淨心行如何來？亦即，本是清淨無染，則虛妄雜染法從何生起？是以藉由如來藏與阿梨耶識合一，來安頓妄法妄行的生起處。然而，表真心的如來藏與表妄心的阿賴耶識，豈真能相合而不歧出？關於一體或異體，其實《楞伽經》並未明言，但仔細推敲「言刹尼迦者，名之為空。阿梨耶識，名如來藏。無共意轉識熏習，故名為空；具足無漏熏習法，故名為不空」此段話，再對照上文，可知該經承繼《勝鬘經》「空如來藏」、「不空如來藏」之說，並進而歸結為「識藏」一詞，使之內分：一、阿賴耶識：鑑於受刹那生滅的有漏法所熏，因此名「空」；二、如來藏：鑑於具足非刹那生滅的無漏熏習法，因此名「不空」。當「空」義的阿梨耶識轉為「不空」時，即名「如來藏」。是以可知，所謂「阿梨耶識」與「如來藏」乃真妄同體，亦因真妄而分二相。雖以「識藏」含括，其實仍是歸宗於作為「善不善因」、等同「真如」的「如來藏」。《楞伽經》並云：

如來藏識不在阿梨耶識中。是故七種識有生有滅；如來藏識不生不滅。何以故？彼七種識依諸境界，念觀而生。(《楞伽阿跋多羅寶經》)

〔註228〕

〔註227〕〔元魏〕菩提留支譯，《入楞伽經》卷8，《大正藏》冊16，頁559中～下。
〔註228〕〔宋〕求那跋陀羅譯，《楞伽阿跋多羅寶經》卷7，《大正藏》冊16，頁556

雖然《楞伽經》明白指出，「如來之藏，是善不善因」，但清淨如來藏何能爲不善因、生死依？若僅以如來藏爲無明煩惱隱覆來解之，則煩惱何處來、虛妄法何由生？若煩惱另有本源，如來藏何能緣生一切法？這便觸及一嚴肅問題：如來藏與煩惱之間究竟是二本或一本關係？這是如來藏學中不得不面對的問題。而《楞伽經》所提出的「識藏」一詞，可說是如來藏學與唯識學合流的一個里程碑，共相探究客塵何所從來？該詞凸顯清淨如來藏的一面向：爲何本性清淨，卻被客塵所覆、惡習所薰，而現起不淨？此因阿賴耶識之故，才有所謂客塵。亦即，清淨如來藏爲煩惱所覆的該狀態，即可名爲「阿賴耶識」、「識藏」。也因此可說，「阿賴耶識」、「識藏」可分清淨本質與染相。染相可去除，而其清淨本質等同「如來藏」。由於含有生死法緣起的阿賴耶識，可說即是爲煩惱所覆的如來藏的寫照，與本淨的如來藏作區別，卻又交會合流，以致「識藏」之說某程度回應二者是一體或二體。在此言「某程度」之因是：誠如引文所載，「如來藏識不在阿梨耶識中」。此說雖爲區別二識，卻又混淆阿梨耶識的本質是否是如來藏識、二者是否同居第八識。以致可說：該經並未明確解說二者是一體或二體。若嚴格說之，直至《大乘起信論》「唯是一心」才眞正釋疑。

（三）智境一如

印度如來藏學初期重能觀之「智」，中期重所觀「境」，後期則重境智一如。由於境分眞、妄，因此能觀之主體如何予以對應？境智彼此之間又如何不二不異？此爲後期如來藏學所關注的重心。《楞伽經》云：

> 寂滅者，名爲一心。一心者，名爲如來藏。入自內身智慧境界，得
> 無生法忍三昧。（《入楞伽經》）〔註229〕

該經簡明指出，「一心」即「如來藏」，其體寂靜。其聖智能慧見一切法、離一切相，並能契應所證之眞境，得證實相理體。由此可見，後期如來藏學將「（一）心」作爲境智一如的主角。《楞伽經》並云：

> 菩薩摩訶薩當善三自性。云何三自性？謂妄想自性、緣起自性、成
> 自性。
> 大慧！妄想自性從相生。……若依若緣生，是名緣起。云何成自性？
> 謂離名相、事相妄想，聖智所得，及自覺聖智趣所行境界，是名成

下。

〔註229〕〔元魏〕菩提留支譯，《入楞伽經》卷1，《大正藏》冊16，頁519上。

還原並安頓虛妄生滅法背後的真實、何能揭示「一切言說，假名無實」？是以，心真如、心生滅二門，乃分別就如來藏之「體」、「相（用）」／「總相」、「別相」予以定位；二門不相離，「唯是一心」。

從此段引文並可得知：一、《起信論》除了就「心」之二門來強化「如來藏」染淨無礙的特質，以安頓眾生心識染法的緣起與歸處，重心仍是置於：就真實不改不變的「真如」來言說「如來藏」。而據「一法界大總相法門體」、「無有相」、「言說之極，因言遣言」、「無有可遣。以一切法悉皆真，故亦無可立」、「一切法皆同如，故當知一切法不可說、不可念」，可知該經定位「如來藏」為遣言遣相的實相，亦即形上義的「道」。因攬法施設之故，而開心真如、心生滅二門。二、《起信論》以「有自體具足無漏性功德」的「如實不空」、「能究竟顯實」的「如實空」，來分別呼應心真如、心生滅二門。若再輔以「不生不滅與生滅和合，非一非異，名為阿梨耶識」等相關陳述，可知該經含《勝鬘經》「空如來藏」、「不空如來藏」，以及《楞伽經》「識藏」等思想之跡。然而這兩經尚存「如來藏」是「一本」或「二本」的模糊地帶，《起信論》則明確指出：「非一非異」的「一心」；顯然更契理契義。三、《起信論》將「阿梨耶識」與「不生不滅與生滅和合，非一非異」的「如來藏」同位，已徹底異變瑜伽學「阿梨耶識」之實。然而，據該經潛在定位「阿梨耶識」為「心生滅門」，又可見雜糅瑜伽學色彩。究竟「阿梨耶識」是「非一非異」的「如來藏」、「真如」，抑或屬於「心生滅門」？《起信論》恐怕繼《勝鬘經》、《楞伽經》之後，同樣尚留有模糊地帶。又，《起信論》雖同《楞伽經》定位「如來藏」即「阿賴耶識」，但明顯已跳脫傳統虛妄有漏，直契清淨真如實性。如此含括有為與無為、染與淨、非一與非異，無怪乎能與「如來藏」無別。可知，《起信論》以「真如」定義「如來藏」即「阿賴耶識」，昭然揭示是「一本」。所謂「真如」，即是諸法悉「真」、悉皆同「如」。基於「唯是一心」，究竟離言、離一切差別之相而無相，不可說、不可念、不增不減，因此名為「真如」；若有言說，乃為假名無實。可知《起信論》「空」、「假」定義，與中觀系般若學相契。要之，《大乘起信論》此部後期如來藏學代表作，所言之「心真如門」與「心生滅門」，算是結合如來藏學與瑜伽學之長，成功含融阿賴耶識與如來藏思想，而以「如來藏緣起」的立場提出「一心開二門」之說。如來之「藏」之能與阿賴耶識之「藏」相即，原因是：如來藏，能含攝善的清淨佛果因，以及不善的生死雜染因，並由此而遍造一切善惡的趣所。

小　結

　　印度佛性論，當以大乘眞常系之說爲代表。由本章可知：一、「如來藏」一詞於佛典文獻中最早載於《增一阿含經》；二、小乘已片面論及佛性，卻未像大乘有「法身遍在」、「涅槃常住」〔註240〕思想；三、教內教外，不乏根據佛性論肯定佛性之「有」，有悖佛教基本教義中的「『無』我」、「『無』常」二法印，而給予「非了義」、等同外道的評價。基此，若欲辯解佛性論確實契入佛義妙理，可就三方面言：一、據文獻所載，原始佛教時，佛陀雖基於時代背景、世代思潮、因材施教之故，未著墨「如來藏」、「佛性」等詞，但其論述未嘗無蘊藏相關微言大義或概念雛形。二、若以爲佛陀教法與《增一阿含經》不足徵實，據：小乘佛性觀；《華嚴經》、《維摩經》等初期大乘經典藉由寶珠、華藏等喻，和眾生性、如來性本質清淨，以及不爲垢染的胎生觀念，以眾生悉有的如來智加以演繹，已萌端佛性之芽，則可窺見佛性論發展之重要性。三、大乘中觀與瑜伽二系在闡揚己系之說，並含融、內化眞常系諸多見地。此外，佛性論流變發展過程，雖肯定佛性存在之「有」，卻更明確豐實理論基礎，將「佛性」過渡至立基「空」義的緣起「妙有」。此點，在大乘中、後期佛教愈益顯著。

　　「如來藏」、「佛性」二詞爲古今中外如來藏學的核心專有名詞。追溯其始，意謂眾生含藏清淨如來的「如來藏」，當早於作爲佛之性、佛之界的「佛性」。

　　然而窺探中期如來藏系經典，就詞彙言，「佛性」出現頻率漸多於「如來藏」，並日見普及，顯見：「如來藏」名與義漸過渡至「佛性」；由眾生胎藏如來的如來性、眾生性，以及如來之智，漸轉爲思考佛界、如來界、眾生界，反映如來藏學的內涵有了改變。若簡要言之，可說：一、大乘中期，如來藏學興起，多質樸淺顯文字與譬喻之表述；由法性、法身等詞發展至如來藏；重「常」；重「不空」之「如來藏，我」；重能觀之「智」。二、中期如來藏學

〔註240〕如：〔後魏〕勒那摩提譯，《究竟一乘寶性論》卷 3：「如來法身遍在一切諸眾生身」；堅意〔北涼〕釋道泰等譯，《入大乘論》卷 2：「如來法身遍在一切諸眾生中」；〔北涼〕曇無讖譯，《大般涅槃經》卷 8：「若謂如來不入涅槃常住不變，當知是人無有憂悲」；〔宋〕求那跋陀羅譯，《大法鼓經》卷 2：「諸佛所得大般涅槃，常住安樂」；天親，〔陳〕釋眞諦譯，《佛性論》卷 3：「涅槃常住，不與隣虛同相異相」。(《大正藏》冊 31，頁 828 中；《大正藏》冊 32，頁 49 上；《大正藏》冊 9，頁 296 中；《大正藏》冊 12，頁 415 中；《大正藏》冊 31，頁 805 下)

始注入思辨性質之理論義涵，並與異質之他系、他學互涉合流，如融合般若學，而發展重「空」之「如來藏者，非我」，又如含糅瑜伽學，視「自性清淨心」即「如來藏」；漸從初期如來藏學所重視的能觀之「智」發展至所觀之「境」；法性、法體、法身、法界、眞如、如如等諸詞，與如來藏無別。三、後期如來藏學重視「眞如」義之「無我，如來之藏」；開拓與豐實「識藏」一詞；已從初、中期如來藏學分別重視的能觀之「智」、所觀之「境」，發展至境智一如；有所謂的賴耶緣起與如來藏緣起。

　　智顗之前佛性論早期之演進，著重闡明清淨無染之心與如來藏或佛性之互即，卻未能明確解釋惡、無明煩惱從何處來，以致有「二本」傾向。此外，亦未完全處理佛性與「我」、「無我」之間的關係。智顗則明確以實相之性作爲佛性、如來藏之界義，並以無明、法性雙重結構來應對之，將緣起妙有闡述得淋漓盡致，卻又成功以即空即假即中圓融三諦與圓頓止觀解決智顗之前佛性論未解決之弊處。而其「一本」思想，並較能妥善解決「惡」之存在與來源問題。印度佛性論重法身、法性、法界，至中土，尤其智顗，更是結合法性、心性，堪爲教界佛性思想發展之大躍進。下文將擬闢數章節，以闡述佛性發展史中具有承先啓後意義的智顗佛性論。

第二章　智顗「『佛』『性』」義蘊初探

　　本章主要分成三節：一、探究智顗如何對「佛」定位與形象勾勒。從中探得智顗學說中的「佛」，非僅止道德義的完善，更具圓教中道實相義。該「佛」內具圓覺、圓觀、圓智、圓果等不可思議的性能相用，揭示智顗以眾生為本位來定義「佛」。二、捃拾數則以異名同義方式釋名「佛性」的相關經文，揭示智顗「佛性」詮說路徑，以及智顗專就圓教圓觀圓覺來建構佛性論，從中證成凡圓教勝義之詞能與「佛性」異名同義之因在於，「一法當體，隨用立稱」，由此凸顯智顗學說中的「佛性」特徵與義蘊。三、字義解構智顗對「佛性」與「如來藏」的界定，從中探得智顗「佛『性』」與諸法萬物所內具之「性」，皆不離不脫「非常非無常」極理，皆含「扶空」的不動性、「扶假」的種性、「扶中」的實性，而「如來藏」一詞並從傳統隱覆義過渡至實相義，與「佛性」同賴一心三觀、圓觀三諦因緣之理來予以開顯。雖二詞皆以「實相」為內蘊，然而智顗多以「佛性」一詞闡述佛性論，環環相扣一己學說，是以智顗「佛性」與「如來藏」的關係與使用時態，亦於此部分加以探究。

第一節　智顗「佛」之概念分析

　　就大乘佛教而言，行者修行的最終目的不外是為了成佛。佛究竟是什麼？具有何種形象、能力、特質、果德？為何常能吸引行者念茲在茲志求佛道；即使身受世間苦難煎熬亦不棄、即使身處世間安樂順境亦不懈？倘若勤奮修行，誓志成佛，卻不知佛指什麼，恐易以迷途為正途、驛站為終站，尤凸顯

對「佛」作一完整清楚的認識，有其重要性，是以本節擬鉤隱抉微智顗所定義、定位的「佛」。以此為進路之因，在於：宏觀佛教，以「覺」詮「佛」可為古今通途。智顗亦是以此為基說，然而與前人相較，智顗以獨樹一幟的教相判釋，亦即以化益眾生法門的化法四教，和以化法說示眾生儀式作法的化儀四教，將「圓佛」推崇至最高、最神聖的地位，並以圓覺、圓觀、圓智、圓果，勾勒圓佛的體、性、相、用等，凸顯價值、豐富義蘊，實具跨時代的新意義。再者，誠如隙中窺月、庭中望月、臺上玩月之別，眼界的高下將決定客體概念是否完整，並影響主體的認知行為，顯示智顗之「圓佛」說值得一探。此外，智顗走理事路線的六即佛說，再加智顗對佛的新解，並可另類省思眾生與佛、九界與佛界的關係，以及修行的內容與重要性。

　　本節分成四部分：一、回顧智顗前人所認知的「佛」；二、從四教而立的「四種佛」、法聚之「身」而分的「三身佛」、觀行而判的「六即佛」，論智顗對「佛」的基本分類；三、從圓覺、圓觀、圓智、圓果來闡明智顗內蘊實相義的「佛」；四、揭示智顗的圓佛以眾生為本位。基此，以蠡探智顗對「佛」所著墨的向度與力度，研析智顗如何繼往開來、如何深化、演繹、創新「佛」的界義，並思考智顗所詮釋的「佛」所隱含的微言大義。

一、智顗前人所認知的「佛」

　　佛教對「佛」的定義，可簡賅二分為：一、歷史佛；二、理想佛。〔註1〕前者，乃指印度悉達多太子修行成道為佛；此可謂佛教創始者，是現實界確實存在過的人物。〔註2〕因曾經生老病死、卻又大智大慧大慈大德的活於歷史某期間，而成為佛教徒現實人生中追隨崇信的典範人物。後者，以歷史佛為原型，承繼、超脫並轉化之；發生於佛陀滅度後，大眾部等信徒將之聖化、神化，使佛是一，亦有無數。常人若能修行圓滿，即可成佛。這，拉開常人與歷史佛的時空距離，卻拉近與理想佛的境界距離：五欲熾盛至清淨殊勝、凡人至超人、世間至出世間，並非恒是跨不過的鴻溝。而由於歷史佛唯一存在於經驗界，因而佛典多對理想佛加以雕塑、詮釋：

〔註1〕　此二詞，參釋印順，《初期大乘佛教之起源與開展》（臺北：正聞出版社），1986年，頁160～175。
〔註2〕　如：《佛本行集經》、《釋迦譜》便詳載佛陀成道故事。（參《大正藏》冊3，頁696下－910上；冊50，頁1上～62下）

佛，秦言覺者、知者。何者是？所謂正知一切法、一切種，故名覺。
（《大智度論》）

佛，名爲覺。於一切無明睡眠中最初覺，故名爲覺。（《大智度論》）
〔註3〕

能初覺，故能遍覺，故能別覺，故說名爲佛。聲聞、獨覺不能初
覺，不能遍覺，不能別覺，故不名佛。（《阿毘達磨大毘婆沙論》）
〔註4〕

佛教普遍以「覺」，定義作爲「教主」的「佛」。意謂佛能如實覺察煩惱、了
了覺知事理、周遍圓滿覺悟眞理，而成無上正等正覺；或擴充解釋爲：

佛陀者。覺，覺了一切法相故。……自覺、覺彼，故名爲覺。（《大
方便佛報恩經》）〔註5〕

佛者，名自覺，亦能覺他，是名爲佛。又言知。何謂爲知？知諦故，
故名爲佛。又言覺悟世間，是名爲佛。（《善見律毘婆沙》）〔註6〕

佛者名覺；既自覺悟，復能覺他。（《大般涅槃經》）〔註7〕

所謂「覺」，即爲「自覺、覺他（人）」。指佛自能覺悟本有的自性清淨心，自
能開悟世間、出世間一切眞理，並能引度他人步上解脫之路。大乘爲嚴格區
別同能「自利利他」的佛與菩薩，〔註8〕並進而有「自覺、覺他（人）、覺行
圓滿」之說：

佛陀，梵音。此云覺者。隨舊略語，但稱曰佛。具一切智、一切種
智。如蓮華開，如睡夢覺，能自開覺，亦覺有情。覺行既圓，目之

〔註3〕 龍樹，〔後秦〕鳩摩羅什譯，《大智度論》卷65，《大正藏》冊25，頁521下；
卷70，頁552中。

〔註4〕 五百大阿羅漢等造，〔唐〕玄奘譯，《阿毘達磨大毘婆沙論》卷143，《大正藏》
冊27，頁735中。

〔註5〕 失譯‧人名在後漢錄，《大方便佛報恩經》卷6，《大正藏》冊3，頁154下～
155上。

〔註6〕 蕭〔齊〕僧伽跋陀羅譯，《善見律毘婆沙》卷4，《大正藏》冊24，頁697下
～698上。

〔註7〕 〔北涼〕曇無讖譯，《大般涅槃經》卷18；冊12，頁469下。

〔註8〕 〔隋〕釋慧遠，《大乘義章》卷14：「菩薩，胡語。此方翻譯，名道眾生。具
修自利利他之道，名道眾生」；〔唐〕釋窺基，《妙法蓮華經玄贊》卷2：「菩提，
覺義，智所求果。薩埵，有情義，悲所度生。依弘誓語，故名菩薩。」（《大
正藏》冊44，頁756上；冊34，頁671下）

為佛。（《異部宗輪論疏述記》）〔註9〕

既能自覺，復能覺他，覺行窮滿，故名為佛。尊言自覺，簡異凡夫。云覺他，明異二乘。覺行窮滿，彰異菩薩。是故獨此偏名佛矣。（《大乘義章》）〔註10〕

佛即成正覺。佛者。佛是梵音。此云覺者，故自覺、覺他、覺行圓滿。（《大方廣佛華嚴經隨疏演義鈔》）〔註11〕

自覺、覺他、覺行圓滿。三覺圓明，故號佛陀。（《佛祖歷代通載》）〔註12〕

智慧具足，三覺圓明，是故名佛。（《佛說十號經》）〔註13〕

若以比例而言，佛典較常以自覺、覺他、覺行圓滿等類詞來周圓定位理想佛：「覺」，是內外洞然的覺察、覺知、覺悟，能以如如之智如實觀得如如之境。而佛由於能大覺、遍覺，因而能大智大慧的穿過現象界的顛倒迷幻，了達實相。這即隱射行者之能成佛，便如同擁有暗夜中的萬能導航燈、能導引實踐方向的生命指南針。「行」，是每一當下的身語意皆合乎佛道，從心所欲卻不踰矩。行者未成佛前，透過身體立行的修善修德，一者，體悟、應證前人的智慧結晶；二者，將覺知轉化為當下實踐，並由實踐來助導覺知的靈動；三者，善行能累積福德資糧，斷盡累世惡業。而覺行的圓滿相輔，說明成佛者具備超人能力，能跳脫一切惡性循環；另一端，也點出凡人欲成佛的功夫論。此外，並透顯：常人「心」隨「境」轉，而對行者而言，客觀外境其實隨其主體心靈層次的升降而有所易轉，並無礙其心。佛典並載：

若有如是轉法輪者，乃名為佛。（《方廣大莊嚴經》）〔註14〕

佛見過去世，如是見未來，亦見現在世，一切行起滅。明智所了知，所應修已修，應斷悉已斷，是故名為佛。（《雜阿含經》）〔註15〕

〔註9〕 世友，〔唐〕釋玄奘譯，〔唐〕釋窺基記，《異部宗輪論疏述記》卷1，《卍續藏》冊53，頁569上。

〔註10〕 〔隋〕釋慧遠，《大乘義章》卷20，《大正藏》冊44，頁864下。

〔註11〕 〔唐〕釋澄觀，《大方廣佛華嚴經隨疏演義鈔》卷16，《大正藏》冊36，頁120上。

〔註12〕 〔元〕釋念常集，《佛祖歷代通載》卷21，《大正藏》冊49，頁708下。

〔註13〕 〔宋〕天息災譯，《佛說十號經》卷1，《大正藏》冊17，頁720上。

〔註14〕 〔唐〕地婆訶羅譯，《方廣大莊嚴經》卷11，《大正藏》冊3，頁608下。

〔註15〕 〔宋〕求那跋陀羅譯，《雜阿含經》卷4，《大正藏》冊2，頁28上。

一切眾生斷三界煩惱果報盡者，名爲佛。(《佛說仁王般若波羅蜜經》)
〔註16〕

除了以「三覺」，詮釋最究竟圓滿的佛，佛典並多方位勾勒佛：能說法，摧破眾生之惡，使下凡眾生斷邪見疑悔災害，而上轉入聖道。能了知今、昔、未因緣和合離散的起滅法，具修福德智慧資糧而無遺，並悉斷根本無明。此外，大乘佛典並鼓勵一切眾生，當斷三界感業、悉離苦果，如此即爲佛，給予眾生可成佛的保證。佛典並載：

諸佛無量三昧、十力、四無所畏、十八不共法、一切智等種種諸慧，及八萬四千法藏度人門。如是等種種諸佛功德，是佛所住處。(《大智度論》) 〔註17〕

若在家者，當作轉輪王；若出家者，當成佛。王言：何等三十二相？相師答言：一者，足下安平立相。足下一切著地間，無所受，不容一針。二者，足下二輪相，千輻輞轂，三事具足，自然成就，不待人工。諸天工師毘首羯磨，不能化作如是妙相。問曰：何以故不能？答曰：是毘首羯磨。諸天工師不隱沒智慧，是輪相善業報，是天工師生報得智慧，是輪相行善根智慧得，是毘首羯磨一世得，是智慧，是輪相從無量劫智慧生。以是故，毘首羯磨不能化作，何況餘工師？三者，長指相。指纖長端直，次第備好，指節參差。……。(《大智度論》) 〔註18〕

善現，云何如來應正等覺八十隨好？善現，世尊指爪狹長薄潤，光潔鮮淨，如花赤銅。是爲第一。世尊手足指圓纖長，傭直柔軟，節骨不現。是爲第二。世尊手足，各等無差，於諸指間，悉皆充密。是爲第三。世尊手足圓滿如意，軟淨光澤，色如蓮華。是爲第四。世尊筋脈，盤結堅固，深隱不現。是爲第五。……(《大般若波羅蜜多經》) 〔註19〕

〔註16〕〔姚秦〕鳩摩羅什譯，《佛說仁王般若波羅蜜經》卷1，《大正藏》冊8，頁827上。

〔註17〕龍樹，〔後秦〕鳩摩羅什譯，《大智度論》卷3，《大正藏》冊25，頁76上。

〔註18〕龍樹，〔後秦〕鳩摩羅什譯，《大智度論》卷4，《大正藏》冊25，頁90上～91上。

〔註19〕〔唐〕釋玄奘譯，《大般若波羅蜜多經》卷381，《大正藏》冊6，頁968上～969上。

眾生與佛的差別之一是，佛具無數殊勝德行、德相、能力與圓滿果德，諸如具有無量三昧、十力、四無所畏、十八不共法、一切智等種種諸慧，及八萬四千法藏度人門，並具三十二相、八十種好等。從中可見佛具有法、報、應圓滿三身，以致能相好莊嚴，並能應他機宜。

二、智顗對「佛」的分類

小、大乘差別之一是，小乘持一佛說；大乘持多佛說。是以大乘尤對佛有各種分法與稱謂，如：千佛、百佛〔註20〕、四佛〔註21〕、四身佛〔註22〕、十身佛〔註23〕、……等。智顗對佛的性質分類，基本可分三類型：

（一）從化法四教立「四種佛」

大、小乘教對「佛」的詮釋，不離「自覺、覺他（人）」，然而覺智不同、化境亦有寬狹。智顗教相判釋藏、通、別、圓化法四教，而有義蘊殊異的四教主：〔註24〕

1. 三藏教之佛

三藏佛，乃三藏教所持之佛。所謂三藏教，乃指明因緣生滅四聖諦理，卻見空而不見不空，僅證偏眞的小乘教；亦即聲聞、緣覺二乘之教。〔註25〕智顗釋名該教之佛：

> 佛，名覺者、知者。於道場樹下，知覺世間、出世間、總相、別相。

〔註20〕如：〔北涼〕曇無讖譯，《悲華經》卷4：「有一千佛同號智熾尊音王如來……復有千佛同號增相尊音王，復有千佛同號善無垢尊音王……，復有千五百佛同號日音王，復有五百佛同號日寶藏尊王，復有五佛同號樂音尊王，復有二佛……。」（《大正藏》冊3，頁192下）

〔註21〕如：〔北涼〕曇無讖譯，《金光明經》卷1：「於蓮華上有四如來：東方，名阿閦；南方，名寶相；西方，名無量壽；北方，名微妙聲。」（《大正藏》冊16，頁336上）

〔註22〕如：〔宋〕求那跋陀羅譯，《楞伽阿跋多羅寶經》：「云何為化佛？云何報生佛？云何如如佛？云何智慧佛？」（《大正經》冊16，頁481中）

〔註23〕如：〔唐〕釋玄奘譯，《大般若波羅蜜多經》卷568：「諸菩薩摩訶薩行深般若波羅蜜多，何位能得如來十身？」；〔宋〕釋紹德等譯，《佛說大乘隨轉宣說諸法經》卷2：「一切眾生邪見。歸依十身佛。」（《大正藏》冊7，頁932中；冊15，頁779中）

〔註24〕〔隋〕釋智顗，釋灌頂記，《妙法蓮華經玄義》卷7：「教亦有四。教主亦四。」（《大正藏》冊33，頁761下）

〔註25〕〔隋〕釋智顗，《四教義》卷1，《大正藏》冊46，頁721上～下。

覺世即苦集，覺出世即道滅，亦能覺他。身長丈六、壽八十、老比丘像、菩提樹下三十四心正習俱盡者，即三藏佛自覺覺他。(《妙法蓮華經文句》)〔註26〕

佛，名覺者。覺世間苦集、覺出世道滅、身長丈六、壽年八十、現比丘像、三十四心、樹下成佛者。三藏世尊自覺覺他也。……藏佛從析門發眞知無漏，住有餘、無餘二涅槃。(《仁王護國般若經疏》)〔註27〕

若坐道場時，位在中忍、上忍。從上忍一刹那入眞，三十四心斷結，得阿耨三菩提，則名爲佛。(《妙法蓮華經玄義》)〔註28〕

道樹草座，三十四心見思俱斷，朗然大悟，覺知世間、出世間一切諸法，名之爲佛。唯有此佛，無十方佛。三世佛者悉是他佛，非我分身。此即三藏佛果相也。(《妙法蓮華經玄義》)〔註29〕

據「唯有此佛，無十方佛」，可知藏教持一佛說：指存在於一時空、身長丈六、壽年八十、菩提樹下成道、說實生實滅四諦、於三十四心斷見思之惑、因宿世業力盡爲齊限而始入滅的釋迦生身。因而可說，以灰身滅智爲涅槃的藏教，不認同已身可修行成佛，而僅肯定生身住世，事跡行誼流傳千古的歷史佛。

2. 通教之佛

通佛，乃通教所持之佛。所謂通教，據「通者，同也。三乘同稟，故名爲通」、「若立『通』名，近、遠俱便。言遠便者，通別、通圓也」，可知通教前通藏；後通別、圓。能通之由在於：通教明十二因緣當體即空、無生四眞諦理，持不但空的一切智。雖屬大乘初教，卻能義通前後。〔註30〕智顗釋名該教之佛：

帶丈六像，現尊特身。樹上一念相應，斷餘殘習，即通佛自覺覺他也。……通佛從體門發眞，住二涅槃。(《仁王護國般若經疏》)〔註31〕

〔註26〕〔隋〕釋智顗說，《妙法蓮華經文句》卷1，《大正藏》冊33，頁4下。
〔註27〕〔隋〕釋智顗說，釋灌頂記，《仁王護國般若經疏》卷1，《大正藏》冊33，頁257中。
〔註28〕〔隋〕釋智顗說，《妙法蓮華經玄義》卷4，《大正藏》冊33，頁729下。
〔註29〕〔隋〕釋智顗說，《妙法蓮華經玄義》卷7，《大正藏》冊33，頁766下。
〔註30〕〔隋〕釋智顗，《四教義》卷1，《大正藏》冊46，頁721下～722上。
〔註31〕〔隋〕釋智顗說，釋灌頂記，《仁王護國般若經疏》卷1，《大正藏》冊33，頁257中。

道樹天衣為座，以一念相應慧，斷餘殘習氣而得成佛。《大品》中說
共般若時，十方有千佛現。問難人皆字須菩提。釋提桓因等，亦是
他佛，非我分身。此即通佛果成相也。(《妙法蓮華經玄義》)〔註32〕

菩提樹下得一念相應慧，與無生四諦理相應。斷一切煩惱習盡，具
足大慈大悲十力、四無所畏、十八不共法、四無礙智、一切功德智
慧，名之為佛。(《四教義》)〔註33〕

通教之佛，帶丈六像、說當體即空的無生四諦、入滅於雙樹下，顯與三藏佛
同自身一佛，但由於道樹天衣為座，能以神力現尊特勝應身，並能以一念相
應慧斷餘殘習氣，於因位斷三惑之正使而成正覺，具足十力、四無畏、十八
不共法、四無礙智等功德智慧，因此有別藏教丈六劣應生身。

3. 別教之佛

別佛，乃別教所持之佛。所謂別佛，據「別者，不共之名也。此教不共二
乘人說，故名別教」，可知該教未圓，僅闡明因緣假名無量四聖諦理，真如隨緣
而為一切萬法，持發真斷無明的道種智。雖迷中道之理，卻未得不次第的妙中；
雖能修空、假、中三觀、破三惑、得三智，而證三諦之理，但一切皆是各自有
體，次第隔歷而不融。〔註34〕此種次第教說尤顯於別教之「佛」，智顗釋名之：

單現尊特相坐蓮花臺受佛職者，即別佛自覺覺他。(《妙法蓮華經文
句》)〔註35〕

現尊特身坐蓮華臺，受佛記者，別佛自覺覺他。……別佛從次第門，
住祕密藏。(《仁王護國般若經疏》)〔註36〕

或言寂滅道場，七寶華為座身稱華臺，千葉上一一菩薩。復有百億
菩薩，如是則有千百億菩薩。十方放白毫及分身光，白毫入華臺菩
薩頂。分身光入華葉菩薩頂，此名受法王職位。窮得諸佛法底，而
得成佛。華臺，名報佛；華葉上，名應佛。報、應但是相關而已，
不得相即，此是別佛果成相也。(《妙法蓮華經玄義》)〔註37〕

〔註32〕〔隋〕釋智顗說，《妙法蓮華經玄義》卷7，《大正藏》冊33，頁766下。
〔註33〕〔隋〕釋智顗，《四教義》卷8，《大正藏》冊46，頁751上。
〔註34〕〔隋〕釋智顗，《四教義》卷1，《大正藏》冊46，頁722上～中。
〔註35〕〔隋〕釋智顗說，《妙法蓮華經文句》卷1，《大正藏》冊34，頁4下。
〔註36〕〔隋〕釋智顗說，釋灌頂記，《仁王護國般若經疏》卷1，《大正藏》冊33，頁257中。
〔註37〕〔隋〕釋智顗說，《妙法蓮華經玄義》卷7，《大正藏》冊33，頁766下。

據「現尊特身」、「坐蓮華臺」、「千葉上一一菩薩」、「華臺，名報佛；華葉上，名應佛」等別佛果成相須現的敘述，可知別佛有別以釋迦生身爲佛身的藏佛、通佛，亦即有別劣應身、勝應身，而具法、報、應三佛身。但雖有三身，卻是相關而不得相即。

4. 圓教之佛

圓佛，乃圓教所持之佛，亦爲智顗所推崇、肯定之佛。在此先闡明智顗學說的重心，亦即何謂「圓教」？

> 圓教者。圓以不偏爲義。此教明不思議因緣中道實相之理。事理具足，不偏不別。但化最上利根大士，故名圓教也。所言圓教者，義乃多塗，略說有八：一、教圓。二、理圓。三、智圓。四、斷圓。五、行圓。六、位圓。七、因圓。八、果圓。教圓者，直說一實諦，言教不偏也。理圓者，一實即法界海，理不偏也。智圓者，一切種智也。斷圓者，五住圓斷也。行圓者，一行一切行也。位圓者，從初一地具足諸地功德也。因圓者，雙照二諦，自然流入也。果圓者，妙覺不思議三德之果不縱不橫也。圓義有八，而但名圓教者。若不因圓教，則不知圓理，乃至得成圓果也。(《維摩經玄疏》)〔註38〕

> 圓以不偏爲義。此教明不思議因緣二諦中道。事理具足，不偏不別，但化最上利根之人，故名圓教也。……所言圓者，義乃多途，略說有八：一、教圓；二、理圓；三、智圓；四、斷圓；五、行圓；六、位圓；七、因圓；八、果圓。教圓者，正說中道，故言不偏也。理圓者，中道即一切法，理不偏也。智圓者，一切種智圓也。斷圓者，不斷而斷無明惑也。行圓者，一行一切行也。大乘圓因，涅槃圓果，即因果而具足無缺，是爲一行一切行。位圓者，從初一地具足諸地功德也。因圓者，雙照二諦，自然流入也。果圓者，妙覺不思議，三德之果不縱不橫也。圓義有八，但名圓教者。若不因圓教，則不知圓理，乃至得成圓果也。(《四教義》)〔註39〕

所謂圓，即爲不偏；所謂圓教，即是闡明不偏不滯一端、不歷別待分析長短善惡美醜、事理體相圓足融攝、直達圓實、能度化圓頓利根者的不思議因緣

〔註38〕〔隋〕釋智顗，《維摩經玄疏》卷3，《大正藏》冊38，頁533上。
〔註39〕〔隋〕釋智顗，《四教義》卷1，《大正藏》冊46，頁722中。

中道實相之理。圓教有教、理、智、斷、行、位、因、果等八種圓融之法：
一、教圓，不迂曲，直接闡明煩惱即菩提、生死即涅槃、非道即佛道、凡聖
一如等中道一實之理。二、理圓，闡明中道一實之理即三諦妙理、即一切法。
三、智圓，能以一切種智如來慧圓實照了一切法，並且通達無礙。四、斷圓，
能以不斷的方式而斷一切惑。此不斷斷並非眞斷一切惑，而是通達之故，以
致「塵勞之儔是如來種；不斷癡愛，起諸明、脫」，〔註40〕是爲不思議斷。
五、行圓，「妙因斯滿，極果頓圓」，〔註41〕可說行因即行果，當下圓滿具
足。一心三觀、一念三千等觀行，恰爲一行圓融一切行之故。六、位圓，既
爲圓頓，則相即無次第之位，可說修行佛因之位即是當下證得佛果之位，亦
即一位具足諸位功德。七、因圓，初發心開佛之見，即入中道，雙照空、假
二諦。如此「圓」因，自然得證圓滿涅槃果德。八、果圓，即圓滿行因所證
得的圓滿果德。因自覺覺他，覺行圓滿，而可言不思議妙覺。其果德可三分
爲法身德、般若德、解脫德，卻可基於不縱不橫、不並不別的關係，言爲不
一不異；即三而一、即一而三。亦可簡言：教圓，明非 A 即 A 中道之理，
亦即非道即佛道之理；理圓，明個體即全體；智圓，明智德、一智一切智、
菩提；斷圓，明斷德、一斷一切斷、涅槃；行圓，明行法的一行一切行；位
圓，明行位的一位一切位；因圓，明一因一切因而爲妙因；果圓，明一果一
切果而爲妙果。可知圓教之爲圓，在於內含環環相扣、互導相成、不偏不別
的八圓：智者所說的教法與所詮的諦理；行者的觀解與斷惑；行者的行法與
所趣的位次；正感證果的因體與所得的聖果。一切法門，可歸此八法，而圓
融、圓滿、圓足，即一即一切。毋怪乎智顗言，「由教詮理，而得起行。由
行會教，而得顯理」；〔註42〕「若不因圓教，則不知圓理，乃至得成圓果」。
此種不次第圓融教說，顯於圓教之佛：

> 隱前三相，唯示不可思議，如虛空相，即圓佛自覺覺他。……觀心
> 釋者。觀因緣所生心，先空次假後中，皆偏覺也；觀心即空即假即

〔註40〕　〔隋〕釋智顗，釋灌頂記，《摩訶止觀》卷4：「若斷無明，一切善法則無生處。
　　　　　塵勞之儔是如來種；不斷癡愛起諸明、脫。若恣無明，無上佛道何由得成？
　　　　　經云：無明轉，即變爲明。行於非道，通達佛道。無明性、明性無二無別，
　　　　　豈可斷無明性，更修明性耶？」（《大正藏》冊46，頁47下）
〔註41〕　〔隋〕釋智顗說，《妙法蓮華經文句》卷4，《大正藏》冊34，頁47下。
〔註42〕　〔隋〕釋智顗說，釋灌頂記，《妙法蓮華經玄義》卷7：「最初稟昔佛之教以爲
　　　　　本，則有修因致果之行。由教詮理，而得起行。由行會教，而得顯理。本迹
　　　　　雖殊，不思議一也。」（《大正藏》冊33，頁764下）

中是圓覺也（云云）。（《妙法蓮華經文句》）〔註43〕

隱前三相，唯示不可思議如虛空相，即圓教佛自覺覺他。故像《法
決疑經》云：或見丈六之身；或見小身大身；或見坐蓮華臺，爲百
千釋迦說心地法門；或見身滿虛空，遍於法界，無有分別。……圓
佛從不次第門，住祕密藏。（《仁王護國般若經疏》）〔註44〕

道場以虛空爲座，一成一切成。毘盧遮那遍一切處，舍那釋迦成亦
遍一切處。三佛具足，無有缺減。三佛相即，無有一異。法華八方，
一一方。各四百萬億那由他國土。安置釋迦悉是遮那。《普賢觀》云：
釋迦牟尼，名毘盧遮那，此即圓佛果成相也。（《妙法蓮華經玄義》）
〔註45〕

圓佛，有別藏、通、別三教之佛，能示不可思議，猶如虛空之相。以不可思
議言之，在於該佛乃法、報、應三身同體相即，具足一身；能見丈六之身，
抑能見坐蓮華臺，抑能見身滿虛空，遍於法界，無有分別，一切皆隨意自在，
教證皆實並妙住。圓佛並能觀心即空即假即中而圓觀、圓覺，使十界互具、
百界千如，當下心具一切諸法。而由於既能十界互具，可想而知，佛界即九
界，理與事無二。

可知，依教說、修行、眼界之別，四教之佛從生身一佛至佛之法、報、
應三身圓融相即，從次第而不次第，從析空、體空、但中至即空即假即中。
誠如智顗所言，「前三佛住能所皆麁，後一佛住能所俱妙。今經則是圓佛住於
妙住也」，〔註46〕圓佛乃爲妙住的妙佛，深爲智顗肯定、推崇。一疑：四教各
有所界定之佛，且層次有別，則是否可依此判定：教界有四佛？

佛於法性無動無出，能令眾生感見動出，而於如來實無動出，此就
第一義說也，皆因緣釋耳。（《妙法蓮華經文句》）〔註47〕

其實四教所言之佛皆是同一，只不過分別之見而有歧議。事實上，佛無動無
出，遍於虛空大道；基於因緣法之故，才「感見動出」。若以實相義言，當以
圓佛爲是。

〔註43〕〔隋〕釋智顗說，《妙法蓮華經文句》卷1，《大正藏》冊34，頁4下～5上。

〔註44〕〔隋〕釋智顗說，釋灌頂記，《仁王護國般若經疏》卷1，《大正藏》冊33，
頁257中。

〔註45〕〔隋〕釋智顗說，《妙法蓮華經玄義》卷7，《大正藏》冊33，頁766下。

〔註46〕〔隋〕釋智顗說，《妙法蓮華經文句》卷1，《大正藏》冊34，頁5上。

〔註47〕〔隋〕釋智顗說，《妙法蓮華經文句》卷1，《大正藏》冊34，頁4下。

（二）從法聚之「身」分「三身佛」

上文曾明，藏佛乃「唯有此佛，無十方佛。三世佛者悉是他佛，非我分身」；通佛乃「帶比丘像，現尊特身」；別佛乃「單現尊特相」、「十方放白毫及分身光」、「華臺，名報佛；華葉上，名應佛。報應但是相關而已，不得相即」；圓佛乃「三佛具足，無有缺減。三佛相即，無有一異」，可見就「身」而言，藏佛是劣應身；通佛是勝應身；別佛乃不相即的三身佛；圓佛乃相即的三身佛。四佛各具不同層級的體相德能。智顗對別教、圓教所具的三身佛，並作一闡釋：

1. 法身佛：

智顗云：

> 法身者。師軌法性，還以法性爲身。此身非色質，亦非心智。非陰界入之所攝持。彊指法性爲法身爾。（《金光明經文句》）〔註48〕

> 法身即是諸佛實相，不來不去。……法身是法性；法性即實相。（《維摩經略疏》）〔註49〕

> 諸佛以即中爲體，故名法身。（《金光明經文句》）〔註50〕

> 法身即是自性清淨心。隱，名如來藏；顯，名法身，即是真性解脫。《維摩經略疏》）〔註51〕

> 本有四德，隱，名如來藏；修成四德，顯，名爲法身。（《妙法蓮華經玄義》）〔註52〕

> 以得法身，故常恒不變。法身清淨。廣大如法界，究竟如虛空，盡未來際也。……初住法身即具如是常樂我淨，無生老死也。（《摩訶止觀》）〔註53〕

〔註48〕〔隋〕釋智顗說，釋灌頂錄，《金光明經文句》卷2，《大正藏》冊39，頁53中。

〔註49〕〔隋〕釋智顗說，〔唐〕釋湛然略，《維摩經略疏》卷9，《大正藏》冊38，頁693中～下。

〔註50〕〔隋〕釋智顗說，釋灌頂記，《金光明經玄義》卷2，《大正藏》冊39，頁9下。

〔註51〕〔隋〕釋智顗說，〔唐〕釋湛然略，《維摩經略疏》卷4，《大正藏》冊38，頁610中。

〔註52〕〔隋〕釋智顗說，釋灌頂記，《妙法蓮華經玄義》卷7，《大正藏》冊33，頁774上。

〔註53〕〔隋〕釋智顗說，釋灌頂記，《摩訶止觀》卷6，《大正藏》冊46，頁85上～中。

諸法皆有眞如法性。以眞如法性爲體而外顯之身，即爲法身。因法性乃諸法
緣起性空、非去非來、非名非色、湛然常住、常恆不變的中道實相之性，因
此可說「法身是法性；法性即實相」，實爲如如境。若以法性、法身隱顯關係
來論眾生：眾生自性清淨心被煩惱所覆，即是如來藏、法性；當能修行，發
顯如來藏、法性本具的常樂我淨四德，還眾生清淨心本來面目時，則爲法身。
可知：一、法身之隱乃爲法性、如來藏，顯見法性與如來藏相即。二、法性、
如來藏，與法身，皆指實相，只不過有隱顯之別。三、由於「法身即是自性
清淨心」，可窺得智顗持眾生皆有佛性之說。智顗並云：

> 眾生、諸佛，同一實相者，即是法身佛也。故《大品經》云：諸法
> 如實相。諸法如實，即是佛。離是之外，更無別佛。(《釋禪波羅蜜
> 次第法門》)〔註54〕

> 生身佛壽則有量；法身佛壽則無量。(《妙法蓮華經玄義》)〔註55〕

> 非因非果，有佛無佛，性相常然。遍一切處而無有異爲如；不動而
> 至爲來。指此爲法身如來也。……法身如來，名毘盧遮那；此翻遍
> 一切處。(《妙法蓮華經玄義》)〔註56〕

> 法身佛，或名如如、實相、第一義、般若、楞嚴等比也。(《妙法蓮
> 華經文句》)〔註57〕

法身、法身佛、法身如來其實同一，只不過冠以「佛」或「如來」，尤意謂：
一、法性有覺知實相之德，是以外顯的法身便具如實覺知的佛德。由於眾生、
佛皆具法性、皆能覺知實相，因此皆可稱爲法身佛。此乃就實相之「理」，證
成佛與眾生無別。二、法身如來乘眞如實相之道，從因來果而成正覺。由於
性相常然、遍虛空一切處，因而亦爲非因非果、有佛無佛。也因此可說：一、
法身爲佛的眞身，乃證顯實相眞如的理體。由於屬實相義，因此佛壽無量。
二、先不論事修，於理而言，眾生皆可稱爲法身佛。三、法身佛與「如如、
實相、第一義、般若、楞嚴」等如實的勝義異名同義。

〔註54〕〔隋〕釋智顗説，釋法愼記，《釋禪波羅蜜次第法門》卷1，《大正藏》冊46，
頁496中。
〔註55〕〔隋〕釋智顗説，釋灌頂記，《妙法蓮華經玄義》卷10，《大正藏》冊33，頁
802上。
〔註56〕〔隋〕釋智顗説，釋灌頂記，《妙法蓮華經玄義》卷9，《大正藏》冊33，頁
128上。
〔註57〕〔隋〕釋智顗説，《妙法蓮華經文句》卷9，《大正藏》冊34，頁130下。

2. 報身佛

智顗云：

> 報身者，修行之所感也。《法華》云：久修業所得。《涅槃》云：大般涅槃修道得，故如如智照如如境。(《金光明經文句》)〔註58〕

> 報身是智。智照圓明，契於法性。發生明覺，顯出法身。(《維摩經略疏》)〔註59〕

> 法如如智。乘於如如眞實之道，來成妙覺。智稱如理。從理名如，從智名來，即報身如來。故《論》云：如法相解，故名如來也。以如如境智合故，即能處處示成正覺。……報身如來，名盧舍那；此翻淨滿。(《妙法蓮華經玄義》)〔註60〕

若以智境言之，法身即如如境；報身即如如智。當欲圓明發顯如如境，則有賴如如智發生明覺、有所感悟。報身並爲「修行之所感」之身，乃酬報因行功德，而顯佛之眞如實智及相好莊嚴之身。

3. 應身佛

智顗云：

> 應身者。應同物身爲身也，應同連持爲壽也，應同長短爲量也。智與體冥，能起大用。(《金光明經文句》)〔註61〕

> 應身隨緣化物，與物和同。又此應身順於法身，和同同實相。……應身照機，不失其宜，亦是自覺覺他……應身爲物之軌……，和光度物與物和。(《維摩經略疏》)〔註62〕

> 功德和法身，處處應現往。八相成道，轉妙法輪，即應身如來。故《論》云：如法相說，故名如來也。……應身如來，名釋迦文。此翻度沃焦。(《妙法蓮華經玄義》)〔註63〕

〔註58〕〔隋〕釋智顗說，釋灌頂錄，《金光明經文句》卷2，《大正藏》冊39，頁53中。

〔註59〕〔隋〕釋智顗說，〔唐〕釋湛然略，《維摩經略疏》卷9，《大正藏》冊38，頁693中。

〔註60〕〔隋〕釋智顗說，釋灌頂記，《妙法蓮華經玄義》卷9，《大正藏》冊33，頁128上。

〔註61〕〔隋〕釋智顗說，釋灌頂錄，《金光明經文句》卷2，《大正藏》冊39，頁53下。

〔註62〕〔隋〕釋智顗說，〔唐〕釋湛然略，《維摩經略疏》卷9，《大正藏》冊38，頁693中～下。

〔註63〕〔隋〕釋智顗說，釋灌頂記，《妙法蓮華經玄義》卷9，《大正藏》冊33，頁

所謂應身，乃法身之體應他機宜、與物和同，隨眾生類，示現種種具有人格、會生老病死的化身，以濟世度人。諸如藏教、通教所界定的佛：丈六身、壽八十、老比丘相、八相成道、轉妙法輪，其實即應身一例，只不過藏佛應初地以下乃至凡夫之機，而示劣應身；通佛應初地已上菩薩之機，而示勝應身。智顗總說三身：

> 平等平等，皆如如，名法身；有此平等智，是報身；將此智化他，是應身。(《金光明經玄義》)〔註64〕

> 就境為法身；就智為報身；起用為應身。(《摩訶止觀》)〔註65〕

> 法、報、應是為三。三種法聚，故名身。所謂理法聚，名法身；智法聚，名報身；功德法聚，名應身。……故以三法聚為三身。當知三身皆常樂我淨，即是三德。(《金光明經玄義》)〔註66〕

「身」即聚集之意；聚集諸法而成「身」。所謂三身：理法的聚集，稱為「法身」；智法的聚集，稱為「報身」；功德的聚集，稱為「應身」。法身因顯法性真如理體，可稱如如境；報身因修道顯德之酬，而有妙覺之智，可稱如如智；應身因起智化他，隨機赴感，而有與萬物相應的無數化身。三身皆具常樂我淨之德，那麼究竟三身是「一」或「異」？智顗云：

> 佛有三種：法、報、應。是一體論三；非是三身差異，而言三佛。三佛既其不異，法即報、應，更無差別。(《維摩經略疏》)〔註67〕

> 佛本無身無壽，亦無於量。隨順世間而論三身，亦隨順世間而論三壽量。……然此三身三壽三量不可並別。一異，則乖法體。即一而三，即三而一。(《金光明經文句》)〔註68〕

> 三種法身者：一、法身佛；二、報身佛；三、應身佛。真性解脫即

---

128 上。

〔註64〕 〔隋〕釋智顗說，釋灌頂記，《金光明經玄義》卷 2，《大正藏》冊 39，頁 9 下。

〔註65〕 〔隋〕釋智顗說，釋灌頂記，《摩訶止觀》卷 6，《大正藏》冊 46，頁 85 上。

〔註66〕 〔隋〕釋智顗說，釋灌頂記，《金光明經玄義》卷 1，《大正藏》冊 39，頁 3 下。

〔註67〕 〔隋〕釋智顗說，〔唐〕釋湛然略，《維摩經略疏》卷 9，《大正藏》冊 38，頁 693 中～下。

〔註68〕 〔隋〕釋智顗說，釋灌頂錄，《金光明經文句》卷 2，《大正藏》冊 39，頁 53 中～下。

是法身；毘盧遮那佛性淨法身。實慧解脫即是報身；盧舍那佛淨滿法身也。方便解脫即是應身；釋迦牟尼佛應化法身也。(《維摩經玄疏》)〔註69〕

三身、三身佛同指佛的三身，只不過後者尤凸顯三身具佛美好的功德性能：顯法成身，名「法身」；有真如覺知的法身體，名「法身佛」。酬因為報之體，名「報身」；有真如覺照的報身體，名「報身佛」。隨緣應物，度化眾生，名「應身」；垂跡感應，名為「應身佛」。三身並具離縛得自在的特質，而可分別具真性解脫、實慧解脫、方便解脫，並依次假名毘盧、盧舍、釋迦三身佛。智顗有感教界與世人對佛身不出三身隔歷之見，而立基圓教，強調「一異，則乖法體。即一而三，即三而一」：三身佛看似不同，其實同一非常非無常、不遷不變的法體，因此法身即報身即應身，「即三而一」，皆非身非不身，假名為身。然而就相用而言，法身是真如理體所證顯的自性真身，乃遍歷三世十方、湛然常住、本然法爾的理佛；報身是酬報因位無量願行的相好莊嚴身，乃修行證悟的智能果德；應身是應所化眾生的機感而化現的人格身佛身，因此三身亦可言「即一而三」。智顗並云：

應佛從緣因生；報佛從了因生；法佛從正因生。三佛生即無生；無生即三佛生。(《摩訶止觀》)〔註70〕

三佛不得一異，非一異而一異爾。(《金光明經文句》)〔註71〕

是三如來若單取者，則不可也。……三法具足，稱祕密藏，名大涅槃。不可一異，縱橫並別。圓覽三法，稱假名如來也。……總眾經之意。當知三佛，非一異明矣。(《妙法蓮華經玄義》)〔註72〕

佛由於朗顯真如法體，而有法身；由於果德之酬，而有報身；由於緣順法體，並遇機感用，而有應身，是以三身佛探其源，可說分別從正因、了因、緣因佛性而生。此外，並可以體、相、用比配之：法身是「體」、報身是「相」、化身為「用」。體能生相，相能發用，用不離體相，相亦不離體用，體更不離相用。即一即三，即三即一，三法具足，非縱非橫。

〔註69〕〔隋〕釋智顗，《維摩經玄疏》卷5，《大正藏》冊38，頁553中～下。

〔註70〕〔隋〕釋智顗說，釋灌頂記，《摩訶止觀》卷5，《大正藏》冊46，頁67上。

〔註71〕〔隋〕釋智顗說，釋灌頂錄，《金光明經文句》卷1，《大正藏》冊39，頁48上。

〔註72〕〔隋〕釋智顗說，釋灌頂記，《妙法蓮華經玄義》卷9，《大正藏》冊33，頁128上。

（三）從觀行而判「六即佛」

智顗表明「佛是覺義，有六種即」。〔註73〕其六即佛說，主要是從行位，亦即從修行的次第淺深，來闡釋眾生如何、爲何即是佛。也因其中含括道理和事相，而可從理事二面作爲探討：

1. 理即佛

智顗云：

> 《涅槃經》云：一切眾生即是佛。……本自有之，非適今也。《淨名》云：一切眾生皆如也。《寶篋》云：佛界、眾生界，一界無別界。此是圓智圓覺諸法，遍一切處，無不明了。雖五無間，皆解脫相。雖昏盲倒惑，其理存焉。斯理灼然，世間常住。有佛不能益，無佛不能損。得之不爲高，失之不爲下。故言眾生即是佛。理佛也。（《觀無量壽佛經疏》）〔註74〕

> 《大經》云：一切眾生即是一乘。如此等，名理即是。（《摩訶止觀》）〔註75〕

理即佛可分廣、狹二義：一、廣義：眾生宛然本具「即是佛」、「即是一乘」、「即是菩提」、「即是涅槃」、「皆如」之「理」。此體性不二、義約一切、生佛均具之「理」，始終恆存不滅。此說，主對應「事」佛，而從「理」性來論，所有眾生皆具天然的「理」佛。二、狹義：此說，主要專置於六即佛說，以凸顯名字即佛、觀行即佛、相似即佛、分證即佛觀行實踐的差別「事」性，以及究竟即佛的理事圓融。此處的理即佛，主要強調，若眾生未知未聞「眾生即是佛」此無上寶之理，以致無絲毫解行修證，不具功德莊嚴，甚或昏盲倒惑、墮五無間，鑑於「理」本內存之故，該類眾生可以理即位之佛稱之。

2. 名字即佛

智顗云：

> 如斯之理，佛若不說，無能知者。……因說生解，於寶適悅，故須達聞名，身毛皆豎。昏夜大朗，巨關自闢。此名字佛也。（《觀無量壽佛經疏》）〔註76〕

〔註73〕〔隋〕釋智顗說，《觀無量壽佛經疏》卷1，《大正藏》冊37，頁187上～中。
〔註74〕〔隋〕釋智顗說，《觀無量壽佛經疏》卷1，《大正藏》冊37，頁187上。
〔註75〕〔隋〕釋智顗，釋灌頂記，《摩訶止觀》卷9，《大正藏》冊46，頁128下。
〔註76〕〔隋〕釋智顗說，《觀無量壽佛經疏》卷1，《大正藏》冊37，頁187上。

過荼無字可說也。故知小大次位，皆約十法界十二因緣也。(《摩訶
止觀》)〔註85〕

所謂究竟即佛，乃行者得破無始根本無明，於究竟即之位，亦即妙覺之位，
發究竟圓滿的覺智。不僅種覺頓圓，與初位理體不二，事理圓融，並可說：
理位即名字位，即觀行位，即相似位，即分證位，即究竟位；六即前後不二。
誠如「唯佛與佛乃能究盡諸法實相」，該行位之佛乃名符其實的佛，亦即智顗
圓教中的圓佛。智顗總說六即佛：

> 總以譬譬之。譬如貧人家有寶藏而無知者。知識示之，即得知也。
> 耘除草穢，而掘出之。漸漸得，近近已。藏開，盡取用之。合六喻
> 可解（云云）。(《摩訶止觀》)〔註86〕

> 今舉一可以例諸。一切大乘深經，或云眾生即是佛，即是大乘，即
> 是菩提，即是涅槃。如是等明，即是悉須用六即。義約一切，皆不
> 叨濫也。(《維摩經玄疏》)〔註87〕

從「貧人家有寶藏」喻可知：「知識示之」，譬理即佛；「耘除草穢」漸漸掘，
譬名字即至分證即佛；「藏開」，譬圓融理事的究竟即佛。揭示六即佛可從二
面釋之：一、強調眾生由凡至聖、去迷開悟，淺深次第的位於相應的即位，
並勸籲眾生縱使本然理體是佛，仍是要透過修行，使因果圓滿、理事圓融。
二、六即佛等同六佛圓融互「即」的究竟即佛。是以圓教的圓佛，可指究竟
即佛，並且可更圓融的說，等同六佛互「即」的六即佛。而以十界論之，智
顗六即佛之說，不僅證成「理」上佛界等同九界、「事」上九界得能等同佛界，
而其圓佛更是令十界互具，皆具六即，一即一切、一切即一，從中透顯：一、
但凡眾生肯修行，除了內具「理即」佛，並有證成「究竟即」佛的一日。二、
智顗非以斷裂的方式破九界、顯佛界，非以為存著無明妄心的眾生不可取，
實乃肯定九界、肯定眾生。若眾生即是佛，如何解決眾生與佛因果相違此問
題？智顗的六即佛說，以理事、行位淺深恰可解決之。

　　智顗從化法四教、三身、六即，來對世人與教界所認知的「佛」，作一分
類，從中透顯「佛」的真義：所謂佛，其實即是「住」亦「不住」於佛界的
境界佛。「不住」之故，在於佛本無作、不生不滅、非常非無常，僅是假名存

〔註85〕〔隋〕釋智顗，釋灌頂記，《摩訶止觀》卷9，《大正藏》冊46，頁129上。
〔註86〕〔隋〕釋智顗說，釋灌頂記，《摩訶止觀》卷1，《大正藏》冊46，頁10下。
〔註87〕〔隋〕釋智顗，《維摩經玄疏》卷1，《大正藏》冊38，頁520上～中。

在；「住」之故，在於佛法爾本然。由於此佛唯有圓教行者能慧眼見得、因圓果滿地證得，以致他教行者與凡夫恐依自己的修行層級、有別的心識、眼界的深淺，僅蠡測該境界佛一部分，卻以爲識得全貌。藏、通、別教之佛的界定，緣於此。而智顗雖肯定眾生悉是佛，但會析分名字即佛、觀行即佛、相似即佛等依行位而應的稱謂，便在強調眞正的佛必是理事圓融，缺「理」或缺「事」不可。此外，眞正的佛必具有即一即三的三身：從本跡而言，可說法、報二身從本垂迹，應身從迹顯本；從理事而言，可說報、應二佛爲事佛，法身佛爲理佛。

三、智顗實相義的「佛」

　　智顗於學說中，無論如何闡釋依四教而分的四種佛、就觀行而判的六即佛，從中最爲肯定的是：圓教的圓佛，亦即事理皆圓滿的究竟即佛。是以智顗行文中的「佛」，若未註明是言及他教，則往往指圓教之佛。智顗幾類詮說界義的途徑，不外爲凸顯該佛圓融實相的特質。

（一）圓　覺
智顗云：

1. 覺

> 佛者，即覺。覺是智慧。(《觀音玄義》) 〔註88〕

> 聖人有以彌綸萬法而不差，旁礴萬劫而不遺，燾載恒沙而不有復歸，無物而不無寓，名之曰佛，強號之曰覺。(《修習止觀坐禪法要》) 〔註89〕

> 佛名爲覺。覺世間、出世間、常、無常、數、非數等。朗然大悟，故名爲佛。(《金光明經文句》) 〔註90〕

> 教主者，佛也。佛，名爲覺：覺諸煩惱身心二病。因果圓滿，方能破縛。(《仁王護國般若經疏》) 〔註91〕

〔註88〕〔隋〕釋智顗說，釋灌頂記，《觀音玄義》卷1，《大正藏》冊34，頁878下～879上。

〔註89〕〔隋〕釋智顗述，《修習止觀坐禪法要》卷1，《大正藏》冊46，頁474上～中。

〔註90〕〔隋〕釋智顗說，釋灌頂錄，《金光明經文句》卷1，《大正藏》冊39，頁48上。

〔註91〕〔隋〕釋智顗說，釋灌頂記，《仁王護國般若經疏》卷1，《大正藏》冊33，

2. 二 覺

> 佛陀，秦言覺者。自覺、覺他，故名爲佛。(《法界次第初門》) 〔註92〕
>
> 舊稱佛陀，此言覺者。自覺、覺他，名之爲佛。《智論》云：佛陀，秦言知者。知何等法？謂知三世眾生數、非眾生數，及常、無常等一切諸法。菩提樹下，了了覺知，故名爲佛。(《維摩經略疏》)
>
> 〔註93〕

3. 三 覺

> 所言佛者，具德之義。自覺，異凡；覺他，異聖；覺滿，異菩薩。八音宣暢名說，此能說之人也。(《仁王護國般若經疏》) 〔註94〕
>
> 佛者，平等開覺，故名爲佛。既能自覺，復能覺他，覺行備滿。(《觀無量壽佛經疏》) 〔註95〕

宏觀佛教對「佛」的界定，無非「覺」，或「自覺、覺他（人）」。大乘並加「覺行圓滿」，而以「三覺」詮「佛」。佛能了了覺知諸法實相，能悲智雙運，能度化眾生，能果圓覺滿，具殊勝德行、德相與德能。雖立基於此，佛教諸派與行者身處於不同的歷史洪流、時代思潮中，並在不同的學養背景下，對「佛」的詮釋路徑與風格其實不盡相同。以智顗爲例，乍看以上幾則引文，恐以爲智顗與前人無別，然而據「智照圓明是覺義」，〔註96〕並對照上文闡述圓佛的經文「若觀諸法即空即假即中，是圓覺也」，並輔以下文「圓觀」引文，可知：一、智顗以傳統的「覺」、「二覺」、「三覺」義來勾勒佛的基本原型：具有覺性，並能覺察煩惱、覺悟眞理。二、智顗進一步以能「觀諸法即空即假即中」的「圓覺」來深化圓佛智照圓明、契理無礙的特質。雖然智顗著作「圓覺」一詞僅出現 4 回，大大少於出現 69 回的「圓觀」一詞，然而卻不表示無內蘊「即空即假即中」的「圓覺」意。

頁 257 上。

〔註92〕 〔隋〕釋智顗，《法界次第初門》卷 1，《大正藏》冊 46，頁 670 中。

〔註93〕 〔隋〕釋智顗說，〔唐〕釋湛然略，《維摩經略疏》卷 1，《大正藏》冊 38，頁 570 上。

〔註94〕 〔隋〕釋智顗說，釋灌頂記，《仁王護國般若經疏》卷 1，《大正藏》冊 33，頁 253 中。

〔註95〕 〔隋〕釋智顗，《觀無量壽佛經疏》卷 1，《大正藏》冊 37，頁 189 上。

〔註96〕 〔隋〕釋智顗說，〔唐〕釋湛然略，《維摩經略疏》卷 9，《大正藏》冊 38，頁 693 中～下。

（二）圓　觀

智顗云：

> 觀即是覺。覺，名爲佛。（《觀音玄義》）〔註97〕

> 乃至成佛，正覺、大覺、遍覺，皆是觀慧異名。當知觀慧最爲尊妙。（《摩訶止觀》）〔註98〕

> 若分別賢聖，孰是孰非，如實觀之，即是佛也。（《妙法蓮華經文句》）〔註99〕

> 發心修學圓觀之人，入初發心時，即能八相成道，名之爲佛。（《維摩經略疏》）〔註100〕

> 正入佛道者，即是圓觀。開佛知見，入初發心，即是佛也。（《維摩經文疏》）〔註101〕

> 觀心解者。一念覺了心，名爲佛。（《金光明經文句》）〔註102〕

佛之爲佛，在於能具有覺性，並能加以顯發，使正覺、大覺、遍覺，徹底盡源的覺察煩惱與覺悟實相。此種契會真如，其實等同觀穿無明之惑、達觀真理的「觀」法，是以「觀即是覺」無庸置疑。然而智顗爲何承繼前人的以「覺」詮「佛」，並在學說中大闡「觀慧」、「如實觀之」、「修學圓觀」、「觀心」即是「佛」？原因是，智顗將傳統「覺」的內涵更周圓的發展至「即空即假即中」的圓教「圓覺」義，而此「圓覺」其實可用「圓觀」一詞來更妥適的表述：一、讓作爲智顗學說工夫論的止觀法門有伸展的空間；二、藉由呈顯能觀之智與所觀之境的關係，以說明「觀心」的重要。智顗並云：

> 《淨名》云：觀身實相，觀佛亦然。觀身相既等於佛；觀心相亦等於佛。《華嚴》云：心、佛及眾生是三無差別。當知觀此心源與如來等。……若作如此圓觀，名爲真實正觀。……如此觀心，名觀佛心也。（《觀音玄義》）〔註103〕

〔註97〕　〔隋〕釋智顗說，釋灌頂記，《觀音玄義》卷2，《大正藏》冊34，頁890下。
〔註98〕　〔隋〕釋智顗說，釋灌頂記，《摩訶止觀》卷5，《大正藏》冊46，頁58中。
〔註99〕　〔隋〕釋智顗說，《妙法蓮華經文句》卷10，《大正藏》冊34，頁140下。
〔註100〕　〔隋〕釋智顗說，〔唐〕釋湛然略，《維摩經略疏》卷10，《大正藏》冊38，頁706中。
〔註101〕　〔隋〕釋智顗，《維摩經文疏》卷12，《卍續藏》冊18，頁555下。
〔註102〕　〔隋〕釋智顗說，釋灌頂錄，《金光明經文句》卷2，《大正藏》冊39，頁54下。
〔註103〕　〔隋〕釋智顗說，釋灌頂記，《觀音玄義》卷2，《大正藏》冊34，頁887中。

觀此身受心法，無緣慈悲，無緣無念。如磁石吸鐵，寂而常照。雖無念，不覺而覺，名爲佛。(《四念處》) 〔註104〕

入一實相不二之門。……一切眾生如彌勒如，無二無別也。(《維摩經略疏》) 〔註105〕

當能圓觀，則能觀得眞如實相。那麼所觀的客境無論是佛或眾生或其他，其實並不礙入一實相不二之門。眾生與佛其實皆是假名性空，當能了然此理，則無念而念，無覺而覺。如此，佛除了以「三覺」詮之，並能以「三觀」證成之。智顗云：

六道表諸有因緣生法；二乘表即空；菩薩表即假；佛表即空即假即中。故佛界最爲無上。(《妙法蓮華經玄義》) 〔註106〕

今念三諦不來不去，即是佛。無生法即是佛。(《摩訶止觀》) 〔註107〕

涅槃佛性，祇是法性常住，不可變易。般若明實相實際，不來不去即是佛無生法。無生法，即是佛。(《妙法蓮華經玄義》) 〔註108〕

佛是非有漏非無漏陰界入。(《摩訶止觀》) 〔註109〕

誠如上文四教佛與六即佛所揭露的，知見視野決定己心內外的世界，以及自身所處的境界層次。眾生若眞的成佛，必是能得觀「即空即假即中」深義；而佛之爲佛，必是處於佛界，饒具三諦圓融實相義。智顗以能如實觀一念心，定義「佛」，補充傳統以「覺」詮「佛」未及之處：若僅止三覺，恐忽略一體所具的空、假、中三面向的外延與內化，以及能所、主客之中「心」的價值與意義。智顗以圓觀切入：提供顯發覺性的途徑；解決爲何「心、佛及眾生是三無差別」；強調觀行的重要；並證成「佛」亦是假名施設，是不來不去的「無生法」、是「非有漏非無漏陰界入」。

〔註104〕 〔隋〕釋智顗說，釋灌頂記，《四念處》卷4，《大正藏》冊46，頁580上。

〔註105〕 〔隋〕釋智顗說，〔唐〕釋湛然略，《維摩經略疏》卷9，《大正藏》冊38，頁693中～下。

〔註106〕 〔隋〕釋智顗說，釋灌頂記，《妙法蓮華經玄義》卷2，《大正藏》冊33，頁695中。

〔註107〕 〔隋〕釋智顗說，釋灌頂記，《摩訶止觀》卷4，《大正藏》冊46，頁41中。

〔註108〕 〔隋〕釋智顗，釋灌頂記，《妙法蓮華經玄義》卷10，《大正藏》冊33，頁802上。

〔註109〕 〔隋〕釋智顗說，釋灌頂記，《摩訶止觀》卷5，《大正藏》冊46，頁52下。

（三）圓　智

智顗云：

> 觀智，覺悟此心，名之為佛。（《維摩經玄疏》）〔註110〕

> 佛智契理，故佛名為覺。（《妙法蓮華經玄義》）〔註111〕

> 佛是能覺智；道是所覺理者。（《維摩經略疏》）〔註112〕

> 若作內觀者，圓智導眾行。圓智，名為佛。（《妙法蓮華經文句》）
>
> 〔註113〕

> 圓智正觀之心，名為覺。覺即是佛義。（《觀音玄義》）〔註114〕

智顗「圓觀」的實踐法門其實與「圓覺」相通，皆具覺智靈照的實相義，因此可說與「契理」、「導眾行」的「圓智」同軌。無論是「覺」、「觀」、「智」，智顗詮「佛」時，皆不離同時作為主體與客境的「心」。智顗並云：

> 斷三界煩惱果報盡，名為佛。（《仁王護國般若經疏》）〔註115〕

> 無明煩惱習盡，名之為佛。（《四教義》）〔註116〕

> 十地破無明，即名為佛。（《摩訶止觀》）〔註117〕

> 無明之性即是於明。如燈生時即同滅時，只以一念無明心變為明。
>
> 微明即菩薩；大明即佛也。（《仁王護國般若經疏》）〔註118〕

> 用一念相應智慧，斷煩惱習盡，得一切種智，名之為佛。（《仁王護
>
> 國般若經疏》）〔註119〕

〔註110〕〔隋〕釋智顗，《維摩經玄疏》卷6，《大正藏》冊38，頁560中。

〔註111〕〔隋〕釋智顗說，釋灌頂記，《妙法蓮華經玄義》卷5，《大正藏》冊33，頁745下。

〔註112〕〔隋〕釋智顗說，〔唐〕釋湛然略，《維摩經略疏》《大正藏》冊38，頁683中。

〔註113〕〔隋〕釋智顗說，《妙法蓮華經文句》卷10，《大正藏》冊34，頁145下。

〔註114〕〔隋〕釋智顗說，釋灌頂記，《觀音玄義》卷2，《大正藏》冊34，頁890中。

〔註115〕〔隋〕釋智顗說，釋灌頂記，《仁王護國般若經疏》卷4，《大正藏》冊33，頁272上。

〔註116〕〔隋〕釋智顗，《四教義》卷9，《大正藏》冊46，頁753上。

〔註117〕〔隋〕釋智顗，〔隋〕釋灌頂記，《摩訶止觀》卷3，《大正藏》冊46，頁34下～35上。

〔註118〕〔隋〕釋智顗說，釋灌頂記，《仁工護國般若經疏》卷4，《大正藏》冊33，頁271中。

〔註119〕〔隋〕釋智顗，《四教義》卷8，《大正藏》冊46，頁747下。

佛乃正習永除，種智圓滿。(《維摩經略疏》) 〔註120〕

一切智異外道慈悲，異二乘平等，異小菩薩。尊極名爲佛。(《觀無量壽佛經疏》) 〔註121〕

能知如來祕密之藏，深覺圓理，名之爲佛。(《妙法蓮華經玄義》) 〔註122〕

「無明之性即是於明」頗爲弔詭，然而這卻是圓覺、圓觀、圓智的不可思議處。以「圓智」言之：佛能當下即空即假即中觀，圓滿證得一切智、道種智、一切種智，並斷一切煩惱習氣與業果。由於佛能深覺圓理，因此能慧觀無明與明等相待之性背後的眞如實相，了見「大明」。

（四）圓　果

智顗云：

明本果妙者。經言：我成佛已來，甚大久遠。我者，即眞性軌；佛者，覺義，即觀照軌；已來者，乘如實道來成正覺，即是起應資成軌也。如此三軌成來已久，即本果妙也。(《觀無量壽佛經疏》) 〔註123〕

佛是極地，故言無等。發求佛心，故言無等等，等於佛也。(《觀音義疏》) 〔註124〕

具足佛十力、四無所畏、十八不共法、三達無礙、三意止大悲、四無礙智、一切諸法，總想、別想悉知，故名爲佛。(《四教義》) 〔註125〕

若見色心二法本來空寂，不動不住，不生不滅。此護圓佛果也。(《仁王護國般若經疏》) 〔註126〕

初心菩薩入是法門。如經所説，亦名爲佛也。已得般若正惠，聞如

〔註120〕〔隋〕釋智顗説，〔唐〕釋湛然略，《維摩經略疏》卷8，《大正藏》冊38，頁673下。

〔註121〕〔隋〕釋智顗，《觀無量壽佛經疏》卷1，《大正藏》冊37，頁189上。

〔註122〕〔隋〕釋智顗説，釋灌頂記，《妙法蓮華經玄義》7，《大正藏》冊33，頁762下。

〔註123〕〔隋〕釋智顗，釋灌頂記，《妙法蓮華經玄義》卷7，《大正藏》冊33，頁766下。

〔註124〕〔隋〕釋智顗説，釋灌頂記，《觀音義疏》卷2，《大正藏》冊34，頁935下。

〔註125〕〔隋〕釋智顗，《四教義》卷7，《大正藏》冊46，頁746上。

〔註126〕〔隋〕釋智顗説，釋灌頂記，《仁王護國般若經疏》卷3，《大正藏》冊33，頁267上。

來藏，顯真法身，具首楞嚴，明見佛性，住大涅槃，入法華三昧不
思議一實境界也。(《六妙法門》)〔註127〕

若依「自覺、覺他（人）、覺行圓滿」定義「佛」，可解析為：佛，能明白自
身是因緣和合的存在；能完全清楚自己的起心動念；能在人事時地物中妥適
自我定位；能不被貪瞋痴等煩惱所惑；能不被妄知妄見所迷。佛，能明瞭眾
生與萬法皆是因緣和合的存在；能清楚了解眾生的根器、心性、習氣、煩惱，
並予以善巧點化、度之；能如實看清諸法實相，而不被現象妄法所惑。佛每
一當下的心念與行為必是合乎佛道，不作違心、違悟之行，沒有身心交戰的
拉拔現象，僅有身心合一的體道圓滿，誠如孔子所言，「從心所欲不踰矩」。
相較之下，智顗以「圓覺」、「圓觀」、「圓智」，以及圓滿行因所證得的「圓
果」來界定「佛」，乃是對圓佛作了全方位的詮釋：佛超越一切有形、無形
的價值規範，無縛、無羈、無傷、無我、無他，身心自在安樂，處於非世人
可思議的深妙境界。佛，並具殊勝大定、大智、大悲的德行。之為大定，乃
因佛心澄明無染，專一而不散亂；之為大智，乃因佛心澄明，能如實照見諸
法實相，不為顛倒妄見所惑；之為大悲，乃因佛不忍十方眾生受苦而欲救濟
之。佛，其身並具三十二相、八十種好，從中可見法、報、應三身即一的關
係。佛，倚自力、不倚他力，諸如具有十力、四無所畏、及十八不共法等殊
勝能力。佛，具一切功德，並具首楞嚴，明見佛性，住大涅槃。簡賅而言，
智顗以「實相」定義「佛」，亦即能「入法華三昧不思議一實境界」，即為「佛」。

若依智顗以覺、二覺、三覺界定「佛」，恐認為智顗與前人所詮的佛並無
兩樣。此乃緣於證得涅槃的佛，具有同一特質與義蘊。然而考察智顗對佛所
具的圓覺、圓觀、圓智等闡述，以及佛得「入法華三昧不思議一實境界」，可
知智顗圓教圓佛於德行、德相上，繼承並深化傳統「自覺、覺他（人）、覺行
圓滿」之說，並含融、推展天台法華，以及個人思想義蘊與理念：該佛能即
空即假即中圓觀圓覺一念無明心，智照圓明，契入圓融三諦理；能了知非有
非無、非明非闇、非有漏非無漏、雙遮雙照；能圓斷無明煩惱習盡，正習永
除，種智圓滿；能施圓滿善行，福德與智慧莊嚴；能具常樂我淨圓滿四德；
能證得難以言詮、不來不去、不常不住的不思議境。

〔註127〕〔隋〕釋智顗，《六妙法門》卷1，《大正藏》冊46，頁555中。

四、智顗以眾生為本位的「佛」

智顗云：

> 初品觀十法界眾生，即是佛；十法界五陰，即是法。眾生與佛無二無別。眾生陰、佛陰無毫芥之殊。三世佛事，眾生四儀，無不具足。諸波羅蜜是名為僧。《大論》云：眾生無上，佛是；法無上，涅槃是。（《四念處》）〔註128〕

> 《華嚴》云：心、佛及眾生是三無差別。此理圓足，無有缺減。云何眾生理具情迷，顛倒苦惱？既觀是已，即起慈悲，誓拔苦與樂。（《觀音玄義》）〔註129〕

> 心如工畫師，畫種種五陰。一切世間中，無法而不造。如心佛亦爾；如佛眾生然。心、佛及眾生，是三無差別。諸佛悉了知，一切從心轉。若能如是解，彼人見真佛。（《三觀義》）〔註130〕

三則引文，無非表示「眾生與佛無二無別」。然而「心起三毒」、「攬五陰」〔註131〕、「理具情迷」的假名眾生，豈能等同「無明煩惱習盡」、「深覺圓理」、「智照圓明，契於法性」的佛？若輔上述的六即佛，可明瞭眾生與佛無別之說可就理、事而言：一、理：眾生與佛無關俗聖、妄真、闇明，皆具緣起性空實相義，以及本自有之的法性之理，因而縱使眾生根鈍、少智、無絲毫修善，甚至惡聚、罪重、作五無間，仍是可說具解脫相，與佛無異。二、事：眾生雖於理上與佛無別，但日常行住坐臥、起心動念，是否皆能像佛具足智慧以斷惑、去無明？是否真能像佛具足圓滿福慧果德，得無上成就？恐怕這依個別眾生修德程度，而與佛有層級之別。因此眾生除了與生本具即是佛的「理」條件，仍有賴後天於「事」上修足成佛的工夫，才能真正成為內外皆屬實的佛。而智顗所提供的成佛方法，主要是在能通因果的「心」上下工夫：眾生當能圓「觀」一念心，契入中道實相，使無明心轉為明心，便能見佛、成佛。

〔註128〕〔隋〕釋智顗說，釋灌頂記，《四念處》卷4，《大正藏》冊46，頁575下。

〔註129〕〔隋〕釋智顗說，釋灌頂記，《觀音玄義》卷1，《大正藏》冊34，頁877中。

〔註130〕〔隋〕釋智顗，《三觀義》卷2，《卍續藏》冊55，頁683下。

〔註131〕〔隋〕釋智顗說，釋灌頂記，《摩訶止觀》卷3：「言眾生者。貪恚癡心皆計有我。我即眾生；我逐心起。心起三毒，即名眾生」；卷5：「攬五陰，通稱眾生」。（《大正藏》冊46，頁31下；52下）

這便呼應上文智顗反覆強調的：佛「一念覺了心」；「觀智，覺悟此心」；
「內觀者，圓智導眾行」；「無明之性即是於明」、「以一念無明心變爲明」、「大
明即佛」；「一念相應智慧，斷煩惱習盡，得一切種智」。然而，佛已成佛，何
來「根塵相對，一念心起」？〔註132〕何來一念無明心？誠然，佛具有觀外境、
觀諸法、觀眾生無明心的能力，然而何以智顗要以「內觀」、「觀心相」表之？
此乃因圓觀是圓佛所具的能力。佛不在眾生外，佛與眾生無二無別，佛界與
九界互具；眾生心內本來便存「『理』佛」之理，僅有賴觀行實踐，使「事」
「理」圓融。因此可說，智顗所定義的「佛」，乃以眾生爲本位，勸籲：眾生
若能內觀、圓觀自身一念無明心，證得即空即假即中之理，即爲佛。此外，
智顗並未否定眾生妄心、無明心之存在，因爲非道即是佛道。也因此，佛之
爲妙，不在於能觀清淨客境，而在於能透過圓觀觀法，達觀一切，將「一念
無明心變爲明」，致「塵勞之儔是如來種；不斷癡愛，起諸明、脫」，〔註133〕
這才是眞正佛「不可思議」處。智顗並云：

> 欲明觀行，必有其人。人必秉法。……人即假名所成之人也；法即
> 五陰能成之法。此之人法通於凡聖。若色受想行識是凡鄙法；攬此
> 法，能成生死之人。戒、定、慧、解脫、解脫知見是出世法；攬此，
> 成出世聖人。故《大論》云：眾生無上者，佛是；法無上者，涅槃
> 是。……當知涅槃是無上法也。攬此法成無上之眾生，號之爲佛。(《觀
> 音玄義》)〔註134〕

智顗對「佛」的相關闡述，並非爲了塑造佛遠如星辰，僅能仰望，不能觸及，
而是爲了拉近眾生與佛的距離：眾生悉具佛性。此說，猶如一成佛的通行證。
但凡修行得當，即能如願，是以眾生層級最高者即是理事圓融、妙不可思議
的佛。利根眾生透過圓教圓觀法門可當下成佛，而鈍根眾生徐徐圖之，修戒、
定、慧、解脫、解脫知見等五種功德法，亦可成就佛身、證無上道。是以智
顗著述累牘，所明微言，皆是爲「眾生」量身打造。其成佛論、佛性論直指：

〔註132〕〔隋〕釋智顗說，釋灌頂記，《摩訶止觀》卷1，《大正藏》冊46，頁8上。
〔註133〕〔隋〕釋智顗，釋灌頂記，《摩訶止觀》卷4：「若斷無明，一切善法則無生
　　　　處。塵勞之儔是如來種；不斷癡愛起諸明、脫。若恣無明，無上佛道何由得
　　　　成？經云：無明轉，即變爲明。行於非道，通達佛道。無明性、明性無二無
　　　　別，豈可斷無明性，更修明性耶？」(《大正藏》冊46，頁47下)
〔註134〕〔隋〕釋智顗說，釋灌頂記，《觀音玄義》卷1，《大正藏》冊34，頁877中
　　　　～879上。

佛是眾生修成。眾生與佛無別。

　　聲、緣二乘持歷史上存於一時空，卻互久作爲神聖與完美典範的一佛觀，肯定眾生能解脫，卻無有成佛的可能，充分拉開眾生與佛的距離。大乘肯定眾生具有佛性，佛與眾生無二無別，人人皆可成佛，佛不再遙不可企，〔註135〕但作爲空宗的中觀系，著重能觀之智透過因緣法，朗見實照的所觀之境，亦即重於就緣起性「空」，來闡論佛與眾生無別，而智顗之前的眞常系則重於就眾生與佛皆具清淨無垢、本質屬善的佛性，表明眾生透過修行，可成爲福慧果德圓滿的佛。如此，恐未解決幾則問題：佛的應身爲令眾生入佛道，亦有「盜」、「染愛」、「妄語」、「飲酒」〔註136〕等作惡的行爲。若佛僅具善質的佛性，無存在惡性，何有施惡的能力？又，在「事」上，眾生之爲眾生，而不是佛，在於攬三毒，具有惡性顯發的作惡可能，則一旦斷惑解脫而成佛，則其本有的惡性是否仍存在？然而既是本有，想當然惡性存在，但是否與佛性共存，或其他？由於縱是海市蜃樓，亦可從物理上尋得解釋；縱是草蛇灰線，亦是有迹可尋，因此行爲的背後探其本源，必存有與之對應、作爲發用的性質或性能，如何眞能無中生有？如此，佛能作惡的理由爲何？「惡」又是如何來？筆者認爲，智顗圓教圓佛觀可回應此問題，並凸顯與前人有別之處：智顗所詮的「佛」往往代言圓教圓佛，並以眾生爲本位。智顗認爲，眾生「理」上與佛無別，但往往因爲心起三毒、無明妄念橫生，導致「事」上與佛有別。若眾生能著實修行、圓觀一念無明心，使轉大明，通達實相，則眾生與佛於「理」、於「事」皆能名實相應相符。因爲圓觀的法門，能不斷客塵煩惱而轉無明爲明，眾生與佛、眾生九界與佛界其實可無二無別，並相融互具。也因智顗重視觀心功夫，心轉明即菩提、即涅槃，可進而論證智顗所詮釋的「佛」是從境界而論。但凡眾生心能即空即假即中圓觀三千諸法，通達善惡而不滯著，住而不住、不住而住，當下即是佛。是以可說，眾生可即心成佛。並可進一步言：由於即心成佛的關鍵是，一念心之轉無明爲明、轉惡爲善，契應一乘眞如實理，再加眾生成佛後、未滅

〔註135〕〔隋〕釋智顗，《妙法蓮華經玄義》卷 10：「大、小通有十二部，但有佛性、無佛性之異耳」；〔唐〕釋法藏述，《華嚴一乘教義分齊章》卷 2：「小乘中，但佛一人有佛性，餘一切人皆不說有」、「於此教中，除佛一人，餘一切眾生皆不說有大菩提性」。（《大正藏》冊 33，頁 803 下；《大正藏》冊 45，頁 486 下～487 上、頁 485 下）

〔註136〕〔隋〕釋智顗說，釋灌頂錄，《金光明經文句》卷1，《大正藏》冊39，頁 51 中～52 下。

度前，肉身乃爲心和理佛的載體，亦即肉身乃爲道體，因此亦可言，眾生但凡能圓觀，發顯佛性，當下即生身、肉身成佛。此外，也因爲是智顗所詮的圓佛是境界佛，更凸顯：成佛的關鍵，在於須在「心」上下功夫；守護一念心即空即假即中的重要。眾生縱使五陰熾盛，妄念不絕，也不可自輕自棄，因爲誠如智顗所言的，「六塵得爲經」。〔註137〕但凡眾生願意信解行證，圓觀、圓智、圓行，當下即可事理雙具而爲眞佛。智顗所詮的「佛」義，不在顯示高高在上，遙不可及，而是微言：眾生與佛無二無別，以及「心」的重要性。

第二節　從異名同義詞蠡測智顗「佛性」義蘊

智顗云：

> 一切眾生皆有佛性。凡有心者，皆得菩提，如泉流必趣大海也。
>
> 〔註138〕
>
> 若眾生皆有佛性，迷惑不受教，過屬眾生。一切有心皆當作佛。
>
> 〔註139〕

佛教對眾生是否持有佛性，簡賅言之，可以智顗所言爲表：「大、小通有十二部，但有佛性、無佛性之異耳」。〔註140〕暫不論小乘「『無』佛性」是指「以空爲其本」，或「無有性得佛性」，抑或其他，〔註141〕大乘持「眾生皆有佛性」乃歷來不易的定說。〔註142〕其中，智顗佛性論在大乘立有承先啓後的重要地

〔註137〕〔隋〕釋智顗述、釋灌頂記，《妙法蓮華經玄義》卷 8，《大正藏》冊 33，頁 777 上。

〔註138〕〔隋〕釋智顗，《維摩經文疏》卷 9，《卍續藏》冊 18，頁 522 上～中。

〔註139〕〔隋〕釋智顗，《妙法蓮華經玄義》卷 6，《大正藏》冊 33，頁 757 上。

〔註140〕〔隋〕釋智顗，《妙法蓮華經玄義》卷 10，《大正藏》冊 33，頁 803 下。

〔註141〕天親，〔陳〕釋眞諦譯，《佛性論》卷 1：「若依分別部，說一切凡聖眾生，並以空爲其本，所以凡聖眾生皆從空出，故空是佛性。佛性者，即大涅槃。若依毘曇、薩婆多等諸部說者，則一切眾生無有性得佛性，但有修得佛性。分別眾生凡有三種：一、定無佛性。永不得涅槃，是一闡提犯重禁者。二、不定有無。若修時，即得：不修，不得。是賢善共位以上人故。三、定有佛性。即三乘人：一、聲聞從苦忍以上，即得佛性；二，獨覺從世法以上，即得佛性；三者，菩薩十迴向以上是不退位時，得於佛性。……」（《大正藏》冊 31，頁 787 下）

〔註142〕如：〔北涼〕曇無讖譯，《大般涅槃經》卷 7：「有比丘說佛祕藏甚深經典。一切眾生皆有佛性。以是性，故斷無量億諸煩惱結，即得成於阿耨多羅三藐三菩提」；《大方等無想經》卷 1：「有大方等甘露經王，開大寶藏賑給貧窮，啓發諸佛功德之藏。一切眾生皆有佛性，其性無盡」；親光，〔唐〕釋玄奘譯，《佛

涵。智顗釋名「佛性」，即是如此。若取「A，即 B、C、D……」義訓式子爲例，A 爲訓釋詞；B、C、D 等爲訓釋 A 的異名，並內含「佛性」一詞，則可見智顗「佛性」異名同義之通釋：

（一）中道第一義諦

從上文可知，別、圓二教皆言三諦，其別在於次第與否；別教持「不空者，即佛性」；圓教持「一切諸法即是佛性」。由於智顗以圓教爲基說，那麼意謂「佛性」的「一切諸法」指什麼？先取中道第一義諦言之：

> 三諦名義具出《瓔珞》、《仁王》二經。一者，有諦；二者，無諦；三者，中道第一義諦。所言有諦者。二十五有世間眾生，妄情所見，名之爲有。如彼情見審實不虛，名之爲諦。故言有諦，亦名俗諦，亦名世諦。……二、無諦者。三乘出世之人所見眞空，無名無相，故名爲無。審實不虛，目之爲諦。故言無諦，亦名眞諦，亦名第一義諦。三、中道第一義諦者。遮二邊，故說名中道。言遮二邊者。遮凡夫愛見有邊；遮二乘所見無名無相空邊。遮俗諦、眞諦之二邊；遮世諦、第一義諦之二邊。遮如此等之二邊，名爲不二。不二之理，目之爲中。此理虛通無擁，名之爲道。最上無過，故稱第一義。深有所以，目之爲義。諸佛菩薩之所證見。審實不虛，謂之爲諦。故言中道第一義諦，亦名一實諦也。亦名虛空佛性、法界、如如、如來藏也。（《四教義》）〔註148〕

名稱與意義互爲表裡，相爲成就。智顗假、空、中三諦名義之說，原出自《瓔珞》、《仁王》二經：一、有諦、俗諦、世諦，指生死往來之世間眾生顛倒妄執有邊之理；二、無諦、眞諦、第一義諦，指三藏二乘與通教三乘執無名無相，但空爲極之理；三、中道第一義諦、一實諦，指別、圓二教遮有、無二邊，而入不二的中道之理。可知，智顗此段引文純粹以執「有」的世間人、執「空」的三乘行者，以及無遮二邊的諸佛菩薩所見的「審實不虛」之諦切入，揭示三種不同等級之人所認同的諦理。從中可見，若以圓教行者圓觀此本是有邊、空邊、遮二邊的三諦，則將注入因緣法，而有新義，尤其是在有諦、無諦的概念詮釋上：假諦是因緣假名假相假法、空諦是緣起性空之理、中諦是即空即假即中、不二一如；三諦實圓融一體。可知，不同等級者對「審

〔註148〕〔隋〕釋智顗，《四教義》卷 2，《大正藏》冊 46，頁 727 下。

實不虛」的諦理界定不同，其中圓教行者最爲究竟客觀如實的闡微眞埋實相。
又，據引文，諸佛菩薩之所證見的中道第一義諦，「亦名一實諦也。亦名虛空
佛性、法界、如如、如來藏」，可知此處智顗將佛性置於中諦而言。

（二）實　相

智顗云：

> 實相之體祇是一法。佛說種種名；亦名妙有、眞善妙色、實際、畢
> 竟空、如如、涅槃、虛空佛性、如來藏、中實理心、非有非無、中
> 道、第一義諦、微妙寂滅等。無量異名悉是實相之別號；實相亦是
> 諸名之異號耳。……覺了不改，故名虛空佛性；多所含受，故名如
> 來藏；寂照靈知，故名中實理心。不依於有，亦不附無，故名中道。
> 最上無過，故名第一義諦。如是等種種異名，俱名實相。種種所以，
> 俱是實相功能。其體既圓，名義無隔，蓋是經之正體也。（《妙法蓮
> 華經玄義》）〔註149〕

> 諸法既是實相之異名，而實相當體。又實相亦是諸法之異名，而諸
> 法當體。妙有不可破壞，故名實相。諸佛能見，故名眞善妙色。不
> 雜餘物，名畢竟空。無二無別，故名如如。覺了不變，故名佛性。
> 含備諸法，故名如來藏。寂滅靈知，故名中實理心。遮離諸邊，故
> 名中道。無上無過，名第一義諦。隨以一法當體，隨用立稱。（《妙
> 法蓮華經玄義》）〔註150〕

> 理極眞實，以實爲相，故名實相。靈知寂照，名佛知見。……無所
> 積聚而含眾法，名祕藏。祕要通達無礙，名平等大慧。遮於二邊，
> 名非如非異。……諸經異名。或眞善妙色，或畢竟空，或如來藏，
> 或中道等。種種異名，不可具載，皆是實相別稱。悉是正印，各稱
> 第一。（《妙法蓮華經玄義》）〔註151〕

> 一相無相，無相一相，即是實相。實相即一實諦，亦名虛空佛性，

〔註149〕〔隋〕釋智顗說，釋灌頂記，《妙法蓮華經玄義》卷8，《大正藏》冊33，頁
　　　　782中～783中。
〔註150〕〔隋〕釋智顗說，釋灌頂記，《妙法蓮華經玄義》卷8，《大正藏》冊33，頁
　　　　783中。
〔註151〕〔隋〕釋智顗說，釋灌頂記，《妙法蓮華經玄義》卷9，《大正藏》冊33，頁
　　　　793上。

亦名大般涅槃。(《四念處》) 〔註152〕

以上引文,顯然實相爲訓釋詞,是諸勝義詞共同意義的代表,而妙有、眞善妙色、實際、畢竟空、如如、佛性、虛空佛性、如來藏、中實理心、非有非無、中道、第一義諦、微妙寂滅、如如、一實諦、涅槃、大般涅槃……等爲異名同義詞。爲何「無量異名悉是實相之別號;實相亦是諸名之異號」?原因是,諸詞皆用來指稱難以言詮的諸法實相之理,爲了「隨彼根機,種種差別,赴欲赴宜,赴治赴悟」,〔註153〕以致「一法當體,隨用立稱」。古今釋義「實相」,不離眞實、離諸虛妄之相,而智顗「理極眞實,以實爲相,故名實相」雖與之呼應,然而:一、據「妙有不可破壞,故名實相;諸佛能見,故名眞善妙色」、「無相一相」,可知智顗「實相」具假諦非有之有的妙有義。二、據「不雜餘物,名畢竟空」、「一相無相」,可知並具空諦非空之空的眞空義。三、據「無二無別,故名如如」、「不依於有,亦不附無,故名中道。最上無過,故名第一義諦」、「遮離諸邊,故名中道」、「遮於二邊,名非如非異」,可知並具空假二諦相即之中的中諦義。而此亦空亦有、非有非無、不即不離二邊的實相中諦,並基於「寂照靈知,故名中實理心」、「靈知寂照,名佛知見」,與止觀法門、一念相應之慧顯然有關。是以,智顗「實相」含具空假中圓融三諦。也因此,據智顗「其體既圓」的實相義,再參「覺了不改,故名虛空佛性」、「覺了不變,故名佛性」,可知智顗所界定的「佛性」,無論是否與「虛空」二字結爲複合詞,皆含具非常非無常、三諦圓融實相義;此爲圓教所持,實有異別教「不空者,即佛性」。

(三)禪波羅蜜

智顗以別說中諦,以及總說空假中三諦,來明佛性義涵。此外,並以度得彼岸的行法言之,如:

> 禪波羅蜜者。文,則略收諸佛教法之始終;理,則遠通如來之祕藏。
> 一切圓妙法界,若教若行,若事若理,始從凡夫,終至極聖,所有
> 因果行位悉在其中。若行人深達禪門意趣,則自然解了一切佛
> 法。……《涅槃》中說:言佛性者,有五種名。亦名首楞嚴,亦名
> 般若,亦名中道,亦名金剛三昧大涅槃,亦云禪波羅蜜,即是佛性。
> 故知諸餘經中所說:種種勝妙法門,名字無量,皆是禪波羅蜜之異

〔註152〕〔隋〕釋智顗說,釋灌頂記,《四念處》卷4,《大正藏》冊46,頁578上。
〔註153〕〔隋〕釋智顗說,釋灌頂記,《妙法蓮華經玄義》卷8,《大正藏》冊33,頁783下。

名。(《釋禪波羅蜜次第法門》)〔註154〕

所謂「禪波羅蜜」，乃心清淨，定止一境，守一不散，萬慮俱寂，是能證佛果的六度行法之一。乍看引文出處《釋禪波羅蜜次第法門》(《漸次止觀》；《次第禪門》〔註155〕)中的「次第」、「漸次」二詞，易以爲該經所載的「禪波羅蜜」，歸於空假中三觀三智三諦隔歷分別而成次第偏圓的別教，甚或他教。此處可呼應學界關於《釋禪波羅蜜次第法門》屬圓教或他教的議題：《摩訶止觀》卷1：「天台傳南岳三種止觀：一、漸次；二、不定；三、圓頓。皆是大乘，俱緣實相，同名止觀。」其中的漸次止觀，乃爲《釋禪波羅蜜次第法門》闡述的重心。古師多據智顗「俱緣實相」之說，將該經暨其漸次止觀判攝爲圓教禪法，如：一、〔唐〕湛然（711～782）：「此三止觀對根不同。事雖差殊，同緣頓理。離圓教外，無別根性。當知此三，並依圓理」；〔註156〕二、宋・智圓（976～1022）：「況三種止觀俱是《法華》妙行」；〔註157〕三、明・智旭（1599～1655）：「漸觀亦唯約圓人。解雖已圓，行須次第，如釋禪波羅蜜法門所明是也」。〔註158〕當代學者對此有異、同之見：一、非圓教之說：佐藤哲英判《漸次止觀》屬別教，並爲智顗前期思想；〔註159〕關口眞大判該經屬智顗前期思想；〔註160〕張風雷持「若就『觀門』而論，則『漸次止觀』對應著漸教，就化法而言，不過是通教、別教至多是圓入別教的觀法」。〔註161〕二、攝屬圓教：安藤俊雄表三種止觀成型於智顗前期，並奠基於圓理；陳英善表智顗思想「前後期是一致的……天台智者

〔註154〕〔隋〕釋智顗說，釋法愼記，《釋禪波羅蜜次第法門》卷1，《大正藏》冊46，頁475下～478下。

〔註155〕〔隋〕釋智顗述，《修習止觀坐禪法要》卷1：「天台止觀有四本：一曰：圓頓止觀。……二曰：漸次止觀。在瓦官寺說，弟子法愼記。本三十卷。章安治定爲十卷。今禪波羅蜜是……。」(《大正藏》冊46，頁462上)；〔隋〕釋智顗說，釋灌頂記，《摩訶止觀》卷1：「《次第禪門》合三十卷，今之十軸，是大莊嚴寺法愼私記。」(《大正藏》冊46，頁3上)

〔註156〕〔唐〕釋湛然，《止觀輔行傳弘決》卷1，《大正藏》冊150中。

〔註157〕〔宋〕釋智圓述，《維摩經略疏垂裕記》卷8，《大正藏》冊38，頁818下。

〔註158〕見〔明〕釋智旭《教觀綱宗》卷1，《大正藏》冊46，頁938中。

〔註159〕參佐藤哲英，《天台大師の研究》(京都：百華苑出版社)，1961年，頁41～265；佐藤哲英，釋依觀譯，《天台大師之研究：特以著作的考證研究爲中心》(臺北：中華佛教文獻編撰社)，2005年。

〔註160〕關口眞大，《天台小止觀の研究》(東京：山喜房佛書林)，1961年；《天台止觀の研究》(東京：岩波書店)，1969年，頁44～50。

〔註161〕張風雷，《智顗佛教哲學述評》(高雄：佛光山文教基金會)，2001年1月。

的圓頓思想，在大蘇山親近慧思時已具備」；〔註162〕楊惠南認爲漸次止觀屬圓教禪法，並且屬「漸圓」。〔註163〕三、四教說：林志欽原持屬別教說，〔註164〕後更文持該經屬化法四教者，亦即「漸次止觀包含圓教觀」。〔註165〕此議題主要涉及：若《釋禪波羅蜜次第法門》屬圓教，則標幟圓頓的該教如何定位「漸次」的行法？若屬別教或他教，則是否意謂該經是非圓的有漏法？筆者則認爲該經乃智顗圓教教法；含漸淺後深的次第禪法，以及就次第禪法果位上而言的「禪波羅蜜」。兩者爲漸圓、圓頓的互資關係，並因權實之故，而可言「非漸非頓」。此外，該經所言的次第禪法，並含攝非圓教的禪法。該經判爲圓教之由，可簡據引文「若教若行，若事若理，始從凡夫，終至極聖，所有因果行位悉在其中」：反映該經於教、行、事、理上皆圓攝諸教。雖始從凡夫，漸淺由深，但究竟卻是極聖的果位，而非他教果頭無人的狀態。而關於圓教次第漸圓、漸頓的權說議題，筆者擬另專文討論，此處主闡釋「禪波羅蜜」何以屬圓頓之法，以及爲何能與「佛性」相即：一、依智顗行文慣例，凡言及「不縱不橫而得自在」、「觀諸法即空即假即中。是圓覺」〔註166〕、「悉皆稱妙」、「最實位」〔註167〕等類相關「圓」、「妙」、「實」的字語，必屬圓教教說。再據引文中用來稱述「禪波羅蜜」之語，諸如：「圓妙法界」、「解了一切佛法」、「勝妙法門」，和攬攝勝義的「五種名」，可知智顗將「禪波羅蜜」定位爲「見實相」、「絕待妙」〔註168〕、「一切皆攝」〔註169〕的圓教行法。二、據經名「釋禪波羅蜜次第法門」中的「次第」

〔註162〕陳英善，〈《摩訶止觀》、《釋觀》、《小止觀》之比較〉，《諦觀》80 期，1995年 1 月。

〔註163〕楊惠南〈漸次止觀應攝屬於圓教或別教？〉（華梵大學：第 5 屆天台宗學會研討會），2003 年 10 月 4，抽印本。

〔註164〕林志欽，《智者大師教觀思想之研究》，文化大學哲學研究所博士論文，1998年；〈天台智顗教觀思想體系〉，《中華佛學研究》第 5 期，2001 年 3 月，頁205～232。

〔註165〕林志欽〈天台宗教觀思想體系及其對應關係——兼論化法四教之關係〉，《臺大佛學研究》17 期，2009 年 6 月，頁 49～118。

〔註166〕〔隋〕釋智顗說，釋灌頂記，《仁王護國般若經疏》卷 1，《大正藏》冊 33，頁 254 上；257 中。

〔註167〕〔隋〕釋智顗說，釋灌頂記，《妙法蓮華經玄義》卷 3，《大正藏》冊 33，頁709 下；卷 5，732 中。

〔註168〕〔隋〕釋智顗說，釋灌頂記，《妙法蓮華經玄義》卷 4：「四禪中見實相，名禪波羅蜜，何況餘定耶？此即絕待妙義。」（《大正藏》冊 33，頁 720 下）

〔註169〕〔隋〕釋智顗說，釋法慎記，《釋禪波羅蜜次第法門》卷 1，《大正藏》冊 46，頁 478 中。

二字，以及經文重在條理分明闡釋修禪層次與行位的漸次止觀，可知智顗主言「令不次第者次第，故名次第。亦是無漏練於有漏」。〔註170〕是以，頓疾極足佛果的「禪波羅蜜」含攝凡聖因果行位，映襯智顗漸次止觀之說，諸如「從淺至深，次第階級」〔註171〕、「漸則初淺後深，如彼梯隥」、「初淺後深，漸次止觀相」〔註172〕、「從初發心乃至佛果，修習禪定，從淺至深，次第階級」〔註173〕、「從初發心修禪。次第行，次第學，次第道」〔註174〕、「為成禪波羅蜜」〔註175〕等，立基於圓教事修，並含攝他教，誠是圓教「開方便門，示真實相」，〔註176〕引度鈍根人的權說。亦即，「禪波羅蜜」表圓教圓頓之實，可稱為「佛地」、「大涅槃深禪定窟」，而成就「禪波羅蜜」的次第禪法雖屬漸修，卻是圓教逗機施權的方便法。三、智顗所援引的《涅槃經》，原文為：「首楞嚴三昧者，有五種名：一者，首楞嚴三昧；二者，般若波羅蜜；三者，金剛三昧；四者，師子吼三昧；五者，佛性。隨其所作，處處得名」，〔註177〕顯見智顗為表「禪波羅蜜之異名」，將原文「首楞嚴三昧者，有五種名」更易為「佛性者，有五種名」；不僅從行法角度表明，欲至佛果，不離佛性，並且凸顯佛性與首楞嚴、般若、中道，金剛三昧大涅槃、禪波羅蜜等勝妙法門異名同義，皆能助眾生度生死海，至涅槃岸，究竟成佛。又，關於該經屬圓教，並含攝他教，亦可從智顗二段引文管窺之：

> 漸次觀：從初發心，為圓極故，修阿那波那十二門禪，即是根本之行。故云：凡夫如雜血乳。次修六妙門、十六特勝、觀、練、熏、修等，乃至道品、四諦觀等，即是聲聞法，如清淨乳行也。次修十二緣觀即是緣覺，如酪行也。次修四弘誓願、六波羅蜜，通、藏菩薩所行事、理之法，皆如生蘇行也。次修別教菩薩所行之行，皆如熟蘇，故云菩薩如熟蘇也。次修自性禪入一切禪，乃至清淨淨禪。

〔註170〕〔隋〕釋智顗說，釋灌頂記，《妙法蓮華經玄義》卷4，《大正藏》冊33，頁719下。

〔註171〕〔隋〕釋智顗說，釋法慎記，《釋禪波羅蜜次第法門》卷1，《大正藏》冊46，頁480上。

〔註172〕〔隋〕釋智顗說，釋灌頂記，《摩訶止觀》卷1，《大正藏》冊46，頁1下。

〔註173〕〔隋〕釋智顗說，釋法慎記，《釋禪波羅蜜次第法門》卷1，《大正藏》冊46，頁480上。

〔註174〕〔隋〕釋智顗說，釋法慎記，《釋禪波羅蜜次第法門》卷1，《大正藏》冊46，頁480下。

〔註175〕〔隋〕釋智顗說，釋灌頂記，《摩訶止觀》卷9，《大正藏》冊46，頁118上。

〔註176〕〔隋〕釋智顗說，《妙法蓮華經文句》卷9，《大正藏》冊34，頁111中。

〔註177〕〔北涼〕曇無讖譯，《大般涅槃經》卷27，《大正藏》冊12，頁524上。

此諸法門，能見佛性，住大涅槃。真應具足，故名醍醐行也。若的就菩薩位辨五味義……。亦如《次第禪門》說也，是名漸次觀也。(《妙法蓮華經玄義》) 〔註178〕

法有四種：一、有漏法；二、無漏法；三、亦有漏亦無漏法；四、非有漏非無漏法。一、有漏法者。謂十善、根本四禪、眾生緣四無量心、四空定是。所以者何？此十二門禪，體非觀慧之法，不能照了、斷諸煩惱故。二無漏法者。九想、八念、十想、背捨、勝處、一切處、次第定、師子奮迅、超越三昧、四諦、十六行、十二因緣法、緣四無量心、三十七品、三三昧，乃至願智頂禪、十一智。三無漏根等諸無漏定是。所以者何？此諸禪中悉有對治，觀慧具足能斷三漏故。三、亦有漏亦無漏法者。六妙門、十六特勝、通明等是。所以者何？此三種禪中，雖有觀慧對治力用劣弱，故名亦有漏亦無漏。四、非有漏非無漏法者。法華三昧、般舟、念佛、首楞嚴等百八三昧、自性禪等九種禪，乃至無緣大慈大悲、十波羅蜜、四無礙智、十八空、十力、四無所畏、十八不共法、一切種智等是。所以者何？修是等法不墮二邊，故名非有漏非無漏法。(《釋禪波羅蜜次第法門》) 〔註179〕

上二段引文，可表格爲：

漸次止觀	1.→		2.→	3.→	4.→	5.
五味行	乳行		酪行	生蘇行	熟蘇行	醍醐行
	雜血乳	清淨乳				
行者	凡夫	聲聞	緣覺	藏、通教	別教	圓教
行法	阿那波那十二門禪	六妙門、十六特勝、觀練、熏、修、道品、四諦觀	十二緣觀	四弘誓願、六波羅蜜	別教菩薩所行之行	自性禪入一切禪、清淨淨禪
有無漏法	有漏法	亦有漏亦無漏法	無漏法			非有漏非無漏法

〔註178〕〔隋〕釋智顗，《妙法蓮華經玄義》卷10，《大正藏》冊33，頁806中～下。
〔註179〕〔隋〕釋智顗說，釋法慎記，《釋禪波羅蜜次第法門》卷1，《大正藏》冊46，頁481中。

行法	十二門禪	六妙門、十六特勝、通明	九想、八念、十想、背捨、勝處、一切處、次第定、師子奮迅、超越三昧、四諦、十六行、十二因緣法、緣四無量心、三十七品、三三昧，乃至願智頂禪、十一智	法華三昧、般舟念佛、首楞嚴等百八三昧、自性禪等九種禪，乃至無緣大慈大悲、十波羅蜜、四無礙智、十八空、十力、四無所畏、十八不共法、一切種智

　　圓教之爲圓教，在於該教行者每一當下都能契會中道實相之理，當下即是不偏於一端的圓。若說唯有圓頓止觀屬圓教，漸次、不定止觀屬他教，則抹殺鈍根、不定根性者成佛的可能性。再者，佛是由眾生修成的。縱是漸次止觀含括由凡至聖、從淺至深的工夫論，縱是鈍根者無法於起步或過程中即成爲事理圓融的佛，卻不能否定該類行者「從初發心」即「爲圓極」，具有通達佛道的潛質。三者，若僅截修行的一段過程，而判定漸次止觀非屬圓教，而未從究竟果位論之，則有失偏頗。漸次止觀實乃義兼四教，事修理頓。而「禪波羅蜜」即爲漸次止觀的究竟位，亦即實位、非有漏非無漏法、實相，可與所有作爲佛教勝義之詞相即，並含攝非圓的他教。

（四）圓教名字

智顗云：

> 圓教詮因緣即中道、不思議佛性、涅槃之理。……教圓、理圓、智圓、斷圓、行圓、位圓、因圓、果圓。……若聞此信解無礙者，即信一切眾生即是不思議解脫也。即是大乘，即是般若，即是首楞嚴，即佛性，即是法身，即是實相，即是中道第一義諦，即是如來藏，即是法界，即是畢竟空，即是一切佛法。因此慈悲誓願，菩提心發，是爲圓教名字，即之信解也。……知一實諦，即是見虛空佛性，住大涅槃也。（《四教義》）〔註180〕

> 《大涅槃》明妙色解脫、佛性、一乘。妙色解脫即不思議解脫之異名。佛性、如來種亦異名耳。設教赴緣，言方雖異。一乘之理，豈有別乎？（《三觀義》）〔註181〕

一切諸法之所以生滅，不外「招果爲因」、「緣名緣由」〔註182〕所致。圓教詮

〔註180〕〔隋〕釋智顗，《四教義》卷11，《大正藏》冊46，頁760上～762上。

〔註181〕〔隋〕釋智顗，《三觀義》卷2，《卍續藏》冊55，頁677上。

〔註182〕〔隋〕釋智顗，釋灌頂記，《摩訶止觀》卷5，《大正藏》冊46，頁53中。

十二因緣即中道、不思議佛性、涅槃之理，恰是以客觀如實角度來探源十二因緣的實相義。由於能離妄不虛的即空即假即中觀，因此圓教具教、理、智、斷、行、位、因、果等八種圓融。眾生若能明見是理，心無疑慮，通達無礙，則能證得不思議解脫，了見虛空佛性、證得涅槃。其究竟果位，並能以異名同義的圓教名字表之，諸如：佛性、大乘、一乘、般若、首楞嚴、法身、實相、一實諦、中道第一義諦、如來藏、如來種、法界、畢竟空、妙色解脫、一切佛法等。智顗將「虛空」與「佛性」作為複合詞，尤凸顯「佛性」虛無形質、空無障礙的實相義。而智顗會擬不少圓教一乘的共義名字，乃因「設教赴緣」之故；縱是「言方雖異。一乘之理，豈有別乎？」智顗並有不少等類之語，如：

> 諸佛隨緣利物，出沒不定無極。或時對事，或時對理，豈有定準？……
> 若諸大聖善巧，隨緣利物，則言無定準解釋（云云）。故諸經論中出沒立名，其意難見，不可謬執。（《釋禪波羅蜜次第法門》）〔註183〕

> 權實隨宜，出沒不定。法身常寂，猶如虛空。尚不存實，何論有權？但隨緣利物，互為扣擊，權實豈定？（《維摩經略疏》）〔註184〕

> 諸菩薩各說入不二法門。一往雖同，細撿不無四門之別。……若隨機利物，四門赴緣，皆入不思議解脫，豈可偏用？（《四教義》）〔註185〕

> 赴機利物，為立異名也。而法體是一，未曾有異。（《維摩經玄疏》）〔註186〕

> 如來於法得最自在。若智若機若時若處，三密四門無妨無礙。（《妙法蓮華經玄義》）〔註187〕

若加以考察智顗學說，可知舉凡大乘、般若、虛空佛性、首楞嚴、法身、實際、實相、中道、第一義諦、如來藏、如來種、法界、畢竟空、妙有、真善妙色、如如、涅槃、大般涅槃、金剛三昧大涅槃、觀心、心、大乘心、中實理心、非

〔註183〕〔隋〕釋智顗說，釋法慎記，《釋禪波羅蜜次第法門》卷1，《大正藏》冊46，頁478中-下。

〔註184〕〔隋〕釋智顗說，〔唐〕釋湛然略，《維摩經略疏》卷5，《大正藏》冊38，頁635下。

〔註185〕〔隋〕釋智顗，《四教義》卷11，《大正藏》冊46，頁760上。

〔註186〕〔隋〕釋智顗，《維摩經玄疏》卷6，《大正藏》冊38，頁558下。

〔註187〕〔隋〕釋智顗說，釋灌頂記，《妙法蓮華經玄義》卷1，《大正藏》冊33，頁683下。

有非無、微妙寂滅、一實諦、不思議解脫、禪波羅蜜、妙色解脫、不思議解脫、一乘、上定、非道、三毒性、理性、我性、實性、不二之性、眞性、法性、眞諦、三道、十二因緣、因、非因非果、修八正道、亦一非一；非一非非一、四德、境智相稱、三因佛性等詞，皆可與「佛性」異名同義。然而諸詞基於本身的字義、所身處的語境，以及側重面，其實各自有別，因此是否眞能共相聯結而不歧出？若加以釐析，與「佛性」異名同義的諸詞，多用來表稱最高境界的佛的究竟圓滿狀態的各種樣貌，或用來表述實相的特徵與質地，是以可就共性而論同義：諸詞皆言詮緣起性空、至高無上、不可思議、究竟無別的眞如道體。但再加以深究，卻仍是不可抹滅彼此有殊異個別意，因此若欲含攝共性與個別性，互融理與事，當置於圓教圓說的一乘教〔註188〕而論：佛性與諸詞「其體既圓，名義無隔」、「一法當體，隨用立稱」，皆皆指涉圓滿圓融圓足的中道實相。至此，有一問題：既然諸詞異名同義，則一段文字本以 A 詞表之，是否能以 B、C、D 等異名同義詞代言？由於行文必須考慮前後語境、語脈及言說的重心，因此縱是彼此相即，行文時仍是難以直接更換，顯見文字於語境中所呈顯的不可替代性。再者，眾生根機不同，深淺有異，而實相本是難以言詮，之於隨緣、隨用、隨宜，以致赴機利物。是以智顗立種種同義之異稱，本是權宜之計，吾人應齊以同「體」的圓教名字視之，而不可謬執。

三、智顗「佛性」異名同義別釋

　　若以「A，即B」、「A，即B，即C⋯⋯」、「A，即B，即C⋯⋯」等簡單同訓式子表之，智顗學說中的「佛性」一詞，可有諸多異名：

（一）心、觀心、大乘心、境智相稱、上定

智顗云：

　　若觀心即是佛性，圓修八正道，即寫中道之經，明一切法悉出心中。

　　心即大乘心，即佛性，自見己智慧與如來等。（《摩訶止觀》）〔註189〕

爲何「佛性」能同時與動詞加受詞的「觀心」，以及作爲名詞的「心」相即？考察語境，可推敲「觀心，即是佛性」意爲：一、「是」字隱含「見」意，恰

〔註188〕〔後秦〕鳩摩羅什譯，《妙法蓮華經》卷 1．「無有餘乘，唯一佛乘」；〔隋〕
　　　　釋智顗說，釋灌頂記，《妙法蓮華經文句》卷 4：「圓頓之教，名一佛乘」（《大
　　　　正藏》冊9，頁 7 下；冊34，頁 52 上）。
〔註189〕〔隋〕釋智顗說，釋灌頂記，《摩訶止觀》卷 3，《大正藏》冊46，頁 31 下。

與「自見己智慧與如來等」相呼應；二、佛性內具能自覺觀心的性能，而以簡捷筆法表之。由此，「心，即大乘心，即佛性」可謂是此段文眼；道出「心」等同「佛性」。若透過實踐功夫，得能觀「心」，當下即見「佛性」；此外，並意謂不可思議解脫的最高境界，其實於心宛然本具，是眾生本自有之。可見，智顗肯定含有邪妄染質的己心、眾生心，當下即是至明清淨的佛心；「心是一切法，一切法是心」，〔註190〕己心、眾生心本內具不可思議境。由此，並可進一步言：己心、眾生心、佛心，無論透過實踐義的實相「觀」法，或是就當體同位而言，無庸置疑皆等同佛性。而佛「心」、佛「性」乃一體兩面，前者偏動態義，彰顯佛清淨真如之心；後者偏靜態義，指涉眾生之能成佛的質性、性能。又清淨佛性、佛心，與眾生心，恰為理、事不二的關係。智顗並云：

> 佛者，覺智也。性者，理極也。能以覺智照其理極，境、智相稱，合而言之，名為佛性。(《金光明經玄義》) 〔註191〕

佛性具觀心的德能。縱使作為客境的眾生心被無明障覆，一旦透過「觀」行，該「心」即為佛心，能依大乘之道而求佛道。是以就能觀之智與所觀之境言，「『佛』『性』」可分解為「覺智」「理極」；當佛性了了顯發時，「智即是境，境即是智，融通無礙」。〔註192〕又，智顗並以「上定」詮釋佛性：

> 《涅槃》云：一切眾生具足三定。上定者，謂佛性也。能觀心性，名為上定。上能兼下，即攝得眾生法也。……觀心仍具佛法。(《妙法蓮華經玄義》) 〔註193〕

智顗援引《涅槃經》：「一切眾生具足三定，謂上中下。上者，謂佛性也。以是，故言一切眾生悉有佛性。……首楞嚴定，名為佛性」，〔註194〕來闡明「上定者，謂佛性」。但智顗除了承繼，並進而以「觀心」法門證成之。智顗云：

> 觀於心性，畢竟寂滅。心本非空，亦復非假。非假，故非世間；非空，故非出世間。非賢聖法，非凡夫法，二邊寂靜，名為心性。能如是觀，名為上定。心在此定，即首楞嚴。本寂不動，雙照二諦，

〔註190〕〔隋〕釋智顗說，釋灌頂記，《摩訶止觀》卷5，《大正藏》冊46，頁54上。

〔註191〕〔隋〕釋智顗，釋灌頂記，《金光明經玄義》卷2，《大正藏》冊39，頁8中。

〔註192〕〔隋〕釋智顗說，釋灌頂記，《妙法蓮華經玄義》卷3，《大正藏》冊33，頁714上。

〔註193〕〔隋〕釋智顗說，釋灌頂記，《妙法蓮華經玄義》卷2，《大正藏》冊33，頁696上。

〔註194〕〔北涼〕曇無讖譯，《大般涅槃經》卷27，《大正藏》冊12，頁522中。

現諸威儀。隨如是定，無不具足。如是觀心，防止二邊無明諸惡，
善順中道一實之理。防邊論止，順邊論觀。此名即中而持兩戒也。
（《摩訶止觀》）〔註195〕

禪爲法界者。能觀心性，名爲上定。即首楞嚴不昧不亂入王三昧。
一切三昧悉入其中，見爲法界者。（《摩訶止觀》）〔註196〕

審觀心性，名爲上定。於上定中修如意足。（《摩訶止觀》）〔註197〕

止即定義。……上定者，即法性不動定。無有生滅，自性是定。對
於生死散動法，名法性爲定。而此法性亦無定無可定。……以無散
無定，名法性爲定。（《禪門章》）〔註198〕

所謂「上定」，乃心性離散不動，畢竟寂滅，並能兼下定，攝得眾生法。如是
圓滿禪定，並可言爲：無定無可定，無散無定。智顗以「能觀心性」、「能如
是觀」、「審觀心性」等詞，表「觀心」乃證得上定的樞紐。由此見得智顗學
說中，「止」與「觀」互資互發，不二一體：能止伏妄念，息心靜慮，乃眞「觀」；
能觀達證慧，朗然大淨，乃眞「止」。智顗大揚觀心法門，以契心本非空非假、
非出世間非世間、非聖非凡、非善非惡、非明非無明的中道一實之理。那麼
這與佛性有何關係？除了呼應上文，「佛性」即「心」、即「觀心」，並意謂：
當佛性發顯，便能圓融三觀三諦，契應實相之理，以致萬緣俱息，心無動散
諸塵，斷惑息慮，如此，想當然即凝心，而證得「上定」。

（二）十二因緣、三道、三因佛性、二德

智顗對《涅槃經》「十二因緣，名爲佛性」〔註199〕有多則詮釋：

《大經》云：十二因緣，名爲佛性者。無明、愛、取既是煩惱。煩
惱道即是菩提。菩提通達，無復煩惱。煩惱既無，即究竟淨，了因
佛性也。行、有是業道，即是解脫。解脫自在，緣因佛性也。名色、
老死是苦道。苦即法身。法身無苦無樂是名大樂；不生不死是常。
正因佛性。（《妙法蓮華經玄義》）〔註200〕

〔註195〕〔隋〕釋智顗說，釋灌頂記，《摩訶止觀》卷4，《大正藏》冊46，頁37中。
〔註196〕〔隋〕釋智顗說，釋灌頂記，《摩訶止觀》卷5，《大正藏》冊46，頁50上。
〔註197〕〔隋〕釋智顗說，釋灌頂記，《摩訶止觀》卷7，《大正藏》冊46，頁89中。
〔註198〕〔隋〕釋智顗說，《禪門章》卷1，《卍續藏》冊55，頁656上。
〔註199〕〔北涼〕曇無讖譯，《大般涅槃經》卷27，《大正藏》冊12，頁524上。
〔註200〕〔隋〕釋智顗，釋灌頂記，《妙法蓮華經玄義》卷2，《大正藏》冊33，頁700

> 《涅槃經》云：十二因緣，名為佛性。即十二因緣三道。三道，三
> 種佛性也。（《維摩經玄疏》）〔註201〕

一切有為法皆自緣而起，因此十二因緣「名為佛性」之說，頗為弔詭。而智顗將無明、愛、取三支歸為煩惱道，行、有二支歸為業道，識、名色、六入、觸、受、生、老死七支歸為苦道，並分別與勝義的了因、緣因、正因佛性相即，更頗令人費解。而這，揭示智顗承繼中土文言一貫簡鍊之風，時而引讀者走入詮解之迷霧。若能在字裡行間參透，即柳暗花明。此處即為一例：了因佛性具能令眾生「煩惱既無，即究竟淨」的性能；緣因佛性具能令眾生「解脫自在」的性能；正因佛性具能令眾生無苦無樂的「大樂」，以及不生不死的「常」的性能。因此縱使十二因緣，及所三分的三道，能致眾生流轉生死，佛性及所三分的三因佛性則提供眾生跳脫輪迴的希望，使「煩惱道即是菩提」、「業道即是解脫」、「苦即法身」能合理成立，而這便是智顗「三道即是三德」之說：

> 無明與愛是二。中間，即是中道。無明是過去，愛是現在。若邊、
> 若中，無非佛性，並是常樂我淨。無明不生，亦復不滅，是名不思
> 議不生不滅十二因緣也。（《妙法蓮華經玄義》）〔註202〕

> 《大經》云：無明與愛是二；中間名為佛性。中間即是苦道。名為
> 佛性者。名生死身為法身，如指冰為水爾。煩惱道者，謂無明、愛、
> 取；名此為般若者，如指薪為火爾。業道者，謂行、有乃至五無間；
> 皆解脫相者，如指縛為脫爾。當知三道體之即真，常樂我淨，與三
> 德無二無別。（《金光明經玄義》）〔註203〕

> 若言無明三道即是三德，不須斷三德，更求三德。……《涅槃》云：
> 無明與愛是二，中間即是中道。（《妙法蓮華經玄義》）〔註204〕

智顗援引《大般涅槃經》來演繹十二因緣即佛性。其原文為：

上。
〔註201〕〔隋〕釋智顗，《維摩經玄疏》卷5，《大正藏》冊38，頁553上。
〔註202〕〔隋〕釋智顗，釋灌頂記，《妙法蓮華經玄義》卷2，《大正藏》冊33，頁 700上。
〔註203〕〔隋〕釋智顗說，釋灌頂記，《金光明經玄義》卷1，《大正藏》冊39，頁4上～中。
〔註204〕〔隋〕釋智顗說，釋灌頂記，《妙法蓮華經玄義》卷2，《大正藏》冊33，頁700中。

> 生死本際凡有二種：一者，無明；二者，有愛。是二。中間，則有
> 生老病死之苦，是名中道。如是中道能破生死，故名爲中。以是義，
> 故中道之法名爲佛性。是故佛性常樂我淨。以諸眾生不能見，故無
> 常無樂無我無淨。（《大般涅槃經》）〔註205〕

《涅槃經》闡明，眾生之所以流轉於無盡生死輪迴，乃因陷溺於無明所覆、愛結所繫爲兩端而所織成的因緣鎖鍊之中。唯有中道能打破生死、跳脫輪迴，而中道之法即爲佛性。若能得見佛性，則能發顯常樂我淨四德性，成就佛道。對照上二段引文，可知智顗將《涅》「生老病死之苦」，以苦道、業道、煩惱道稱述之，並於「無明與愛是二」後，直明「中間」一詞之內涵，指中道、佛性、三道、三德。其中，三道「與三德無二無別」，可謂爲智顗創新之見。此說，於常態思惟下頗爲弔詭，但智顗「指冰爲水」、「指薪爲火」、「指縛爲脫」之喻，再加窮源極底苦道、煩惱道、業道，可分別與實相義的法身德、般若德、解脫德不二，則「體之即眞」之理昭然顯矣。智顗並云：

> 《大智論》云：十二因緣有三種道：一者，煩惱道；二者，業道；
> 三者，苦道。苦道七支即是正因佛性；煩惱道三支即是了因佛性；
> 業道二支即是緣因佛性。故《涅槃經》云：十二因緣名爲佛性。佛
> 性不出三種：因，名三種佛性；果，名三德涅槃。所以者何？七支
> 苦即法性五陰，故屬正因佛性。《涅槃經》云：無明有愛是二。中間，
> 則有生死，名爲中道。中道者即佛性。若轉無明以爲明，由惑故解，
> 此即了因佛性。轉惡行爲善行，由惡故善，此即緣因佛性。（《二觀
> 義》）〔註206〕

> 若中道緣於實相，一道清淨是慧行。歷一切法門，諸度皆是摩訶衍。
> 十二因緣即是佛性。（《摩訶止觀》）〔註207〕

> 《大品經》云：若有能深觀十二因緣，即是坐道場。此經云：緣起
> 是道場。無明乃至老死皆無盡故。又《涅槃經》云：十二因緣，名
> 爲佛性。見佛性，故住大涅槃。依此而推，十二因緣何得非佛法界
> 也？（《三觀義》）〔註208〕

〔註205〕〔北涼〕曇無讖譯，《大般涅槃經》卷27，《大正藏》冊12，頁523下。

〔註206〕〔隋〕釋智顗，《三觀義》卷2，《卍續藏》冊55，頁677中。

〔註207〕〔隋〕釋智顗說，釋灌頂記，《摩訶止觀》卷3，《大正藏》冊46，頁30中。

〔註208〕〔隋〕釋智顗，《三觀義》卷1，（《卍續藏》冊55，頁673下。

智顗十二因緣和三道之名與義，並出自《大智度論》「十二因緣生法，種種法門能巧說煩惱、業、事，法次第展轉相續生，是名十二因緣。是中無明、愛、取三事，名煩惱；行、有二事，名為業；餘七分，名為體事」。〔註209〕輔以《涅槃經》「十二因緣，名為佛性」，可簡表為：

十　二　因　緣		三道	三德	三因佛性
1	無明、愛、取	緣	煩惱道	般若德	了因佛性
2	行、有	因	業道	解脫德	緣因佛性
3	識、名色、六入、觸、受、生、老死	果	苦道	法身德	正因佛性

智顗明言「無明三道即是三德，不須斷三德，更求三德」，然而為何三道即是三德？對照上文可知，乃因了因佛性具「通達」、能「轉無明以為明，由惑故解」的性能；緣因佛性具「解脫自在」、能「轉惡行為善行，由惡故善」的性能；正因佛性具「生死身為法身」的中道之性。是以，智顗將佛性三分為正因、緣因、了因佛性的原因之一是：十二因緣可三分為煩惱道、業道、苦道，分別歸屬緣、因、果。而三道即三德，更凸顯三因佛性的特質。

（三）我、我性、無我之性、理性、中道、實性、實性之性

十二因緣即佛性、三道即三德，若能合理證成，則–A 即 A 等「非道即是佛道」之理便可無限推展。智顗以「我」、「我性」言之：

> 《大經》云：二十五有，有我不耶？答云：有我。我即佛性。諸佛菩薩窮此理性，於諸道中而得自在，故能以陀羅尼力，消除六道三障之毒害。(《請觀音經疏》) 〔註210〕

> 《大經》云：二十五有，有我不耶？答言：有我。我即佛性。佛性即中道。因緣生法，一色一香無不中道。此則從凡至聖，悉皆是中道第一義諦。(《妙法蓮華經玄義》) 〔註211〕

> 見二十五有我性。我性即佛性，滅諦立。(《妙法蓮華經玄義》) 〔註212〕

〔註209〕龍樹，〔後秦〕鳩摩羅什譯，《大智度論》卷 5，《大智度論》冊 25，頁 100 中。

〔註210〕〔隋〕釋智顗說，釋灌頂記，《請觀音經疏》卷 1，頁 975 下。

〔註211〕〔隋〕釋智顗說，釋灌頂記，《妙法蓮華經玄義》卷 6，《大正藏》冊 33，頁 761 中。

〔註212〕〔隋〕釋智顗說，釋灌頂記，《妙法蓮華經玄義》卷 4，《大正藏》冊 33，頁 722 上。

華嚴菩薩又云：舉二十五三昧破二十五有，達二十五有中我性。我性
即佛性。不動名無動行。我、無我而不二。(《維摩經文疏》)〔註213〕

我性即佛性。佛性之我，即無有我與無我之異，是入不二門也。無
識，則我、無我而不二。(《維摩經略疏》)〔註214〕

「我」，意謂能區別自己是有別他人的獨立個體。佛教三法印之一，明指「諸法
無我」。此「無我」，並非否定眾生的存在，亦非認為眾生不具自我主宰的意識，
而是指無絕對真實存在的「我」，亦即「我」非實有，原因是諸法皆緣起性空。
然而若執泥性「空」，泯除事相假法的存在，則易偏於一端，並因否定主體的存
在，以致無法對眾生是否有佛性的論題作討論。是以，從人法而言，眾生皆是
五蘊和合而假立的「假我」，此乃吾人必備的基本認知。智顗學說中的「我」有
二指：一、九界眾生的自稱；二、佛界之佛的自稱。前者「計內五陰」，〔註215〕
具二十五有，被無明枷，繫生死柱；後者自在無礙，得大智慧。據引文「我即
佛性」、「我性即佛性」，易以為此為佛之自稱語，「我」並為佛性的載體，然而
由於此「我」與二十五有併言，可知乃為九界眾生之自稱。那麼為何或深或淺
受三障五蓋遮覆的九界眾生，能與佛性相即？原因是，智顗將佛性定位為「非
常非無常」的理性、中道第一義諦，亦即真如實性，因此縱使「我」為九界眾
生之自稱，亦可透過「見」、「達」二十五有，而與佛性相即。亦即，由於眾生
悉具佛性，而佛性並具「見」、「達」二十五有之性能，以致眾生由凡至聖，「一
色一香無不中道」，「於諸道中而得自在」，是以「我、無我而不二」。智顗並云：

我性即實性；實性即佛性。開佛之知見，發真中道。斷無明惑，顯
真、應二身。緣感即應百佛世界，現十法界身。入三世佛智地，能
自利利他。(《妙法蓮華經玄義》)〔註216〕

我與無我，其性不二。不二之性即是實性。實性之性即是佛性。(《妙
法蓮華經玄義》)〔註217〕

〔註213〕〔隋〕釋智顗，《維摩經文疏》卷26，《卍續藏》冊18，頁678中。

〔註214〕〔隋〕釋智顗說，〔唐〕釋湛然略，《維摩經略疏》卷9，《大正藏》冊38，頁
694上。

〔註215〕〔隋〕釋智顗說，釋灌頂記，《仁王護國般若經疏》卷3：「五陰眾共生，名
眾生。我者，計內五陰，為假名人也。」(《大正藏》冊33，頁265下)

〔註216〕〔隋〕釋智顗說，釋灌頂記，《妙法蓮華經玄義》卷4，《大正藏》冊33，頁
721下。

〔註217〕〔隋〕釋智顗，釋灌頂記，《妙法蓮華經玄義》卷10，《大正藏》冊33，頁

性是實性。實性即理性,極實無過,即佛性異名耳。(《摩訶止觀》)
〔註218〕

「我」乃指立基緣起性空、「非常非無常」的佛或眾生的自稱,是以因位的眾生或果位的佛,皆含藏清淨如來之性,亦即皆含具佛性。「我性」亦基於緣起性空,而與極實無過的「理性」、「無我」之性、「實性」、「實性之性」、「不二之性」、「佛性」相即,皆皆不離非常非無常、三諦圓融的實相義。可知我與無我、正說與負說,看似敵對相違,卻可因皆相契即空即假即中的實相義,皆為實性、理性,而言兩者「不二」。至此,並可顯示實相義的佛性,縱使內含惡質、負質之性,亦無礙眾生成佛之可能。

(四)非道之理、三毒性、明、無明心源、不二之性、真性、法性

智顗云:

> 問:若佛是能覺智,道是所覺理者。此非道之理即佛性理不?答:
> 如所問也。(《維摩經略疏》)〔註219〕

> 菩薩能以佛慧,觀三毒性即是佛性。通達三毒,見一切佛法,無不
> 具足,即是無作集諦。(《維摩經略疏》)〔註220〕

佛之為佛,在於能覺悟圓滿之智慧。由於具無上智慧,因此面對貪瞋癡三毒性時,並非以敵對強硬方式斬斷之,而是運用「慧觀」本質、「通達」性理的和平方式。從中可見,佛縱使具有三毒性,亦無染無礙佛之為佛。佛慧實能「通達三毒,見一切佛法」。順理,佛性具有能覺了非道、三毒性即是實相的性能,而可簡賅言:非道之理、三毒性即佛性。智顗並云:

> 人是生身,故不可依。達無明源底者,知本來不生,故畢竟無滅。(《維
> 摩經略疏》)〔註221〕

> 無明之源即是實相法性。此之法性,無與等者,無有智能等,此名

---

802 上。

〔註218〕〔隋〕釋智顗說,釋灌頂記,《摩訶止觀》卷5,《大正藏》冊46,頁53
上。

〔註219〕〔隋〕釋智顗說,〔唐〕釋湛然略,《維摩經略疏》卷9,《大正藏》冊38,頁
683 中。

〔註220〕〔隋〕釋智顗說,〔唐〕釋湛然略,《維摩經略疏》卷4,《大正藏》冊38,頁
619 下。

〔註221〕〔隋〕釋智顗說,〔唐〕釋湛然略,《維摩經略疏》卷10,《大正藏》冊38,
頁 707 下。

無等等。(《維摩經略疏》)〔註222〕

所謂「無明」，乃生死流轉的根本惑體。眾生若能觀達無始無明源底，將發現己心等同佛法界心，能契會諸法本無生滅之理。無明之體，即爲眞實不虛的實相、本覺之法性。智顗以「佛性」言之：

> 《大涅槃經》云：十二因緣，名爲佛性。即十住菩薩見不了了；諸佛如來窮無明源，故了了見。(《維摩經玄疏》)〔註223〕

> 十二因緣，名爲佛性。若觀因緣，不見佛性，豈知根本無明？……諸佛之法者。當知十二因緣實相，非因非果、而因而果，獨大乘菩薩諸佛法也。(《維摩經玄疏》)〔註224〕

> 雖復空假入出之殊，而無明心源即是佛性。若知無明性即是明，即常寂光。(《維摩經略疏》)〔註225〕

> 無明即是明，故言：十二因緣，名爲佛性。佛性即明，故言眾生佛性明如日。煩惱覆，故闇如漆。《涅槃》云：明與無明，其性不二。不二之性即是實性。實性即是佛性。(《維摩經略疏》)〔註226〕

《涅槃經》闡釋「明與無明。智者了達，其性無二。無二之性即是實性」。〔註227〕智顗則進一步明白指出，「無明心源」、「不二之性」、「實性」即是「佛性」。揭示智顗「佛性」立基實相義：若欲透視假相背後的本質，則需具有慧眼。佛與九界眾生之別，在於佛具無上智慧，能窮盡十二因緣有爲法，探無明源，了了見實相法性，不爲因緣法所鑄的生死鎖鍊所羈，而九界眾生卻未具足朗見實相的能力。亦即，佛能從十二因緣中慧觀實相，知「明與無明，其性不二」，他界眾生卻尚處迷妄之中。十二因緣在智顗佛性論、實相論中，實佔核心地位，但此說，並非意謂它宛然如陽光、甘露，能正向普潤眾生，而是以非道之理的形態引導眾生藉由行法，通達因緣即實相。所謂逆境即是

〔註222〕〔隋〕釋智顗說，〔唐〕釋湛然略，《維摩經略疏》卷10，《大正藏》冊38，頁705上。

〔註223〕〔隋〕釋智顗，《維摩經文疏》卷7，《卍續藏》冊18，頁509下。

〔註224〕〔隋〕釋智顗，《維摩經文疏》卷24，《卍續藏》冊18，頁657上～中。

〔註225〕〔隋〕釋智顗說，〔唐〕釋湛然略，《維摩經略疏》卷1，《大正藏》冊38，頁566下。

〔註226〕〔隋〕釋智顗說，〔唐〕釋湛然略，《維摩經略疏》卷9，《大正藏》冊38，頁693上。

〔註227〕〔北涼〕曇無讖譯，《大般涅槃經》卷8，《大正藏》冊12，頁410下。

> 故今經是一乘之教。與《涅槃》玄會。且《涅槃》猶帶三乘得道，
> 此經純一無雜。《涅槃》更不發迹，此經顯本義彰。處處唱生，處處
> 現滅。未來常住，三世益物。（《妙法蓮華經玄義》）〔註238〕

智顗援引《涅槃經》兩段文：一、「究竟畢竟者。一切眾生所得一乘。一乘者，名爲佛性。以是義，故我說一切眾生悉有佛性。一切眾生悉有一乘。以無明覆，故不能得見」；二、「佛性者，……亦一；非一；非一非非一。……云何爲一？一切眾生悉一乘故。云何非一？說三乘故。云何非一非非一？無數法故」。〔註239〕《涅》以「佛性」界定「一乘」，肯定眾生悉有佛性與一乘，只不過無明遮覆，眾生不能得見。此外，《涅》並以眾生悉一乘、說三乘、有無數法，而言「佛性」「亦一；非一；非一非非一」。智顗承繼《涅》思想，將「佛性」與作爲「亦一」的「一乘」相即，然而：一、《涅》以三乘定義「非一」，智顗則取「如是數法，故此語如來藏」、「非是數法」定義之，強調「佛性」被眾生自身煩惱所藏；二、《涅》以無數法定義「非一非非一」，智顗則取「數非數不決定」、「第一義空」定義之。雖然《涅》亦有「佛性者，名第一義空。……中道者，名爲佛性」〔註240〕思想，但此處智顗顯然凸顯「佛性」即是大乘至極亦空亦有、非空非有的中道實相。三、智顗的詮說較《涅》緊繫「亦一；非一；非一非非一」、「不縱不橫，而三而一」的關係，強調「純一無雜」的一乘思想。至此，若仍覺得智顗之說與《涅》相近，則下段話可更進一步證明兩者確實有別：

> 一切眾生即一乘者。一念無明具十法界。眾生悉有正因佛性。正因佛性即是理，即本有之一乘也。數法者即是緣因佛性。緣因佛性即是福德莊嚴。福德莊嚴有爲有漏，是聲聞法分，爲數法説三乘也。非一非非一、數非數不決定者，即了因佛性。了因佛性即是智慧莊嚴。智慧莊嚴能從一地至於一地，不得緣因，亦不得正因。心無取著，數非數不決定也。數不決定者，緣因性不可得也；非數不決定者，正因性不可得也。若所觀不決定不可得，能了亦不決定不可得。以十二因緣不可說，故三種佛性，大乘皆不可説

〔註238〕〔隋〕釋智顗，釋灌頂記，《妙法蓮華經玄義》卷 10，《大正藏》冊 33，頁
　　　　 736 上。

〔註239〕〔北涼〕曇無讖譯，《大般涅槃經》卷 27，《大正藏》冊 12，頁 524 下：526
　　　　 上。

〔註240〕〔北涼〕曇無讖譯，《大般涅槃經》卷 27，《大正藏》冊 12，頁 523 中。

也。此三佛性成三德。大乘不縱不橫，如世伊字。故《涅槃經》
云：佛性者，即是一乘。……若能如是觀，是則爲見佛。故大乘
者即是佛性。(《三觀義》) 〔註241〕

《大涅槃經》云：言佛性者，亦一亦非一；非一非非一。亦一者，
正因，眞正解脫也；非一者，緣因佛性，方便解脫也；非一非非一
者，了因佛性，即是實慧解脫也。(《維摩經玄疏》) 〔註242〕

此處首段引文乃銜接上處的第二則引文，與次段引文齊觀，凸顯著智顗雖同《涅》
以「亦一；非一；非一非非一」界定「佛性」，智顗並進而取三因佛性、二莊嚴、
三德、三解脫比配之，以「而三而一」方式，證成悉具佛性的眾生「即一乘」。
可分三點言之：一、智顗以多種途徑證成眾生悉具佛性，悉有成佛的可能。其
中顯著有別前人的論點是：眾生心無明與明起轉之間，眾生將升降於十法界中。
此十法界，並非是眾生歷時才具有，而是一念心當下便可即具，原因是心所緣
起的客境，決定眾生所處的境界，又因無論就空諦或假諦或中諦觀之，十法界
就理而言，其實皆是即「一」，就因緣假法而言，才有十法界事相差別，因此可
言：眾生所處之界並含具另九法界。也因此，由於眾生一念無明心轉，可登佛
界，即爲佛，並含具另九法界，而可言爲：「一念無明具十法界」。二、智顗將
佛性三分爲正因、緣因、了因佛性。此並非將佛性分割爲三等分，而是就體、
相、性來凸顯佛性的三種面向與特質：(一) 正因佛性：乃爲佛性的理體。意謂
眾生因本具佛性之故，皆本入中道實相第一義諦理，然因無明煩惱障覆而不察
不知。爲與緣因、了因佛性作區別，並顯正因緣生滅法之因種，證實相慧，而
名正因佛性。由於眾生悉具正因佛性，皆同入佛性第一義、本是解脫無礙，因
此可言「正因佛性即是理，即本有之一乘」，能令眾生「眞正解脫」。(二) 緣因
佛性：所謂「數法」，乃指眾生心緣境而生、含括善惡、其數甚多的心所之法。
爲乘運各類心所法聚的眾生至果位，而有三乘教法，以致智顗言「爲數法說三
乘」。然而何以智顗直指「數法者即是緣因佛性」？此對應上文，「非一者。如
是數法，故此語如來藏」，可知含有二義：一指眾生雖因攀緣之故，而有塵沙心
數，然而本具的清淨佛性乃能含攝諸數法；二指眾生所內具的佛性能使惡數法
轉爲善數法。然而由於眾生煩惱冥覆佛性，因此有賴眾生修積福德善行，莊嚴
法身，以發顯佛性。爲有別正因、了因二佛性，並顯資助之力以方便解脫，再

〔註241〕〔隋〕釋智顗，《三觀義》卷2，《卍續藏》冊55，頁676下～682上。
〔註242〕〔隋〕釋智顗，《維摩經玄疏》卷5，《大正藏》冊38，頁553中。

心即眾生心性、佛性，然而由於被眾生無明冥覆，而有賴眾生修一心三觀來圓照三諦之理，以開顯之。也因此智顗以三觀三諦的圓教行法，以及注入中道實相義的「慈」，確實豐實了「慈即佛性」的內涵。智顗並從八正道切入：

> 《大經》明：菩薩修八正道，即是佛性。故文云：直心是道場，無虛假。故若觀無作，修八正道，即離邪小紆迴曲見，名眞直心。當知直心正在此也。（《維摩經略疏》）〔註255〕

> 此戒定慧即八正道。修八正道能見佛性。（《妙法蓮華經文句》）〔註256〕

> 若能修正道，即見佛性。（《摩訶止觀》）〔註257〕

所謂八正道，即是正見、正思惟、正語、正業、正命、正精進、正定，乃為含括戒定慧、離盡邪非、證得涅槃的行法。眾生能施行此八正道，必是內在有此類性能。探其源，可知乃因眾生具佛性之故。輔以「自見己智慧與如來等」等微言的：能觀之智即為所觀之境，同理可說：一、能圓觀己心、徹見佛性，乃因息心靜慮之故；反之，能拂妄定心，乃因圓觀契境。二、由於眾生悉具佛性，因此有圓修八正道的可能；當眾生圓修八正道，即能徹見己心，發顯佛性。可知，由於悉具佛性之故，可說眾生持有止觀雙修、定慧均等之鑰，而有成佛可能。

　　一件事物的形成或事件的發生，必由內因、外緣和合而成。若以人的生成來論，則內因必攸關與生本具的性質、性能、質素，導致後天意志、性格、思想、行為、身心的可能發展。這如同儒家孟子的「性善」、「四端」說〔註258〕、荀子的「性惡」說〔註259〕、告子「性無善、無不善」〔註260〕說，所揭露的：

〔註255〕〔隋〕釋智顗說，〔唐〕釋湛然略，《維摩經略疏》卷2，《大正藏》冊38，頁591中。

〔註256〕〔隋〕釋智顗說，《妙法蓮華經文句》卷9，《大正藏》冊34，頁135上。

〔註257〕〔隋〕釋智顗說，釋灌頂記，《摩訶止觀》卷3，《大正藏》冊46，頁34上。

〔註258〕《孟子・告子》：「人性之善也，猶水之就下也。人無有不善，水無有不下」；「仁義禮智，非由外鑠我也，我固有之也，弗思耳矣」；「仁義禮智，非由外鑠我也，我固有之也，弗思耳矣」；《孟子・公孫丑》：「惻隱之心，仁之端也；羞惡之心，義之端也；辭讓之心，禮之端也；是非之心，智之端也。人之有是四端也，猶其有四體也」。（〔漢〕趙岐注、〔宋〕孫奭音義并疏：《孟子正義》卷11上、卷3下，收入於《十三經注疏8・孟子注疏》（臺北：藝文印書館，1985年12月），頁192、195、66。

〔註259〕《荀子・性惡》：「人之性惡，其善者偽也。」（〔清〕王先謙，沈嘯寰、王星賢點校，《荀子集解（下）》卷17（北京：中華書局），1997年10月，頁434）

〔註260〕《孟子・告子》：「告子曰：性無善，無不善也。」（〔漢〕趙岐注、〔宋〕孫奭

常人內在本具某些道德特質與生命情志，以致後天自然的外顯。亦如同佛家：若行者無具佛性，則絕無成佛的絲毫可能。那麼，何謂「佛性」？在佛典中，「佛性」的定義隨小、大乘教派，隨時代思潮，隨詮釋者的學養背景與認知，而有不同內蘊，然而一言以蔽之：「佛性」，意謂該持有者具有可能成佛的「性質」；當該「性質」顯發相用時，並能以「性能」名之。

以智顗為例，其佛性論有承繼前人的基說，亦有屬於自己風格的詮釋路徑與意義：一、從首節可知，智顗未單純以性善定義「佛」。雖同前人以善法、善行來著墨「佛」的善德善功，整體而言，智顗較側重以能圓觀、圓覺實相來闡述「佛」的特質。二、從第二節可知，智顗以「非常非無常」界定「性」。三、從本節「佛性」異名同義相關經文可知，無論智顗以「實相」、「禪波羅密」、「圓教」、「般若」、「首楞嚴」、「法身」、「實際」等代言第一義的任何詞來比況「佛性」，皆是不離實相義，從中顯露智顗並非止於以道德角度來闡述「『佛』『性』」，而是側重於圓教實相義的路徑詮之。所謂非虛妄的「實相」、根本義的「體」、一切事物盡備的「一法」，無非皆在闡論「非常非無常」此不改不變的真如極理。「實相」與「妙有」、「真善妙色」等含具勝義的異名，其實皆是「一法當體，隨『用』立稱」。也因此，「佛性」不拘於相待的善、惡，而能即事即理、即空即假即空、非善非惡的表明：凡諸法、凡眾生皆具緣起性空實相義的「佛性」。所有相即案例可依此類推之，以證成用來比況「佛性」的異名同義詞有一實圓乘的共質。

要之，本文主要從智顗學說中，擷選出與「佛性」相即的異名同義詞，按性質與關聯度加以分類，而以通釋與別釋方式，加以探察諸詞為何能與「佛性」相即，並蠡測「佛性」真正義蘊。此外，並探究「佛性」與異名同義詞相即現象，傳達何種訊息。考察結果，可應證：無論智顗是闡釋某詞，而間接取異名同義的「佛性」來相即；抑或直接闡釋「佛性」，並援舉其他同義詞與之相即，凡是意謂圓教勝義的諸詞盡可與「佛性」共義，原因是在智顗學說中，但凡是圓教勝義詞皆歸源於同一體的中道實相。那麼為何智顗於行文中，取「此」銜接上下文，而未取「彼」；或取「彼」而未取「此」？為何智顗闡釋圓教諸詞時，要取其他勝義詞相即？原因是，實相難以言詮，而眾生根器不同，為赴緣逗物之故，採擷適當之詞加以闡述，能達事半功倍之效。

音義并疏：《孟子正義》卷 11 上，收入於《十三經注疏 8‧孟子注疏》（臺北：藝文印書館），1985 年 12 月，頁 194。

此外，因實相無形無象，難以言詮，為深刻並豐實實相的輪廓與內涵，援諸其他圓教異名同義詞加以相即、釋義，並可凸顯體相用各種層面的特質。這誠如智顗反覆強調的：「一法當體，隨用立稱」、「諸佛之教本為逗物根宜，不可定執」、「理論實爾，皆不可說。赴緣利物有因緣，故亦可得說」、「無說而說。說必應機。赴緣之益，其義皆實」、「諸經赴緣，偏舉一法以示義端」、「無言之理，赴緣以教」、「逗機化物，赴緣而說」。〔註 261〕是以智顗學說中，與「佛性」相即的異名同義詞確各有效用，引領吾人明瞭，眾生所內具的佛性，若能發顯之，則該眾生不僅道德上美善圓滿，更能通達非道，契入不可思議中道妙理，真正成為事理圓融的「佛」。

第三節　智顗「佛性」與「如來藏」義解及其關係

歷來常有許多內含勝義實理的詞彙，與「如來藏」或「佛性」共義相即。〔註 262〕然而宏觀佛教經典，但凡論及佛性論，不是專取「如來藏」〔註 263〕作核心關鍵詞，便是「如來藏」與「佛性」二詞齊相演繹之。〔註 264〕雖其內文，不乏出現共義的其他異名詞與之相即，諸如：「法性」、「法身」、「實相」、「中道」……等，但諸詞由於各具鮮明的個別意義範疇與特質，往往做為豐實「如

〔註 261〕〔隋〕釋智顗，《維摩經略疏》卷 10，《大正藏》冊 38，頁 707 下；《觀音玄義》卷 2，《大正藏》冊 34，頁 885 中；〔隋〕釋智顗，《維摩經玄疏》卷 4，《大正藏》冊 38，頁 542 下；〔隋〕釋智顗說，釋灌頂記，《摩訶止觀》卷 3，《大正藏》冊 46，頁 23 上；〔隋〕釋智顗，《四教義》卷 3，《大正藏》冊 46，頁 729 上；釋智顗，《四教義》卷 4，《大正藏》冊 46，頁 732 上。

〔註 262〕如：〔宋〕求那跋陀羅譯，《勝鬘師子吼一乘大方便方廣經》卷 1：「如來藏者，是如來境界，非一切聲聞緣覺所知」；〔北涼〕曇無讖譯，《大般涅槃經》卷 35：「眾生即佛性；佛性即眾生」；〔唐〕菩提流志譯，《大寶積經》卷 119：「如來藏者，即是如來空性之智」。（《大正藏》冊 12，頁 221 中；572 中；冊 11，頁 677 上）

〔註 263〕如：〔元魏〕菩提流支譯，《佛說不增不減經》，《大正藏》冊 16，頁 466 上～468 上；〔宋〕求那跋陀羅譯，《勝鬘師子吼一乘大方便方廣經》，冊 12，頁 217 上～223 中。

〔註 264〕如：〔元魏〕菩提留支譯《入楞伽經》，載「如來藏」37 回、「佛性」1 回；〔宋〕求那跋陀羅譯《大法鼓經》，載「如來藏」10 回、「佛性」1 回；天親，〔陳〕釋真諦譯《佛性論》，載「如來藏」18 回，「佛性」104 回；〔唐〕釋法寶《一乘佛性究竟論》，載「如來藏」9 回、「佛性」120 回。（《大正藏》冊 16，頁 514 下～521 下；冊 9，頁 290 中～300 中；冊 31，頁 787 上～813 上；《卍續藏》冊 55，頁 371 下～377 中）

來藏」或「佛性」體相用等層面的推手，而非作爲舞台主角。「如來」與「佛」、「藏」與「性」、「如來藏」與「佛性」，加以考察之，確實裡裡外外、共義與別義，皆是推闡佛性論的過程中其他異名同義詞所不能取代。然而有一問題：早期佛性論專以「如來藏」行文，吾人可不加思索爲「如來藏」一詞出現早於「佛性」之故。那麼，爾後，尤佛教傳入中土，爲何隨時代遷流，佛性論中「佛性」一詞於行文中的出現次數漸多於「如來藏」？以智顗學說爲例，智顗多以「佛性」一詞建構佛性論，究竟是受前人影響，或個人行文風格，抑或其他所致？本節擬以字義解構方式，鉤隱抉微智顗「佛性」與「如來藏」二詞，探究智顗承繼前人的向度，及其所賦予的新義。此外，並考察智顗在何種文脈語境下取其中一詞行文，以及「佛性」與「如來藏」彼此的關係。

一、智顗之前「如來藏」與「佛性」的發展

　　印度佛性論的主要代表經論於西元三世紀漸漸流佈，直迄四、五世紀成爲後期大乘佛教的重要思潮；而在之前，甚至直溯至佛陀時期的這段漫長歲月，可說是佛性論的醞釀期。大乘眞常系開始發展後，其相關著作與思想並陸續傳入中土，與儒道等中國文化，以及先傳入中土的中觀系思想產生激盪互涉的現象。考察之，中印佛性論主要以「如來藏」、「佛性」作爲陳述詞，原因是：如來藏之「藏」與作爲「非常非無常」的「佛性」之「性」有異，但與「眞如」、「法性」、「般若」、「實相」、「首楞嚴三昧」、「般若波羅蜜」、「無相」等「佛性」異名同義詞相較，「如來」對「佛」、「藏」對「性」，「如來藏」名與義確與佛性較妥貼互通。兩詞並共同微言：眾生本具如來藏／佛性，並以之作爲眾生之可能成佛，或本來即是佛的理論基礎。「如來藏」、「佛性」二詞是否眞能等同？若是，何以相關佛典，會於章節或全冊，取此、未取彼，或取彼、未取此的演繹佛性思想呢？若考察《大正藏》、《卍續藏》〔註265〕二詞出現的次數：「如來藏」一詞，共有 12923 筆；「佛性」一詞，共有 26260 筆。前者，出自漢譯佛典，共有 785 筆，而出自漢人註疏或純粹創作佛典，共有 12138 筆；後者，出自漢譯佛典，共有 2167 筆，而出自漢人註疏或純粹創作佛典，共有 24093 筆。顯見「如來藏」一詞無論出現於漢譯或漢釋或漢創作，其次數皆低於「佛性」一詞。「佛性」使用率皆比「如來藏」普及的現

〔註265〕此檢索，主參《CBETA 電子佛典 2011》，含括《大正藏》冊 1～55，85：《卍續藏》冊 1～88。

象是否可歸因於：由於二詞互通，因此認同二詞關係的漢人，在譯作，尤其是註疏或創作上，很自然的運用在語彙上較中土化的「佛性」一詞？探論之始，吾人可就二詞梵字分解來切入：〔註266〕

1. 如來藏（tathāgatagarbha）＝ 如來（tathāgata）＋藏（garbha）
　　（1）如來（tathāgata）有二解：
　　　　a. 如去（tathā-gata）：修「如」實法而「去」。〔註267〕（由生死去涅槃）
　　　　b. 如來（tathā-āgata）：修「如」實法而「來」。〔註268〕（由涅槃來生死）
　　（2）藏（garbha）有二義：
　　　　a. 胎藏（因位）
　　　　b. 胎兒（果位）
2. 佛性（buddha-dhātu；buddha-gotra）：漢本「佛性」溯回梵本，並非等同 buddhatā（buddha＋tā）或 buddhatva（buddha＋tva），而是等同：
　　（1）buddha-dhātu＝buddha（佛）＋dhātu（界）：
　　　　a. dhātu（界）＝dharmatā（法性）：「□□」之眞實體性
　　　　b. dhātu（界）＝hetu（因性）：「□□」之因性
　　（2）buddha-gotra＝ buddha（佛）＋gotra（種性）：「□□」具有證得菩提的本性。

印度佛教本談「無我」、「緣起性空」，而後會探源思考欲成佛者應具那些基本條件，便涉及諸法萬物存在的議題。考察佛典著作先後，可見先是思考「dharmatā（法性）」、次「tathāgatagarbha（如來藏）」，爾後「buddha-dhātu；buddha-gotra（佛性）」。〔註269〕亦即，先探討諸法之性具有清淨眞實如常的

〔註266〕釋恒清，《佛性思想》（臺北：東大圖書，1997年2月），頁148～149。
〔註267〕〔宋〕釋行霆，《圓覺經類解》卷1：「六道四生迷此眞如之理，故曰如去，不得稱來。今如來者，即指化身也」；〔明〕釋仁潮集，《法界安立圖》卷1：「去從中去，故曰如去（即善逝也）」。（《卍續藏》冊10，頁170中；冊57，頁440下）
〔註268〕〔唐〕釋良賁述，《仁王護國般若波羅蜜多經疏》卷1：「應化身大悲感赴，隨根應現。乘如而來，亦名如來。」（《大正藏》33，頁451中）
〔註269〕如：印度有一階段，純用「tathāgatagarbha（如來藏）」一詞。舉例而言：《入楞伽經》、《勝鬘師子吼一乘大方便方廣經》，全文未載「佛性」一詞，卻分別載有17、27筆「如來藏」一詞。（參〔元魏〕菩提留支譯，《入楞伽經》，《大

本質內涵；次，鎖定諸法中的眾生為對象，證成眾生與佛皆內藏清淨法性，亦即如來性；後，進而以法界、佛界、佛種性來證成眾生內具能生、能達佛界之性，而此佛界之性即為法性、如來性。這三詞分別涉及緣起性空的實相、密教胎藏界，以及境界、種性等範疇，從中大體可看出佛性論的發展脈絡。「如來藏」據其梵譯的分解，可簡單明瞭，乃指眾生含藏如來之性，以致能「由生死去涅槃」；佛含藏眾生所具的如來性，以致能從本垂迹，「由涅槃來生死」。漢譯本「佛性」一詞，對照梵本，常是 buddha-dhātu 或 buddha-gotra，而非 buddhatā 或 buddhatva，可見早期漢譯者已能根據 dhātu（界）、gotra（種性）二詞根等相關語境，創造性的意譯「佛性」此中文詞。此詞揭示「佛性」蘊含境界、種子義，揭露該性本具的特質，有其巧妙處。此外，由於 garbha 具含藏、創生的胎藏、胎兒意，意喻眾生內含如來藏，猶如胎兒孕於胎中；由於 gotra 具能生的種性義，意喻眾生內具能成佛之性，可見「如來藏」、「佛性」基於理上同指：清淨真如法性、以及能讓眾生得以成佛、證得涅槃的性質或能力，而異名同義。然而，為何「佛性」較「如來藏」，為漢人普遍使用？原因應可就二點論之：一、文字本身的氛圍，並非止於胎藏，而是進一步關注眾生界與佛界之別，而就其差別，強調後天修行的重要。類同佛性之喻：種子「如何」長成大樹，證得佛果；二、中土儒家等教重視「人『性』」、「心『性』」是善或惡，較未關注「胎藏」，是以有因應中土思潮的考量。

二、智顗「佛性」義界

佛具有殊勝德行、德相、能力與圓滿果德，與受煩惱纏縛、八苦所逼的眾生，於事相上顯著不同。眾生若欲離苦得樂、解脫成佛，則首當探求是否具有成佛的種子，亦即佛之性。佛「性」與諸法之「性」有何異同？「佛性」又具有何種特質？

由於首節已對智顗「佛」義作闡釋，因此本節主說文「解」字，對「佛性」的「性」作一探析，進而蠡探「佛性」全義。

（一）諸法「不改」之「性」

智顗著作中，「性」字隨處可見，諸如：佛性、如來性、眾生性、法性、

正藏》冊 16，頁 576 上～586 中；〔宋〕求那跋陀羅譯，《勝鬘師子吼一乘大方便方廣經》，《大正藏》冊 12，頁 217 上～223 中）

我性、心性、色性、眞性、自性、本性、種性、根性、識性、習種性、性種性、道種性、聖種性、佛種性、菩薩種性、緣覺種性、聲聞種性、等覺性、妙覺性、相性、因性、因因性、果性、果果性、凡性、聖性、凡夫性、聖人性、正性、偏性、圓性、善性、惡性、文字性、理性、體性、相性、實性、實相性、眞實性、不二之性、非因性、明性、無明性、無明實性、地獄界性、涅槃性、智慧性、三毒性、婬怒癡性、清淨性、堅性、濕性、熱性、動性、不動性、風性、水性……等。〔註270〕

　　若與世人「性」義用法相較，可知世人常論實體意義、屬具象之物的「性」，如「人性」、「物性」；智顗對「性」字的運用，則琳琅滿目，並普遍含括抽象概念的「性」，如：指涉道德的「善性」、「惡性」；指涉物內在特質、增盛能造作色法的「堅性」、「濕性」、「熱性」；指涉因果的「因性」、「果性」；指涉境界的「地獄界性」、「涅槃性」等。綜括諸「性」，可二分：一、指萬物各各自性、分別諸法的事法性，如「堅性」、「濕性」；二、指等一實相、含攝眞俗二諦〔註271〕的實法性，如「不二之性」、「理性」。此現象，可歸因於：在智顗及佛教的思想範疇裏，並未接受世人相對價值判斷下所建構的絕對「實有」、「實無」存有論，而僅圓融主張諸法萬物皆是因緣和合的非有非無、亦有亦無；亦即實而非實，非實而實。職是之故，對智顗而言，任何名詞（含形容詞轉名詞）恐皆可與「性」字併言。

　　「性」字，究竟指什麼？智顗云：

　　性，名不改。不改，即是非常非無常。（《金光明經玄義》）〔註272〕

　　性者，理極也。（《金光明經玄義》）〔註273〕

〔註270〕簡舉三例示之：一、如來性：《三觀義》卷2：「涅槃說成大果實，見如來性。引說《法華經》八千聲聞得受記，朔成大果實。如秋收冬藏，更無所作。若言《法華》不說佛性，何得引《法華》證見如來性義也？」（《卍續藏》冊55，頁678上）二、眾生性：《四念處》卷1：「《大集》云：菩薩觀一切法平等。眾生性同涅槃性。若觀平等，即因也；同涅槃，即果也。此約亦因亦果說也。」（《大正藏》冊46，頁556上）三、法性：《金光明經文句》卷1：「若說中道，是經復是王，於九種經中而得自在。但經王是一，隨緣設教，名字不同。《華嚴》云法身；《方等》爲實相；《般若》稱佛母；《法華》爲髻珠；《涅槃》名佛師，皆是法性異名，通爲諸經作體。」（《大正藏》冊39，頁49下）

〔註271〕〔隋〕釋智顗說，釋灌頂記，《摩訶止觀》卷3：「《地持》明二法性：一、事法性，性差別故；二、實法性，性眞實故。即二諦之異名。既俱得稱法性，何意不得俱稱諦？」（《大正藏》冊46，頁24中～下）

〔註272〕〔隋〕釋智顗說，釋灌頂記，《金光明經玄義》卷1，《大正藏》冊39，頁4上。

性以據內，自分不改，名爲性。(《妙法蓮華經玄義》)〔註274〕

性，名不改，如竹中有火性。若其無者，不應從竹求火、從地求水、從扇求風。(《觀音玄義》)〔註275〕

「性」的特質是「據內」，並且「不改」。乍看「不改」，易以爲智顗視「性」恒常存在，絕對實有，以致不改不變；事實則不然。「性，名不改」，可就兩面向詮之：一、理：萬物皆內具「非常非不常」之性，此爲究竟眞理；此性之理恒爲「不改」。二、事：萬物各內具通因果而「不改」自體的自性，如竹中有火性、地中有水性、扇中有風性。前者即指萬物皆具平等、「理極」的實法性，乃屬眞諦；後者指萬物諸法各具的差別之性，亦即事法性，乃屬俗諦。

（二）「性」有三義

智顗云：

性以據內，總有三義：一、不改，名性。《無行經》稱不動性。性即不改義也。又性，名性分。種類之義，分分不同，各各不可改。又性是實性。實性即理性。極實無過，即佛性異名耳。不動性扶空；種性扶假；實性扶中。今明內性不可改。如竹中火性，雖不可見，不得言無。燧人乾草，遍燒一切。心亦如是具一切五陰性。雖不可見，不得言無。以智眼觀，具一切性。(《摩訶止觀》)〔註276〕

「不改」之「性」，除了以眞俗二諦言之，並可從空假中三諦切入，揭示與之連結的名詞，亦即萬物「據內」的三種義涵：一、「空」義：萬物緣起性空，不住不動、不生不滅，乃具以「空」觀觀之的「不改」之性，亦即不動性。二、「假」義：萬物緣起而假有，無數種類各有與之差別、任力所能的自性，如：火性熱、風性動、水性濕、土性堅，此爲以「假」觀觀之的「不改」之性，亦即能生義的種性。而據「性，名性分」，並參佐《摩訶止觀》「界，名界別，亦名性分」，〔註277〕進而可明，有情眾生所處的「十界」之名，乃從假諦假法言之。無論眾生所內據的佛界之性或地獄界等之性，皆表因緣所生，

〔註273〕〔隋〕釋智顗，釋灌頂記，《金光明經玄義》卷2，《大正藏》冊39，頁8中。

〔註274〕〔隋〕釋智顗說，釋灌頂記，《妙法蓮華經玄義》卷2，《大正藏》冊33，頁694上～中。

〔註275〕〔隋〕釋智顗說，釋灌頂記，《觀音玄義》卷2，《大正藏》冊34，頁888下。

〔註276〕〔隋〕釋智顗說，釋灌頂記，《摩訶止觀》卷5，《大正藏》冊46，頁53上～中。

〔註277〕〔隋〕釋智顗說，釋灌頂記，《摩訶止觀》卷5，《大正藏》冊46，頁51下。

一一各有差別卻是「不改」的自性。三、「中」義：萬物緣起，其性是「空」，
並是「假」有。以「中」觀觀之，萬物之性乃非有非無的存在，是非常非無
常的「不改」之性，亦即實性。可知，不動性是就緣起性空、非無常，論萬
物之共性；種性是就緣起而假有、非常，論萬物差別的自分性；實性則以中
道實相之理，相即前二者，闡述萬物之性非有非無、非常非無常、非共性非
各別性。就此可點出：一、萬物所內據之「性」雖有三重「不改」義，究竟
而言，卻是不相衝突。二、雖「不可見，不可言無」，當能以智眼圓觀，則空
假中三「不改」性乃即一即三，即三而一。若無智眼，則易誤執假性為真性。

（三）十法界之「性」

諸法皆具「不改」之性：含緣起性空的「扶空」性、各有差別的「扶假」
性，以及非空非假的「扶中」性；三性即為一性。當法界分為十，則是就差
別塵沙事相以及各別自性的假法所言。智顗云：

> 十法界者：一、地獄法界；二、畜生法界；三、餓鬼法界；四、脩
> 羅法界；五、人法界；六、天法界；七、聲聞法界；八、緣覺法界；
> 九、菩薩法界；十、佛法界。此即六是凡夫，四是聖人。(《三觀義》)
> 〔註278〕

> 六道相性全表五住。二乘相性表破四住，全表無明。菩薩相性表次
> 第破五住。佛相性表一切種智，淨若虛空，不為五住所染。……《中
> 論》偈云：因緣所生法，我說即是空。亦名為假名，亦名中道義。
> 六道相性，即是因緣所生法也；二乘及通教菩薩等相性，是我說即
> 是空；六度別教菩薩相性是亦名為假名；佛界相性是亦名中道義。
> (《妙法蓮華經玄義》)〔註279〕

眾生會處於所對應的十法界中，往往乃因修行等級所致成的心識作用，以及心
識分別所決定的心行境界之故。以煩惱言之，地獄、畜生、餓鬼、脩羅、人、
天等六法界眾生，其事相差別之自性全被五住煩惱覆蓋；聲聞、緣覺等二法界
眾生，能破枝末無明，其自性僅被根本無明所覆；菩薩界眾生能次第破五住煩
惱；佛界等級最高，其佛性即為一切種智，湛若虛空，不為五住煩惱所影響。
至此有一疑：煩惱從何處來？據上文「心亦如是具一切五陰性」，並參「凡聖皆

〔註278〕〔隋〕釋智顗，《三觀義》卷1，《卍續藏》冊55，頁673下。
〔註279〕〔隋〕釋智顗說，釋灌頂記，《妙法蓮華經玄義》卷2，《大正藏》冊33，頁
　　　　694上～中。

具五陰」、「一一界悉有煩惱性相、惡業性相、苦道性相」，〔註280〕可知十法界眾生「同具煩惱性」，〔註281〕但除了佛及別教菩薩知此理，六道、二乘及通教菩薩則以爲煩惱爲外覆，是以引文刪節號前的敘述，其實是用擬人手法闡明十界眾生面對煩惱性的態度：當眾生對負面之性有所迷執、有所對恃、認知有差時，則處於九法界；當能通達無住，則處佛界。若再細言，六道眾生執「因緣所生法」而「全表五住」、二乘及通教菩薩執「空」法而「表無明」、別教菩薩執「假」法而「破五住」，唯有佛能契入三諦圓融中道之理，「不爲五住所染」。智顗並云：

> 四趣十法……如是性者黑。自分性也。純習黑惡，難可改變。如木有火，遇緣即發。《大經》云：有漏之法以有生性，故生能生之。此惡有四趣生性，故緣能發之。若泥木像雖有外相，內無生性，生不能生，惡性不爾。故言如是性。……人天界十法者，但就善樂爲語。異於四趣相。……表清升性是白法。……二乘……性是非白非黑法。……若依大乘。此無漏猶名有漏。……菩薩佛界十法者。此更細開有三種菩薩（云云）。若六度菩薩。約福德論相性體力。……若通教菩薩。約無漏論相性六地之前殘思受報。……若別教菩薩。約修中道行次第觀而論十法。此人雖斷通惑自知有生，則具十法（云云）。……佛界十法者，皆約中道分別也。《淨名》云：一切眾生皆菩提相，不可復得。此即緣因爲佛相。性以據內者智顗猶在不失。智即了因，爲佛性。自性清淨心即是正因，爲佛體。此即三軌也（云云）。（《妙法蓮華經玄義》）〔註282〕

> 四趣相性即是諸惡；人、天相性即是眾善；自淨其意，即有析體淨意是二乘相性；入假淨意是菩薩相性；入中淨意是佛界相性。（《妙法蓮華經玄義》）〔註283〕

〔註280〕〔隋〕釋智顗說，釋灌頂記，《摩訶止觀》卷5，《大正藏》冊46，頁51下；《妙法蓮華經玄義》卷5，《大正藏》冊33，頁743下。

〔註281〕〔隋〕釋智顗說，釋灌頂記，《妙法蓮華經玄義》卷3，《大正藏》冊33，頁743下。

〔註282〕〔隋〕釋智顗說，釋灌頂記，《妙法蓮華經玄義》卷2，《大正藏》冊33，頁694上～695上。

〔註283〕〔隋〕釋智顗說，釋灌頂記，《妙法蓮華經玄義》卷2，《大正藏》冊33，頁696上。

束十法爲四類。三途⋯⋯定惡聚爲性。⋯⋯定善聚爲性。⋯⋯二
乘⋯⋯解脫爲性。⋯⋯菩薩、佛類者。緣因爲相；了因爲性；正因
爲體。(《摩訶止觀》) 〔註284〕

三則引文對照，可發現有些歧異，諸如：引文二，明「四趣相性即是諸惡；
人、天相性即是眾善」；引文三，明地獄、餓鬼、畜生「定惡聚爲性」、阿修
羅、人、天「定善聚爲性」。又，引文二，明藏教「自淨其意，即有析體淨
意是二乘相性」、別教「入假淨意是菩薩相性」、圓教「入中淨意是佛界相性」；
引文三，未分四教，而二分「二乘」與「菩薩、佛」類。又，引文一，三因
佛性主言佛界之性；引文三，三因佛性則言「菩薩、佛」之性。此現象，應
可歸結智顗於行文語境中的寬狹定義與著重點。若歸併統合：一、萬法據內
之性皆爲「不改」。從假法切入，十法界眾生各有「不改」的自分性：餓鬼、
畜生、阿修羅等四惡趣具「黑惡」之性；人、天具「白法」善性；二乘具「析
體淨意」、「非白非黑」之性；菩薩界分藏、通、別教，而分別入析空、體空、
假之性；佛界則爲入中的佛性。二、從引文一「二乘⋯⋯性是非白非黑法。⋯⋯
若依大乘。此無漏猶名有漏」可知，各等級的眾生的自我與自外認知有別，
有時以爲已臻無漏法，卻不知尚在有漏階段。智顗則分類十法界眾生中的六
道與二乘、菩薩、佛，爲有漏、無漏、非有漏非無漏法。三、引文一，雖援
引《大般涅槃經》，明「有漏之法以有生性，故生能生之」，以強調四趣惡性
「緣能發之」，但對照上文「種性扶假」之說，可知智顗狹義僅言有漏法具
有生性，廣義則是就因緣所生的假諦假法而言：十法界眾生一一各有差別並
「不改」的自性。此爲差別諸法的事法性，亦即具「生性」義的種性；能「遇
緣即發」、「遇緣事成」，〔註285〕「生能生之」。無論眾生所內據的佛界之性
或地獄界等之性，皆表因緣所生。四、十法界眾生其實皆內具性善、性惡，
但九界乃爲迷界，爲妄惑所障，無法像佛不爲五住所染，無法像佛具智眼能
具觀一切性，因此九界在不能如實客觀之下，不同程度的「定」惡聚或善聚
爲性等，而佛縱使內具性惡，具一切五陰性，卻因一切種智之故，而不爲所
染。

〔註284〕〔隋〕釋智顗說，釋灌頂記，《摩訶止觀》卷5，《大正藏》冊46，頁53下～
　　　　54上。
〔註285〕〔隋〕釋智顗，釋灌頂記，《妙法蓮華經玄義》卷2，《大正藏》冊33，頁694
　　　　上；卷5，頁743下。

可知，十界眾生就二諦而言，皆兼具「不改」的實法性與事法性；就三諦而言，皆兼具「不改」的「不動性」、「種性」、「實性」，然而九界眾生往往不同程度被無明妄惑所障，猶如戴上深淺各異的有色眼鏡，以致眼界、視野有別，無法像具有佛眼的佛能如實觀得當中的「不改」之理，亦即無法像佛理事無礙而明實法性即事法性、無法像佛三諦圓融而明不動性即種性即實性即佛性。九界眾生因不能得觀實相，不知同佛具一切性，以致不同程度定執善性、惡性為「自分」之性，惡行惡業之生，其來有自。

（四）佛、魔之「性」的省思

智顗並以佛、魔論之：

> 性不可改，歷三世無誰能毀，復不可斷壞。譬如：魔雖燒經，何能令性善法門盡？縱令佛燒惡譜，亦不能令惡法門盡。如秦焚典坑儒，豈能令善惡斷盡耶？（《觀音玄義》）〔註286〕

不管是以常態思惟，或以行為果報論「佛」、「魔」之別，吾人恐認為「佛」具性善、不具性惡；「魔」具「性惡」，不具「性善」。智顗則指出，「魔」亦具性善；縱使作惡，亦不能令「性善法門盡」。「佛」亦具性惡；縱使施惡，亦不能令「惡法門盡」。可知智顗肯定「魔」、「佛」皆本具善、惡之性。此說，實顛覆常人認知。此外，並由於一切性皆含「非常非無常」的「不改」之理，顯見所有「不改」之性皆是始終不易，歷三世，無人可毀可斷可壞。此，可與上文相互呼應。

智顗層層推演、闡述佛、魔之性的特質，可引人幾點省思：一、諸法萬物所含具之「性」，不離不脫「非常非無常」實性極理。若以「性」之空、假、中三「不改」義論之，「性」具「非常」的不動性義、「非無常」的種性義，以及非空非假、中道言之的「非常非無常」的實性義。可知智顗以「不改」，界定「性」內涵之理是恒久不變；「性」究極之理，即指「非常、非無常」。亦即，「性，名不改」等詞並未直接指涉「性」是實或虛，僅在說明：「性」就中道實相實理而言，是「非常、非無常」，通因果、歷三世始終恒「不改」。是以惡性、善性，古來今往，縱一統天下者、或無上佛、或至邪魔，亦無誰能毀摧斷壞，更遑論斷盡。二、若以與實性、理性相即的佛性論之，就各別緣起假有的自性，亦即事法性而言，佛性畢竟「異質」於物性、法性、某某

〔註286〕〔隋〕釋智顗說，釋灌頂記，《觀音玄義》卷1，《大正藏》冊34，頁882下。

性，是以千億種質有別之下，彼此「異名」其來有自。若以「非『常』非『無常』」論佛性，可謂變而不變、不變而變：1.「非常」：指佛性冥潛或顯發的多重狀態；2.「非無常」：佛性緣起性空，始終不增不減、不生不滅。三、佛界與九界眾生、佛與魔皆具善性與惡性。因善性全然純徹之顯，而名爲佛；因惡性差別程度之顯、善性差別程度之隱，而名爲九界眾生。四、佛性內具善性與惡性，因當中的善性顯，而名佛性；九界之性皆內具善性與惡性，因當中惡性程度差別之顯，而名人性、地獄性等九界之性。五、佛界之佛具佛性與九界之性；九界眾生亦是。佛界之佛具佛性與魔性，魔亦如是。是以內具善性與惡性的佛性，即爲內具善性與惡性的九界之性。佛性即九界之性，也因此上文「『性』以據內，總有三義」，未明言「以據內」的「性」是佛界之性或九界之性，乃因佛性、魔性、九界之性其實同一體，重點僅是該「性」體是隱覆或顯明而已。之在「性」之前冠以名詞，而有佛性、魔性、地獄性等詞，僅是權宜的代稱假名，以讓世人善於理解與分別。

總括言之，眾生與萬物諸法所內據之性，即爲實相義的「非常非無常」之性，亦即實性、法性、不二之性、中道之性、實相之性。諸法之性就因緣假法論之，於通因果之內，含有能生義，具遇緣顯發的性能，而有相用差別。落於十界有情眾生，則依所內據的性是顯明或隱覆的狀態，而有不同的心志行爲以塡實是屬於何界的「名」。

三、智顗「如來藏」義界

（一）前人「如來藏」義

智顗之前的「如來藏」義，若取經文引述，可就以下引文見其梗概：

> 如來藏義有三種應知。何者爲三？一、所攝藏；二、隱覆藏；三、能攝藏。一、所攝名藏者。佛說約住自性如如。一切眾生是如來藏。言如者，有二義：一、如如智；二、如如境。並不倒，故名如如。言來者，約從自性來。來至至得，是名如來。故如來性雖因名，應得果名，至得其體不二。……所言藏者。一切眾生悉在如來智內，故名爲藏。以如如智稱如如境，故一切眾生決無有出。如如境者，並爲如來之所攝持，故名所藏。眾生爲如來藏。……由此果能攝藏一切眾生，故說眾生爲如來藏。二、隱覆爲藏者。如來自隱不現，故名爲藏。……如來性住道前時，爲煩惱隱覆，

眾生不見，故名爲藏。三、能攝爲藏者。謂果地一切過恒沙數功

德，住如來應得性時，攝之已盡故。……非始得故，故知本有，

是故言常。（《佛性論》）〔註287〕

「如來藏」就字義分解：一、如：指「不倒」的如如智、如如境；二、來：指「從自性來」；三、藏：指「一切眾生悉在如來智內」、「如來自隱不現」、如來性能攝「果地一切過恒沙數功德」。若合釋，可以三義詮之：一、所攝藏：指如來「藏」一切法，即眞常如實的清淨如來之性含備一切法，包括於眾生之位攝受善惡染淨一切法。基於眾生爲如來所藏，可言『『如來藏』眾生』。二、隱覆藏：指眾生「藏」如來，即眾生因顛倒煩惱之故，隱覆所內具的清淨如來之性。因基於如來之位釋其隱覆不現，而可言「眾生『藏如來』」。三、能攝藏：指眾生內藏的如來之性能含攝清淨如來果德，亦即縱使如來之性隱覆於眾生煩惱中，如來之性始終能含攝如來一切果地的功德；可見眾生所內具的清淨如來之性爲本有，以及本具如來之性的眾生有至得、應得「其體不二」的成佛可能。從中可知：一、無論是以眞如攝妄、妄攝眞如，或眞如攝眞如，「如來藏」乃具所攝、隱覆、能攝三義，意謂：眾生所本具的清淨如來性乃在煩惱纏縛當中；然而縱在纏縛當中，眾生所內具的如來性能含攝一切清淨果德。二、若論「如來藏」與「法身」之別，則前者爲煩惱隱覆，後者出煩惱，使兩者有隱顯之別。

（二）智顗對「如來藏」的承繼與轉化

　　智顗前人所詮的「如來藏」，含有所攝、隱覆、能攝藏等三義，並有「常」、「住」而不變不改體性的特質。據上節可知，智顗所詮的「如來藏」，與中道實相、般若、法身、佛性、中道第一諦、法界、如如、涅槃、妙有等圓教勝義相即，並具有「含受」、「含備」意，與前人不盡相同。細言之：智顗除了特別承繼前人的隱覆義，並將「如來藏」拉至圓教「佛性」地位，使「如來藏者即是佛性」；〔註288〕「如來藏。藏，名佛性」。〔註289〕若單以「藏」言之：

〔註287〕天親菩薩，〔陳〕釋眞諦譯，《佛性論》卷2，《大正藏》冊31，頁795下～796上。

〔註288〕〔隋〕釋智顗，釋灌頂記，《摩訶止觀》卷6，《大正藏》冊46，頁74下～75上。

〔註289〕〔隋〕釋智顗說，釋灌頂記，《妙法蓮華經玄義》卷8，《大正藏》冊33，頁743下。

智顗除了以「蘊積含藏」〔註290〕等類似詞闡明隱覆如來性，並將實相作為隱覆的受詞，使含有「真如實相包蘊」〔註291〕、隱而不說之意。此外，並反向言說，使「藏」具有「無所積聚」〔註292〕、「無所積集」〔註293〕五陰之意。可見智顗將「藏」從隱覆義，發展至反隱覆，並以通達方式，與非有非無、非常非無常的實相義靠攏。若專以「如來藏」言之：

> 多所含受，故名如來藏。……含備諸法，故名如來藏。(《妙法蓮華經玄義》)〔註294〕

> 含藏諸行，無量眾具，即如來藏。(《妙法蓮華經玄義》)〔註295〕

> 一切眾生亦如是。本有四德，隱，名如來藏；修成四德，顯，名為法身。(《妙法蓮華經玄義》)〔註296〕

> 如來法身不離煩惱藏。說苦諦。隱名如來藏；顯名為法身。(《妙法蓮華經玄義》)〔註297〕

> 法身即是自性清淨心。隱，名如來藏；顯，名法身。即是真性解脫。(《維摩經略疏》)〔註298〕

〔註290〕〔隋〕釋智顗說，釋灌頂記，《仁王護國般若經疏》卷 3：「以六識取六塵。起諸煩惱，貪著五欲，展轉無量，蘊積含藏，名之為藏。」(《大正藏》冊33，頁 268 中)

〔註291〕〔隋〕釋智顗說，《妙法蓮華經文句》卷 8，《大正藏》冊34，頁 110 中。

〔註292〕〔隋〕釋智顗，《維摩經玄疏》卷 5，《大正藏》冊38，頁 550 下；〔隋〕釋智顗說，〔唐〕釋湛然略，《維摩經略疏》卷 1，《大正藏》冊 38，頁 580 上、卷 5，頁 630 中、卷 10，頁 707 中；〔隋〕釋智顗，《維摩經文疏》卷 4，《卍續藏》冊18，頁 490 中、卷 15，頁 576 中、卷 28，頁 699 中；〔隋〕釋智顗說，釋灌頂錄，《金光明經文句》卷 2，《大正藏》冊39，頁 9 中。

〔註293〕〔隋〕釋智顗，《維摩經文疏》卷 27，《卍續藏》冊18，頁 680 下；〔隋〕釋智顗說，〔唐〕釋湛然略，《維摩經略疏》卷 10，《大正藏》冊38，頁 695 下。

〔註294〕〔隋〕釋智顗說，釋灌頂記，《妙法蓮華經玄義》卷 8，《大正藏》冊33，頁 783 中。

〔註295〕〔隋〕釋智顗說，釋灌頂記，《妙法蓮華經玄義》卷 5，《大正藏》冊33，頁 742 下。

〔註296〕〔隋〕釋智顗說，釋灌頂記，《妙法蓮華經玄義》卷 7，《大正藏》冊33，頁 774 上。

〔註297〕〔隋〕釋智顗說，釋灌頂記，《妙法蓮華經玄義》卷 2，《大正藏》冊33，頁 701 中。

〔註298〕〔隋〕釋智顗說，〔唐〕釋湛然略，《維摩經略疏》卷 4，《大正藏》冊38，頁 610 中。

法身滿足，即是非因非果正因滿。故云：隱，名如來藏；顯，名法身。雖非是因，而名爲正因；雖非是果，而名爲法身。(《觀音玄義》)〔註299〕

若無靈智，實相隱，名如來藏。(《觀音玄義》)〔註300〕

一佛乘即具三法。亦名第一義諦；亦名第一義空；亦名如來藏。(《妙法蓮華經玄義》)〔註301〕

智顗所詮的「如來藏」，主要於「隱覆」部分承繼前人，其餘則爲創新。亦即，智顗雖在「隱覆」義上著墨，於「事」、於「理」的核心焦點仍是置於圓教位置上闡述。據以上就「事」而言的引文可知，「如來藏」具：一、含受義：一含受多、總法含受別法而爲一體。乃就因緣假名而言，如來之性能含受諸法。二、含藏義：如來之性能蘊積含藏一切善惡種子及一切法。三、隱義：(一)隱法身：承繼前人的，隱法身及其四德，名如來藏。並進一步定位法身爲，「不離煩惱藏」、「自性清淨心」、「眞性解脫」、「非因非果正因滿」，以致「如來藏」乃爲諸詞之「隱」。(二)隱實相：眾生藏如來，即意味隱覆實相智理，有待福慧修行以發顯之。四、就假諦義：以一佛乘即具空假中三法，而言「如來藏」乃爲因緣假名，而有差別事相。從中可知，智顗於「事」上，將「如來藏」置於因緣假名假法假諦上言，以致能一具一切、能含藏善惡、能隱覆法身與實相。若就「理」而言：

以中道之理，名不思議者，即是如來藏也。無所積聚，乃名爲藏，故名不思議理也。(《維摩經玄疏》)〔註302〕

如來藏性淨；涅槃常清淨不變。……眾生界即涅槃界。不離眾生界即如來藏。(《妙法蓮華經玄義》)〔註303〕

如來藏即實相。實相不橫，此藏豈橫？故不可以縱思，不可以橫思，故名不可思議法，即是妙也。……實相非縱非橫，空藏亦非縱非橫。

〔註299〕〔隋〕釋智顗說，釋灌頂記，《觀音玄義》卷 1，《大正藏》冊 34，頁 880 下。

〔註300〕〔隋〕釋智顗說，釋灌頂記，《觀音玄義》卷 2，《大正藏》冊 34，頁 890 下。

〔註301〕〔隋〕釋智顗說，釋灌頂記，《妙法蓮華經玄義》卷 5，《大正藏》冊 33，頁 741 中。

〔註302〕〔隋〕釋智顗，《維摩經玄疏》卷 5，《大正藏》冊 38，頁 550 下。

〔註303〕〔隋〕釋智顗說，釋灌頂記，《妙法蓮華經玄義》卷 10，《大正藏》冊 33，頁 803 上。

宛轉相即，不可思議，故名爲妙。(《妙法蓮華經玄義》)〔註304〕

實相即如來藏。無量客塵覆此藏理。修恒沙法門，顯清淨性。(《摩訶止觀》)〔註305〕

理即者。一念心即如來藏理。如，故即空；藏，故即假；理，故即中。三智一心中具不可思議。如上說。三諦一諦非三非一。一色一香一切法。一切心亦復如是。(《摩訶止觀》)〔註306〕

今若決了諸乘，即是如來藏。藏，名佛性。從人天善乃至別乘，皆不動本法，即是於妙。當知：三句攝一切法，無非佛性，悉皆是妙。無麁可待，即絕待妙也。(《妙法蓮華經玄義》)〔註307〕

若就差別事相而言，眾生如來藏爲眾生各別等級的煩惱所覆，以致眾生各處緣境而應的差別法界中；若就究極理體而言，「如來藏」可從三面向詮之：一、中道之理：若就字義而言，「如來藏」之「藏」本有隱覆義，然而智顗正向直明，無所積聚、積集生死苦果，爲「藏」，而「如來藏」即爲不思議中道之理。二、不離眾生界：輪迴生死的眾生界與不生不滅的涅槃界若言相即，頗爲弔詭，但卻可從二點證成之：(一) 如來藏與涅槃皆常恒清淨不變，又因眾生本具如來藏，於「理」即是涅槃界的佛，因此可言「眾生界即涅槃界」。(二) 無論利鈍根性，佛乃眾生修得，因此可言，佛之「因」位即是眾生，眾生之「果」位即是佛。基於如來藏乃通因果，因此可成就「眾生界即涅槃界」。此外，由於佛乃眾生修得，因此無論如來藏之「藏」是隱覆或無所積聚義，實「不離眾生界」。而「不離眾生界」此語，並凸顯「藏」義。三、實相：智顗明言「如來藏即實相」，乃非縱非橫、不可思議妙法。之如此言，乃因智顗所定義的實相，並非僅止緣起性空的「空」義，或因緣和合而假有的「假」義，或非空非假、非有非無的「中」道義，而是空、假、中三諦宛轉相即之圓教一乘法；不僅是相待妙，並是絕待妙。從中可見智顗以詮解「佛性」即「實相」的路徑，來詮解「如來藏」。只不過智顗語境中鑲「如來藏」時，尤凸顯

〔註304〕〔隋〕釋智顗說，釋灌頂記，《妙法蓮華經玄義》卷5，《大正藏》冊33，頁743上。
〔註305〕〔隋〕釋智顗，釋灌頂記，《摩訶止觀》卷10，《大正藏》冊46，頁139下。
〔註306〕〔隋〕釋智顗，釋灌頂記，《摩訶止觀》卷1，《大正藏》冊46，頁10中。
〔註307〕〔隋〕釋智顗說，釋灌頂記，《妙法蓮華經玄義》卷8，《大正藏》冊33，頁743下。

「無量客塵覆此藏理」，以強調「修」德「顯」性的重要。

由上可知，無論智顗取負向隱覆義或正向的無所積聚義，來詮解「如來藏」之「藏」，智顗「如來藏」總義，不僅與前人有別，並頗為弔詭。然而若立基圓教，可知智顗以非有非無、亦有亦無、雙非雙照之理，明如來能如實知見三界之相、圓觀三諦深義，以致縱使清淨如來性為眾生所積聚的煩惱所覆藏，如來藏恒為絕待不二的不思議中道之理。「如來藏」取與中道、眾生界、實相相即，實含智顗創造性詮釋。

四、智顗「佛性」與「如來藏」的關係

智顗學說中，「佛性」與「如來藏」相即：就「理」而言，兩者皆意謂圓教中道不思議妙有之理，亦即實相。就「事」而言，覺了不改不變，名佛性；多所含受、含備諸法，名如來藏，雙雙指涉實相。是以，其體既圓，實乃名義無隔。然而考察智顗著述，為何「佛性」出現比例勝過「如來藏」？智顗的「如來藏」，承繼前人的部分於：「藏」具有含藏、含攝、包含、隱覆、陰積、蘊積、出生等意。「如來藏」縱為煩惱覆蓋，其內的如來藏恒為清淨無染。語境恰在表明眾生所內具的清淨真如體性為煩惱所隱覆、纏縛。雖然智顗並進而轉化並創新，而以圓教實相詮「如來藏」，但智顗會側重以「佛性」詞陳述，應有幾因素：一、呼應中土文化重人性、才性的議題討論。二、凸顯「佛『性』」非常非無常的「不改」義，避免常人一見「如來藏」便有「常」、「住」的反射思維。三、將眾生內具的如來性被煩惱隱覆的狀態，擴至於十法界中言：就此以一念清淨可入佛界、一念沈淪可入他界，來強調眾生修行與保固的重要。四、取「如來藏」隱覆義，就「事」表明，佛性由於被眾生不同程度的煩惱覆蓋、因不同程度的修德而顯、因對應不同的法界，因而被假名稱為地獄性、人性、修羅性等。九界之性於「理」、於「事」，其實即為佛性。五、佛性含佛界義。表明佛界之性與九法界之性皆是「非常非無常」，皆為「不改」，乃為不二。十法界眾生皆具佛性，皆可入佛界，是以佛性又名實性，表明眾生皆具。如此，眾生藏如來、如來藏眾生、隱覆纏縛的前人「如來藏」之說，便成為智顗佛性論的一部分，而實相義的「如來藏」則與實相義的「佛性」相互呼應。基此，智顗重於眾生修德的佛性思想，確實較前人深化、開濶。

智顗定義「佛性」之「性」，與諸法萬物所含具之「性」，皆不離不脫「非常非無常」極理。細分之，該「性」並含「扶空」的不動性、「扶假」的種性，

以及「扶中」的實性。輔以智顗以心的境界來判斷佛或眾生的等級界別,可知智顗學說中的「佛性」,不僅具有能覺察煩惱、穿破煩惱的性能,最重要的,且最能凸顯智顗新義的是:能「達」。亦即,智顗界定的「佛性」具有一心三觀、圓觀三諦的性能,以致能通達非道即佛道,契會眞如。也因此,眾生佛性雖被煩惱遮覆,但倘若眾生能起而修行,精進於「心」上下功夫,則藉由觀心法門,使一念無明妄心轉爲明心,便證入佛界而爲佛。此外,由於智顗賦予「佛性」圓觀實相、通達一切的性能,因而智顗對眾生的惡念妄心並不敵對視之。智顗因「達」而能「融」的教說,更較前人注予「佛」、「佛性」妙不可思議的新義。

古今中外,「如來藏」與「佛性」堪爲佛性論不即不離的核心關鍵詞。智顗以「不改」、是爲「極理」的「性」義,強化「佛性」中道實相義,並指出「如來藏」含有二面向:一是凸顯眾生煩惱「藏」清淨如來性,此近前人如來藏義。二是與智顗「佛性」同,皆具中道實相義。以正向「含受」諸法、「含藏」善惡種子的「藏」義,凸顯「如來藏」發展至智顗時,已有別前人煩惱隱覆清淨自性的單一之說,而邁向與「佛性」同源的圓教實相義。那麼於智顗佛性論中,何以「佛性」一詞出現比例多於「如來藏」?原因是:一、爲發揮「佛性」的「性」義,以扣緊並呼應智顗十法界、一念三千、一心三觀、心具一切等說。亦即,智顗界定的「佛性」,含有佛界義。較「如來藏」,凸顯迷悟時,刹那一念心所相應的法界。二、「如來藏」一詞,雖然智顗加注圓教實相義,予轉化並創新,但智顗學說中的「佛性」較「如來藏」,能以緣起性空的空義,兼十法界等差別事相的假義,兼即空即假的中道義,演繹心、佛、眾生乃無二無別。三、雖然智顗學說中,佛性與如來藏的原型是實相眞如,皆奠基一乘圓實中道妙理。但世人對「如來藏」的慣性認知,常止於隱覆、覆蓋義的「藏」如來,反倒智顗學說中的「佛性」一詞,多番強調一念心轉的重要,而有圓觀實相的演繹,誠乃豐實圓教理論內涵。

小　結

大乘初期,以觀緣起性空的中觀系爲興盛,然而若加以檢討,易疑:執持能觀之智?若性空,吾人如何進行「觀」的活動?又,行者修行的動力與目標,是否僅爲觀得實相?假若證得涅槃,意謂解脫成佛,則行者除了修行

因緣觀法，其本身是否需要具備什麼條件？這引人省思：植物需有種子，才能萌芽、抽枝、長葉、開花、結果。若欲成佛，則最基本的條件應是具有佛性。爲解決此問題，眞常系興起並盛行，其佛性說闡述眾生本具清淨佛性、悉具成佛的資質，甚至表明，眾生與佛無別；期間眞常系並與中觀系、瑜伽系互涉。整體來說，智顗前人持「如來藏常住」〔註308〕、「佛性常住」〔註309〕而不易不改，並且縱是被煩惱隱覆，仍是清淨無染。智顗爲避免世人因緣起性空而執無常、因如來藏說而執常，而立基於圓教思想：一、以能圓融圓觀三諦，徹見實相，詮「佛」；二、以「非常非無常」的「不改」之理，詮佛之「性」；三、以「覺了不變」，性具一切、性含善惡，詮「佛性」。由於智顗所界定的「佛」不僅是道德義的佛，更是圓教實相義的佛，因此佛性乃實相之性、極理之性；縱一反前人佛性本質純淨無染說，而含煩惱無明，亦能通達而不被惡性、無明性所制約，以致能不悖大道眞理。亦即，智顗的佛性論，不僅與前人相同，闡述眾生悉具能覺悟實相、能成就佛道的性質、性能，並且能更進一步在圓教一乘的義理網絡中，不拘於相待的善、惡，而以非善非惡、即善即惡、即事即理、即眞即俗、即空即假即空的圓理表明：凡諸法、凡眾生皆具緣起性空實相義的「佛性」。以下並分三點總結：

（一）「佛『性』」與諸法萬物所含具之「性」，皆不離不脫「非常非無常」極理。若以「性」之空、假、中三「不改」義論之，「性」具「非常」的不動性義、「非無常」的種性義，以及非空非假、中道言之的「非常非無常」的實性義。可知智顗以「不改」，界定「性」內涵之理是恒久不變；「性」究極之理，即指「非常、非無常」。眾生與萬物諸法所內據之性，即爲實相義的「非常非無常」之性，亦即實性、法性、不二之性、中道之性、實相之性。諸法之性就因緣假法論之，於通因果之內，含有能生義，具遇緣顯發的性能，而有相用差別。落於十界有情眾生，則依所內據的性是顯明或隱覆的狀態，而有不同的心志行爲以塡實是屬於何界的「名」。

〔註308〕如：〔北涼〕曇無讖譯，《大般涅槃經》卷9：「如來常住，性無變易」；〔東晉〕釋法顯譯，《佛說大般泥洹經》卷5：「當知一切皆有如來常住之性。滅諸結縛，煩惱永盡，顯現如來常住之性」；〔宋〕求那跋陀羅譯，《勝鬘師子吼一乘大方便方廣經》卷1：「如來藏者，離有爲相。如來藏常住不變」。（《大正藏》冊12，頁417上；冊12，頁883上；冊12，頁222中）

〔註309〕如：〔北涼〕曇無讖譯，《大般涅槃經》卷8：「開示如來祕密之藏。清淨佛性，常住不變」；《大方等無想經》卷2：「是經典中宣說眾生實性佛性，常住法藏。」（《大正藏》冊12，頁410下；1083中）

　　（二）許多佛教勝義詞，智顗皆賦予圓教圓說義涵。例如智顗學說中的「如來藏」，雖承繼前人含藏、含攝、包含、隱覆、陰積、蘊積、出生等意，而意謂眾生所內具的清淨真如體性爲煩惱所隱覆、纏縛，但智顗僅視此爲「如來藏」的「事」面向。於「理」面向，「如來藏」乃同「佛性」，皆意謂圓教中道不思議妙有之理，亦即實相。「『如來』『藏』」此複合詞與「『佛』『性』」相應，但就比例而言，爲何智顗多以「佛性」一詞演繹佛性論，而僅在語境、語義需要時以「如來藏」一詞稱述？除了呼應中土文化重人性、才性的議題討論，最大因素是智顗的「佛性」義蘊比「如來藏」更有揮灑的空間：十法界中，一念清淨可入佛界、一念沈淪可入他界，強調眾生修行與保固的重要。

　　（三）智顗所詮的佛性，內具善性與惡性，乃爲佛界之性。佛界與九界眾生皆內具善性與惡性。當眾生所內具的善性全然純徹之顯，則該眾生入佛界，而名爲佛；順理，但眾生所內具的惡性差別程度之顯、善性差別程度之隱，則名爲九界眾生。由於僅是隱顯之別，因而可說佛界之佛具佛性與九界之性；九界眾生亦是。可知，佛性即九界之性；佛性被眾生不同程度的煩惱覆蓋、因不同程度的修德而顯、因對應不同的法界，而被權宜稱爲地獄性、人性、修羅性等。爲區別眾生對境與修行等級，而假名有十界之性。

第三章　論智顗學說中的「心」與「即」義

　　智顗學說中，無論是言及本體、佛性、實相、世界起源、修行工夫、成佛解脫、境界，或是注疏前人作品，或是闡釋佛教基本教義……，其核心宗旨皆不離「心」一字。智顗究竟如何定義「心」？佛心與眾生心是否有別？若是等同，爲何要分「佛」與「眾生」二詞？若是殊異，爲何智顗常援引《華嚴經》，說明「心、佛，及眾生，是三無差別」？[註1] 本章擬抉微智顗學說中的「心」，並探討智顗爲何重視觀心法門、何謂「心具」說，及其開展之內涵。此外，從「十界一心」、「一念三千」，可進而探討智顗著述中，繫連敵對或類例二詞的「即」字所扮演的角色與意義。又，爲何當能掌握「當體全是」的「即」字概念，即能豁然瞭達一心具一切心、一切法，以及智顗圓教常言的：「不斷斷」、「不斷癡愛，起於明、脫」、「行於非道，通達佛道」之深義。

第一節　論智顗「『觀』『心』」

　　智顗云：

　　《淨名》云：諸佛解脫，當於一切眾生心行中求。當知我心亦然、眾生亦然。彼、我既然，諸佛亦然。心、佛及眾生，是三無差別。(《金

[註1] 〔東晉〕佛馱跋陀羅譯，《大方廣佛華嚴經》卷 10：「心如工畫師，畫種種五陰，一切世界中，無法而不造。如心佛亦爾，如佛眾生然，心、佛，及眾生，是三無差別。諸佛悉了知，一切從心轉。若能如是解，彼人見眞佛。」(《大正藏》冊 9，頁 465 下～466 上）

光明經玄義》）〔註2〕

智顗常援用《華嚴經》「心、佛，及眾生，是三無差別」，〔註3〕來開闡與成佛解脫緊密繫連的佛性論。〔註4〕雖說從緣起性空的實相義，可證明三者無別，然而從心念內涵、認知程度、行為屬性、生命境界而言，「心起三毒」、「攬五陰」〔註5〕的眾生，與「覺知世間、出世間一切諸法」、「觀智，覺悟此心」〔註6〕的佛是否真能等同？而心在眾生與佛之間，又是扮演何種樞紐與橋樑？是否三者從各種面向而言，皆能齊一無別？又，何以智顗要援引《維摩經》，強調「諸佛解脫，當於眾生心行中求」？諸問題基源點首當回歸：智顗學說中的「心」究竟指什麼？其意義、效用、價值為何？是以本文擬探智顗「『觀』『心』」論；透過「觀」的行為，以明「心」的本來面目，進而管窺心、佛、眾生何以「三無差別」。重心聚焦於：一、抉微智顗「心」的意涵；二、考察「『觀』一念心」，探究「觀」的主體、客體是什麼，以呈顯一念心在觀法之下的微妙處。

一、智顗學說中的「心」

智顗對「心」有各種面向的闡述。若欲釋名，可從智顗對梵譯的「心」論起：

> 質多者，天竺音，此方言心，即慮知之心也。天竺，又稱污栗馱，此方稱是草木之心也。又稱矣栗馱，此方是積聚精要者為心也。今簡非者，簡積聚、草木等心，專在慮知心也。（《摩訶止觀》）〔註7〕

〔註2〕 〔隋〕釋智顗說，釋灌頂記，《金光明經玄義》卷2，《大正藏》冊39，頁9下。

〔註3〕 〔東晉〕佛馱跋陀羅譯，《大方廣佛華嚴經》卷10：「心如工畫師，畫種種五陰，一切世界中，無法而不造。如心佛亦爾，如佛眾生然，心、佛，及眾生，是三無差別。諸佛悉了知，一切從心轉。若能如是解，彼人見真佛。」（《大正藏》冊9，頁465下〜466上）

〔註4〕 如：〔隋〕釋智顗說，釋灌頂記，《妙法蓮華經玄義》卷2，《大正藏》冊33，頁693上、696上、696中；〔隋〕釋智顗說，釋灌頂記，《觀音玄義》卷1，《大正藏》冊34，頁877中、884中、《觀音玄義》卷2，頁887中；〔隋〕釋智顗，《三觀義》卷2，《卍續藏》冊55，頁683下。

〔註5〕 〔隋〕釋智顗說，釋灌頂記，《摩訶止觀》卷3：「言眾生者。貪恚癡心皆計有我。我即眾生：我逐心起。心起三毒，即名眾生」；卷5：「攬五陰，通稱眾生」。（《大正藏》冊46，頁31下：52下）

〔註6〕 〔隋〕釋智顗說，釋灌頂記，《妙法蓮華經玄義》卷7：「覺知世間、出世間一切諸法，名之為佛」；〔隋〕釋智顗，《維摩經玄疏》卷6：「觀智，覺悟此心，名之為佛」。（《大正藏》冊33，頁766下：冊38，頁560中）

〔註7〕 〔隋〕釋智顗，釋灌頂記，《摩訶止觀》卷1，《大正藏》冊46，頁4上。

智顗表示，「心」有三梵名，音譯爲：質多、污栗馱、矣栗馱，相應有三義：慮知心、草木心、積聚精要心。質多，即爲梵 citta，然而污栗馱、矣栗馱，其梵字卻頗爲費解。再覽佛教經典對「心」的梵文音譯及義，發現歷來常有分歧，尤其在非慮知心上，如：一、「梵音肝栗大，栗大。宋言心，謂如樹木心，非念慮心」；〔註8〕二、「紇利陀耶，此云肉團心。此是身中五藏心也」、「乾栗陀耶，此云堅實心、亦云貞實心，此是眞心」；〔註9〕三、「紇利陀，謂肉團心」；「乾栗陀，謂堅實心」；〔註10〕四、「汗栗馱者，是處中之心」、「凡夫肉心最在於中，是汗栗馱」、「凡夫心處雖未能自了其心，然亦自然而有八瓣，如合蓮華形」；〔註11〕五、「梵云纈唎陀耶，此云肉團心」；〔註12〕六、「梵語訖利馱耶，此云肉團心，則人之心藏也。其色赤，形如蓮華，上有七葉，色法所攝」、「乾栗馱，此云堅實心。謂如來藏自性清淨不生不滅心」；〔註13〕七、「紇利陀耶，即肉團心」、「乾栗陀，此云堅實心」；〔註14〕八、「紇利陀耶，此云肉團心，即意根所託也」；〔註15〕九、「汗栗馱心，處中之心也。若能證此心中之心，即是如來之決定心」、「肉團心處，梵語汗栗馱，正云迄栗」；〔註16〕十、「梵語阿賴耶，此云藏心，亦云紇哩陀耶，此云肉團心」。〔註17〕綜上可知，非慮知心可分兩類：一、身內五臟之一的肉團心，亦即世人肉眼可見、屬循環系統的動力器官的肉體心臟，爲意根所托；二、心中之心、堅實心、貞實心、眞心、如來決定心、如來藏自性清淨不生不滅心。智顗雖未用文字直明肉團心，所言的「草木之心」卻可與之相聯，原因是無情草木心、花心雖不等同屬於有情眾生生理結構的肉團心，但兩者卻同是無思慮、無情識、無知覺；此外，並如例四、六所言，肉團心形自八瓣肉葉而成，如含敷的蓮華，〔註18〕這可能亦是智顗意指

〔註8〕　〔宋〕求那跋陀羅譯，《楞伽阿跋多羅寶經》卷1，《大正藏》冊16，頁483中。

〔註9〕　〔唐〕釋宗密述，《禪源諸詮集都序》卷上，《大正藏》冊48，頁401下～402上。

〔註10〕　〔唐〕釋宗密，《圓覺經大疏釋義鈔》卷1，《卍續藏》冊9，頁464中。

〔註11〕　〔唐〕釋一行，《毗盧遮那成佛神變加持經義釋》卷9，《卍續藏》冊23，頁418下～419下。

〔註12〕　〔唐〕釋澄觀，《大方廣佛華嚴經疏》卷53，《大正藏》冊35，頁901上。

〔註13〕　〔宋〕釋子璿，《起信論疏筆削記》卷1，《大正藏》冊44，頁297上。

〔註14〕　〔宋〕釋玉峯述，《般若心經略疏連珠記》上，《大正藏》冊33，頁560下～561上。

〔註15〕　〔宋〕釋法雲編，《翻譯名義集》卷6，《大正藏》冊54，頁1162中。

〔註16〕　〔遼〕釋覺苑，《大日經義釋演密鈔》卷8，《卍續藏》冊23，頁622中。

〔註17〕　〔清〕釋續法述，《般若波羅蜜多心經理性解》卷下，《卍續藏》冊26，頁899中。

〔註18〕　亦如：〔唐〕釋一行記，《大毘盧遮那成佛經疏》卷4：「凡人污栗馱心狀，猶

草木心之由。而智顗的「積聚精要者爲心」，可指積聚經文一切要義的心，亦即心要、核心、心髓；亦可指處中之心、中心之心、眞心、萬法具有眞如法性的眞實心性、不生不滅清淨如來藏心，而這與草木心同，無具緣慮情知作用。對照梵文及義，肉團心、草木心應是 Hṛd；積聚精要心、心中之心、中心、核心應是 Hṛdaya，〔註19〕那麼何以智顗與諸經音譯不盡相同？這應涉及既是音譯，多少有拼字、訛誤之差。〔註20〕此外，梵文言「心」的字有 abhiprāya；āśaya；śraya；ātman；buddhi；caitanya；caitasī；caitasika；cetana；cintā；citta；mānasa……等，何以智顗主以中性詞 citta、hṛd、hṛdaya 來闡論「心」？以上梵字雖言「心」，卻各有偏重之意，諸如：男性詞 abhiprāya，意謂心、願、深心所願、心所樂、意趣、念，如：abhiprāya-vaśa（意）；男性詞 āśaya，意謂心、直心、心性、意、意樂、欲、志性之所歸趣，如：āśaya-viśuddhatā（清淨意樂）；中性詞 manas，意謂意、意識、意念、思惟、末那識，如：kāya-vāṅ-manas（身口意）；中性詞 mānasa，意謂精神的心、意，如：mānasa-śuc（精神的苦惱）。〔註21〕筆者認爲智顗從中會主述慮知心、草木心、積聚精要心，其實點線面說明：心能緣境慮知，並屬五臟之一，並內具清淨眞實本性；不能因「心」能慮知、是清淨，而

如蓮花含而未敷之像」；〔宋〕釋智圓述，《請觀音經疏闡義鈔》卷4：「赤肉之心即肉團心也。《正法念經》中如蓮華晝開夜合，即此心藏也。」（《大正藏》冊39，頁623上；頁998下）

〔註19〕 荻原雲來編纂，辻直四郎監修，《梵和大辭典》（臺北：新文豐出版社），2003年，頁469～470；1563。又，據「般若波羅蜜多心經」，梵譯 prajñāpāramitā-hṛdaya、「諸佛心陀羅尼經」，梵譯 buddha-hṛdaya-dhāraṇī，可例證 hṛdaya 作經文心髓精要；據「如來藏心」，梵譯 tathāgata-garbha-hṛdaya，可例證 hṛdaya 作處中之心、中心。此外，今人有認爲智顗「『污栗馱』和『矣栗馱』則是梵文 hṛdaya 的音譯」（如：吳汝鈞，〈天台三大部所反映智者大師的心靈哲學〉，《中華佛學學報》第10期，1997年，頁316），此雖能說明「污栗馱」、「矣栗馱」關係緊密，但因筆者尚無法證明 hṛdaya 的「hṛ」有兩種發音，再者「污栗馱」、「矣栗馱」若眞是同梵字，就音而言，應同爲 hṛd，而非吳氏所言的 hṛdaya，因此本文仍據 hṛdaya 含括經文精要義，暫以 hṛd、hṛdaya 分別表智顗的草木心、積聚精要心。

〔註20〕 例二、三皆出自宗密作品，音譯卻不同，可再見梵文音譯有商榷的空間。而單看智顗此段音譯與義的引文，後人在援用時亦不盡相同，如：〔宋〕釋宗翌述，《註法華本迹十不二門》：「止發心中論三種心：一、質多者，此方言，心即慮知之心；二、汗栗陀，此方草木之心；三、牟栗陀，此方積聚精要者爲心。」（《卍續藏》冊56，頁327下）無論是否是傳訛之誤，亦再證梵文音譯的多樣性。

〔註21〕 參荻原雲來編纂，辻直四郎監修，《梵和大辭典》（臺北：新文豐出版社，2003年），頁105；215；997～998；1032。

誤以爲是肉團心外的心，以致頭上安頭。而智顗的「簡非」「積聚、草木等心，專在慮知心」，並非否定積聚精要心、草木心，而是著重闡述如何在慮知心上下止觀修行功夫，以臻成佛解脫之境。這三心實爲一心，是以眾生心之爲佛心，就理而言，可說是積聚精要心之故；就事而言，可說是慮知心能轉妄成智識之故。智顗闡論慮知心，可就三方面言：

（一）心即四陰

智顗云：

> 《智度論》偈云：一切諸法中，但有名與色。……一、名：心但有字，故曰名也。即是心，及相應數法。雖有能緣之用，而無質礙可尋。既異於色，而有心意識及諸數法種種之別名，故謂之爲名也。二、色：有形質礙之法，謂之爲色。是十入及一入少分，皆是質礙之法，並無知覺之用。既異於心意識法，故稱爲色也。（《法界次第初門》）〔註22〕

> 心如幻焰，但有名字，名之爲心。適言其有，不見色質；適言其無，復起慮想。不可以有無思度故，故名心爲妙。（《妙法蓮華經玄義》）〔註23〕

> 心無形質，但有名字。內外中間，求字不得。是字不住，亦不不住。（《妙法蓮華經玄義》）〔註24〕

> 心由緣起，生滅迅速，不見住處相貌，但有名字，名字亦空。（《妙法蓮華經玄義》）〔註25〕

citta，意謂心、意、識、思、思議、籌量，強調刹那間眞妄心識意念的流轉狀態，如：citta-kṣaṇa（刹那心）、citta-srotas（心流）、kliṣṭa-citta（染污心）。智顗學說中的「心」，往往便指名爲「質多（梵 citta）」的慮知心，並常以「名」加以演繹：一切諸法加以解構，無非「名與色」。「名」即爲能動心起念的主體作用者，亦即有知覺、思慮分別、攀緣境界之用、卻無形質可尋的心意識法，亦即「不住」又「不不住」、非「有」非「無」的「心」。反之，與「名」

〔註22〕〔隋〕釋智顗，《法界次第初門》卷1，《大正藏》冊46，頁665中。
〔註23〕〔隋〕釋智顗，釋灌頂記，《妙法蓮華經玄義》卷1，《大正藏》冊33，頁685下。
〔註24〕〔隋〕釋智顗說，釋灌頂記，《妙法蓮華經玄義》卷3，《大正藏》冊33，頁711上。
〔註25〕〔隋〕釋智顗說，釋灌頂記，《妙法蓮華經玄義》卷4，頁719中。

相對的，便是示現形質而互為障礙、無知覺緣慮之用、非心意識法、屬客境的「色」。據此可知，智顗持無心外之法，以緣起的唯心論為導向。智顗並云：

> 《釋論》云：一陰，名色；四陰，名名。心，但是名也。(《妙法蓮華經玄義》) 〔註26〕

> 色即色陰；心即四陰。了別此色，名識陰；領納此色，名受陰；行起貪瞋，名想、行兩陰。(《摩訶止觀》) 〔註27〕

> 惑此色法，即色陰；憂喜，是受陰；取相，是想陰；起善惡，是行陰；分別是識陰。陰心起，故名為有法。(《金光明經文句》) 〔註28〕

> 陰，以陰覆為義。能覆出世真明之慧，而增長生死，集散不絕，故通名為陰。(《法界次第初門》) 〔註29〕

> 陰者，陰蓋善法，此就因得名。又陰是積聚，生死重沓，此就果得名。(《摩訶止觀》) 〔註30〕

所謂的「名與色」：「名」即「心」，含括領納外境而起苦樂之感的受陰、對境而執取事物善惡邪正苦樂等相的想陰、造作善惡貪瞋有為法的行陰、對境而了別識知事物的識陰；「色」，即四大五根等因緣所生之一切形質的色陰。而所謂的「陰」，就因而言，乃指能蔭覆真理善法；就果而言，乃指能積聚生死苦果。從中可知，智顗特言慮知的四陰心，確實以「五盛陰苦」、「頭上火然」〔註31〕的眾生心為修行的起點與重心，以待由迷轉覺得解脫。

(二) 心即識陰

智顗云：

> 論云：一切世間中，但有名與色。若欲如實觀，但當觀名色。心是惑本，其義如是。若欲觀察，須伐其根，如灸病得穴。今當去丈就尺，去尺就寸，置色等四陰，但觀識陰。識陰者，心是也。(《摩訶止觀》) 〔註32〕

〔註26〕 〔隋〕釋智顗，釋灌頂記，《妙法蓮華經玄義》卷1，《大正藏》冊33，頁685下。

〔註27〕 〔隋〕釋智顗，釋灌頂記，《摩訶止觀》卷9，《大正藏》冊46，頁125下。

〔註28〕 〔隋〕釋智顗說，釋灌頂錄，《金光明經文句》卷4，《大正藏》冊39，頁71中。

〔註29〕 〔隋〕釋智顗，《法界次第初門》卷1，《大正藏》冊46，頁665中～下。

〔註30〕 〔隋〕釋智顗說，釋灌頂記，《摩訶止觀》卷5，《大正藏》冊46，頁51下。

〔註31〕 〔隋〕釋智顗說，《妙法蓮華經文句》卷6：「四陰心即五盛陰苦。不能即斷有頂種，故頭上火然」(《大正藏》冊34，頁77上)

〔註32〕 〔隋〕釋智顗，釋灌頂記，《摩訶止觀》卷5，《大正藏》冊46，頁52上～中。

一切內外識陰，名之爲心。(《四教義》)〔註33〕

能觀之心王，即是識。領受此數，即是受緣想。此數即是想；其餘
諸數即是行。(《請觀音經疏》)〔註34〕

由「名與色」共組的世間有爲法，若「去丈就尺」如實觀之，可說在觀作爲
妄惑之本的四陰心：一、識陰：即心王。能有主作用，並且能觀。二、受、
想、行識：即心數。相應心王，並且能總了別所對之境，對之而起貪瞋等之
情；「若無心王，即無心數」。〔註35〕若說「炙病得穴」，同如對症下藥，需捨
標治本，才有事半功倍之效，則進一步「去尺就寸」，識陰恰可以「穴」稱之。
是以「心」就廣狹二義言：廣義可指非色的四陰心，狹義則指四陰心中能「了
別所緣之境」〔註36〕的識陰。

（三）心即意識

智顗云：

意，即心王也。(《仁王護國般若經疏》)〔註37〕

心對一切法，即有能知法之用，名之爲意。意者，即心王也。(《法
界次第初門》)〔註38〕

遍身者，五識也。心者，意識，心王也。身爲八苦所逼，而心不厭
惱也。(《妙法蓮華經文句》)〔註39〕

心者，心王，異乎木石心。例上有內心、外心、內外心。心王不住，
體性流動。若麤若細，若內若外，皆悉無常，無奢無從。今日雖存，
明亦難保。(《四念處》)〔註40〕

智顗以四陰、識陰分別廣狹定義「心」，並更進一步聚焦：以識陰中的第六識，
亦即意識，爲「心」、爲「心王」。識陰雖亦稱「心王」，但顯然意識更爲稱位，
原因是：一、有別心數的從屬作用，意識更名副其實爲「非有非無」的心的主

〔註33〕〔隋〕釋智顗，《四教義》卷4，《大正藏》冊46，頁734下。

〔註34〕〔隋〕釋智顗說，釋灌頂記，《請觀音經疏》卷1，頁972下。

〔註35〕〔隋〕釋智顗說，《六妙法門》，《大正藏》冊46，頁554上。

〔註36〕〔隋〕釋智顗，《法界次第初門》卷1，《大正藏》冊46，頁665下。

〔註37〕〔隋〕釋智顗說，釋灌頂記，《仁王護國般若經疏》卷3，《大正藏》冊33，頁270上。

〔註38〕〔隋〕釋智顗，《法界次第初門》卷1，《大正藏》冊46，頁666上。

〔註39〕〔隋〕釋智顗說，《妙法蓮華經文句》卷5，《大正藏》冊34，頁68上。

〔註40〕〔隋〕釋智顗說，釋灌頂記，《四念處》卷1，《大正藏》冊46，頁559上～中。

體，能了別一切境識、能有「意之趣向」；二、意識雖與識陰，皆可稱爲「妄惑之本」，但意識更凸顯「心源」〔註41〕、「窮諸法源，皆由意造，故以意爲言端」〔註42〕的特色；三、意念之能生與所依。此外，前文，智顗音譯心爲「污栗馱」，肯定「草木之心」，而此處卻表「心者，心王，異乎木石心」，看似矛盾，其實並不相違，原因是：前者用來形容肉團心，後者卻是用來強調意識心具有緣起生、緣起滅、無常不住的動態特質。智顗並表示心意識的關係：

> 意者，心數也。……諸數無量，何故對意論覺？窮諸法源，皆由意造，
> 故以意爲言端。對境覺知，異乎木石，名爲心；次，心籌量，名爲意；
> 了了別知，名爲識。如是分別，墮心、想、見倒中，豈名爲覺？……
> 心意識非一，故立三名：非三，故說一性。（《摩訶止觀》）〔註43〕

> 意，名諸心、心數。……一切諸法雖復無量，然窮其本源，莫不皆
> 從心意識造。所以然者。有人言：若初對境覺知，異乎木石，名爲
> 心；次，籌量分別，名曰意；了了識達，名之識。是爲心意識之別。
> 如是取者，即墮心顛倒。……心意識非一，故立三名：非三，故說
> 一性。（《釋摩訶般若波羅蜜經覺意三昧》）〔註44〕

從這兩段小異處可互佐其意的引文，可知智顗反對心意識「如是分別」。此應是智顗有感瑜伽學派及論師對「心意識」的認知不定，〔註45〕如：一、「心」指第八識，即阿賴耶識、藏識，含有積集之義，乃有漏、無漏一切有爲法的根本，即阿賴耶識含藏蓄積種子而生起現行；二、「識」指前六識，或意識，有了別、認識作用；三、「意」指第七識，即末那識、阿陀那識，有恒審思量的思惟作用。亦即智顗不認同前人所持的，「心」是心王，「意」、「識」是心所，〔註46〕並分

〔註41〕 〔隋〕釋智顗說，釋灌頂記，《釋摩訶般若波羅蜜經覺意三昧》卷 1：「妄惑之
　　　　本，是即意之實際。至道出要，所謂反照心源。」（《大正藏》册 46，頁 621 上）
〔註42〕 〔隋〕釋智顗，釋灌頂記，《摩訶止觀》卷 2，《大正藏》册 46，頁 14 下。
〔註43〕 〔隋〕釋智者說，釋灌頂記，《摩訶止觀》卷 2，《大正藏》册 46，頁 14 中。
〔註44〕 〔隋〕釋智顗說，釋灌頂記，《釋摩訶般若波羅蜜經覺意三昧》，《大正藏》册
　　　　46，頁 621 下。
〔註45〕 如：無著造，〔陳〕釋眞諦譯，《攝大乘論》卷 1 便明言：「復有餘師，執心意
　　　　識此三，但名異義同，是義不然。意及識已見義異，當知心義亦應有異。」（《大
　　　　正藏》册 31，頁 114 下）
〔註46〕 如：馬鳴，〔梁〕釋眞諦譯，《大乘起信論》卷 1：「生滅因緣者，所謂眾生依心、
　　　　意、識轉故。此義云何？以依阿梨耶識，說有無明。不覺而起，能見、能現、
　　　　能取境界，起念相續，故說爲意。……言意識者，即此相續識，依諸凡夫取著
　　　　轉深，計我、我所，種種妄執隨事攀緣，分別六塵，名爲意識，亦名分離識」；

別指涉八識，因而提出心意識「非一」「非三」之説：一、無論「意」指「心、心數」，或片面指「心數」，「意」是心王、亦是相應之心所；是能觀之智，亦是所觀之境。二、諸法窮盡本源，皆由「意」造，是故須「對意論覺」。「意」實爲重要。三、心意識其實「非一」、「非三」：「非一」在於，有別草木瓦石，對境而能覺察知曉，名爲「心」；能籌量分別，進行思惟活動，名爲「意」；能了了識別法境，名爲「識」。「非三」在於，雖各含其義、各異其名，但此「心」是異乎木石、主領心所的心王、並是指意識的「意」、並是指第六識體的「識」；「心」、「意」、「識」三者其實是同性體的三面向，彼此互具，可簡稱爲含「諸心、心數」能所二法的「意」〔註47〕、或者含具「心、意」的「識」〔註48〕、或者直接以「心」賅括之。是故，智顗以「一法論三，三中論一」〔註49〕的本懷，表明心意識雖因「用」而別名，其實三名一性。智顗並云：

> 内有意根，外有法塵。根塵相對，則意觸因緣生愛。愛生者，即是
> 身見意識生也。……《中論》偈云：諸法不自生，亦不從他生。不
> 共不無因，是故説無生。當知身見之心，本自不生。不生而説生者，

〔隋〕釋慧遠，《大乘起信論義疏》卷1：「心者是第八識也。意、意識轉，故七、六識也。真識是其神知之主集起所依，義説爲心。妄識總對一切境界發生六識，義説爲意。事識依意，了別六塵事相境界，故名意識」；彌勒説，〔唐〕釋玄奘譯，《瑜伽師地論》卷63：「此中諸識，皆名心意識。若就最勝，阿賴耶識，名心。何以故？由此識能集聚一切法種子故，於一切時緣執受境，緣不可知一類器境。末那名意。於一切時執我、我所及我慢等思量爲性。餘識名識，謂於境界了別爲相」；護法等，〔唐〕釋玄奘譯，《成唯識論》卷5：「薄伽梵，處處經中，説心意識三種別義。集起名心；思量名意；了別名識，是三別義。如是三義，雖通八識而隨勝顯。第八，名心：集諸法種，起諸法故。第七，名意：緣藏識等恆審思量，爲我等故。餘六，名識：於六別境麁動間斷，了別轉故。」（《大正藏》冊32，頁577中；冊44，頁186下；冊30，頁651中；冊31，頁24下）又，智顗之前的中土應已存有彌勒、護法等心意識分別的思想，然因考慮經文完整性，因此暫援取玄奘兩段譯文表之。

〔註47〕陳英善，〈慧思與智者心意識説之探討〉：「以覺知釋『心』；以籌量釋『意』；以了別釋『識』，是墮於『心、想、見倒』中，既已墮入見倒，又如何稱之爲覺呢？」（《中華佛學學報》11期，頁170）陳氏釋智顗會斥「墮心、想、見倒」之故，在於不該以覺知、籌量、了別，定義心、意、識。筆者則認爲，智顗並不反對此種分釋，只不過分釋者不該僅重「分別」，而忘了「心意識」是「非三」|「一性」的關係：此爲智顗以三顛倒斥之的原因。

〔註48〕〔隋〕釋智顗説，釋法慎記，《釋禪波羅蜜次第法門》卷1．「此中心意，名之爲識，即是刹那覺知心也。」（《大正藏》冊46，頁479中）

〔註49〕〔隋〕釋智顗説，釋灌頂記，《妙法蓮華經玄義》卷5，《大正藏》冊33，頁744下。

但是隨順世間名字故説生。名字之法不在内外，亦非兩間，亦不常自有是字。不住，亦不不住，是字無所有。言語道斷，是名從因成假，以入空也。(《維摩經玄疏》)〔註50〕

心不孤生，必託緣起。意根是因，法塵是緣，所起之心是所生法。此根塵所，三相遷動。竊起竊謝。新新生滅，念念不住。……秖觀根塵相對，一念心起。能生、所生，無不即空。妄謂心起。起，無自性、無他性、無共性、無無因性。起時不從自他共離來；去時不向東西南北去。此心不在内外兩中間，亦不常自有，但有名字，名之爲心。(《摩訶止觀》)〔註51〕

智顗爲了強調衆生由迷轉覺的修行過程，其學説中的「心」，常用來代言於外境攀緣覺知的「慮知心」；究竟核心義即指識陰中的第六識，亦即意識。分解之，即作爲取境的作用者的意根，攀緣法塵，而生起意識；若「根塵未對，識本無生」。〔註52〕其中，之名「法『塵』」，乃形容極多微細如塵沙、會「染污情識」，〔註53〕是以意識亦可指内含妄計邪執的「身見之心」；之名「意『根』」，便意謂似草木，「『能生』爲根，所生爲識」，〔註54〕亦即「能生於識，名之爲根」。〔註55〕也因「根塵相對，則有識生」，〔註56〕以致眼根對於色境而生眼識，乃至意根對於法境而生意識。又由於意識是心王，因此可説：作爲「因」的意根是「一切生死根本，衆苦之源」；〔註57〕法塵是「緣」。若無因無緣，則無識生；若因緣和合，意識便可稱作「一期心主」。〔註58〕又因「一念者，時節最促也」、「刹那者，極短時也」，〔註59〕意味一念起滅的時間等同

〔註50〕〔隋〕釋智顗，《維摩經玄疏》卷2，《大正藏》冊38，頁526下。

〔註51〕〔隋〕釋智顗説，釋灌頂記，《摩訶止觀》卷1，《大正藏》冊46，頁8上～中。

〔註52〕〔隋〕釋智顗述，《修習止觀坐禪法要》卷1，《大正藏》冊46，頁467上。

〔註53〕〔隋〕釋智顗，《法界次第初門》卷1：「塵以染污爲義。以能染污情識，故通名爲塵也」。(《大正藏》冊46，頁666上)

〔註54〕〔隋〕釋智顗，《法界次第初門》卷1，《大正藏》冊46，頁666下。

〔註55〕〔隋〕釋智顗説，釋灌頂錄，《金光明經文句》卷4，《大正藏》冊39，頁67下。

〔註56〕〔隋〕釋智顗，《法界次第初門》卷1，《大正藏》冊46，頁665下。

〔註57〕〔隋〕釋智顗《法華三昧懺儀》，《大正藏》冊46，頁953上。

〔註58〕〔隋〕釋智顗，釋灌頂記，《摩訶止觀》卷4，《大正藏》冊46，頁47中。

〔註59〕〔隋〕釋智顗説，釋灌頂記，《妙法蓮華經文句》卷8，《大正藏》冊34，頁108下；《仁王護國般若經疏》卷3，《大正藏》冊33，頁267上。又，〔隋〕釋智顗説，《妙法蓮華經文句》卷4亦云：「劫是長時；刹那是短時」(《大正藏》冊34，頁52下)。

極短、極促、極微細的「一刹那」，再參佐「歷緣對境觀陰界者。緣謂六作；境謂六塵」，〔註60〕可推知「一念」指一刹那歷緣對境一次。亦即，歷緣對境，刹那一念心生；含括時間、作者、受者。如此，意識生起的狀態便是：刹那前念所依而刹那生後念，前念後念次第生滅不斷。此外，據心本自不生，因根塵相對而生，因此可說：心亦生亦不生、不住亦不不住，本是非有非無的「空」義，假名爲「心」。

二、智顗「『觀』一念『心』」

　　若以梵譯切入，智顗學說中的「心」，含有經驗意義的「慮知心」、清淨解脫意義的「積聚積要」心，以及「草木之心」形軀衍義的肉團心。三心實爲一心；五臟之一的肉團心是慮知心、清淨心的有形載體，而無形的慮知心、清淨心不離眾生身體場域。由於智顗明言，「專在慮知心」，因此在層層內探後，可知該心聚焦於識陰中的第六識，亦即意識、「心王」。智顗未割裂心、意、識，認爲三者即一；以切入角度有別，而有對境覺知、籌量、了了分別等作用，乃能對境覺知而生起一念心。一念心緣慮所生，屬妄念纏縛的眾生心。「一念」銜接「心」，有何意義呢？

> 介爾心起，必藉根塵。無有一法，不從緣生。從緣生者，悉皆無常。
> （《摩訶止觀》）〔註61〕

> 三假，謂因成假、相續假、相待假。法塵對意根生，一念心起，即因成假；前念後念，次第不斷，即相續假；待餘無心，知有此心，即相待假。（《摩訶止觀》）〔註62〕

> 觀此意識是有爲，屬因緣，故無常。先無今有，今有後無。刹那念念生滅，故無常。（《四教義》）〔註63〕

智顗以「刹那」、「介爾」等極短微細的刻度，來表「一念」「心」生住異滅的時間長度。當「根塵相對」，因緣和合，刹那一念心生；反之，意根與法塵因緣離散，刹那一念心滅。從心念刹那生滅，顯見「心」能動、易動性高；從意根攀緣如塵沙的客境，顯見心所造的心世界豐富多彩。心識意念刹那生滅，

〔註60〕〔隋〕釋智顗，釋灌頂記，《摩訶止觀》卷7，《大正藏》冊46，頁100中。
〔註61〕〔隋〕釋智顗，釋灌頂記，《摩訶止觀》卷3，《大正藏》冊46，頁32中。
〔註62〕〔隋〕釋智顗，釋灌頂記，《摩訶止觀》卷5，《大正藏》冊46，頁63上。
〔註63〕〔隋〕釋智顗，《四教義》卷5，《大正藏》冊46，頁736上。

相續無間，遷流如沙河。鑑於根塵相對是緣起法，便意謂一念心是假名，同具因成、相續、相待三假。智顗並云：

> 心空無主。無主，即是無性、自他性、共性、無因性。若是四性，可得有主；今心無此四性，是故無主。故云無明體性本自不生，妄想因緣和合而生，是故約因成、相續、相待。（《禪門章》）〔註64〕

> 根塵相對，一念心起，即空即假即中者。若根，若塵，並是法界，並是畢竟空，並是如來藏，並是中道。云何即空？並從緣生。緣生即無主；無主即空。云何即假？無主而生，即是假。云何即中？不出法性，並皆即中。當知一念即空即假即中，並畢竟空，並如來藏，並實相。非三而三，三而不三。（《摩訶止觀》）〔註65〕

根塵相對，一念心起，屬無明心、妄念心、慮知心，亦即眾生心。基於因緣和合，所以該心性空，並具三假。問題是：心若是緣起性空，則做為心的載體、自稱個體的「我」是否存在？據引文「緣生即無主；無主即空」、「無主而生，即是假」，再參佐「一切諸法中，因緣空無主」、「知無性實，無常無主」〔註66〕等語，可知智顗同佛教一貫義理脈絡，肯定無一絕對的「實」我；所謂的「我」乃因緣和合的假我存在。是以作為心之「主」的「我」，雖以無自、他、共、無因性的假名存在，卻有心識活動、會思惟辨知、有七情六欲，其心志並能進行主動式的自由或被動式的不自由的取捨進退。在此，之言心志不自由，乃因眾生受顛倒妄念纏縛，其心志薄弱，易不自覺地受外界或內在習氣或累世序列因果業力牽引、奴役，無法獨立自主行動，亦不能自由創意或選擇；之言心志自由，乃因眾生證得涅槃時，解脫纏縛，心志能強固，不再受外界或內在習氣或業力牽引、奴役，能獨立自主，隨心創意，自由自在。是以「無主」說，等同「無性實」的假我說，以致當一念心起，必有緣生之境。一念心起，因緣生而「即假」、因無主而「即空」，因皆性空實相而「即中」。剎那一念心，同具空假中三義，是可理解，然而何以並能得知「並畢竟空，並如來藏，並實相。非三而三，三而不三」？此乃智顗圓觀觀法之故：

> 若夫泥洹之法，入乃多途。論其急要，不出止觀二法。所以然者。

〔註64〕〔隋〕釋智顗說，《禪門章》卷1，《卍續藏》冊55，頁657上。

〔註65〕〔隋〕釋智顗，釋灌頂記，《摩訶止觀》卷1，《大正藏》冊46，頁8下～9上。

〔註66〕〔隋〕釋智顗述，《修習止觀坐禪法要》卷1，《大正藏》冊46，頁467上；〔隋〕釋智顗，〔隋〕釋灌頂記，《摩訶止觀》卷7，《大正藏》冊46，頁86下。

　　止乃伏結之初門；觀是斷惑之正要。止則愛養心識之善資；觀則策
發神解之妙術。止是禪定之勝因；觀是智慧之由藉。若人成就定慧
二法，斯乃自利利人，法皆具足。(《修習止觀坐禪法要》)〔註67〕

　　法性寂然，名止；寂而常照，名觀。(《摩訶止觀》)〔註68〕

　　即寂名止；即照名觀。(《摩訶止觀》)〔註69〕

　　觀如燈；止如密室。(《摩訶止觀》)〔註70〕

　　發菩提心，即是觀；邪僻心息，即是止。(《摩訶止觀》)〔註71〕

　　無發無礙，即是觀；其性寂滅，即是止。(《摩訶止觀》)〔註72〕

　　既知無明即明，不復流動，故名為止；朗然大淨，呼之為觀。(《摩
訶止觀》)〔註73〕

若欲論圓觀，當先論「止觀」中的「觀」，再從不次第論圓觀：智顗得證涅槃
的成佛工夫論，簡賅而言，不外止觀二門。止與觀的客體，在智顗學說中常
以「心」稱之；再細部而言，即是慮知心，亦即眾生充滿迷妄的一念心。所
謂「止」，意謂息心靜慮，沈澱、凝定、調伏妄念紛飛的思緒，使心定無波，
乃屬於靜態的禪定功夫；所謂「觀」，主要是藉由全方位分析、觀察、探照妄
念與事相的究竟本質，讓陰妄無明心轉為明心，解慧斷惑，達觀真理，屬於
動態的觀照功夫。二者相輔相成，其中觀門尤凸顯心具有內省、正向覺照的
作用，與以「覺」為內蘊的佛性論緊密繫連。智顗論「觀」：

　　法界洞朗，咸皆大明，名之為觀。(《摩訶止觀》)〔註74〕

　　觀以觀穿為義，亦是觀達為能。觀穿者，即是觀穿見思、恒沙、無
明之惑，故名觀穿也；觀達者，達三諦之理。(《三觀義》)〔註75〕

　　一念能穿五住，達於實相。實相非觀亦非不觀。如此等義，但在一

〔註67〕〔隋〕釋智顗述，《修習止觀坐禪法要》卷1，《大正藏》冊46，頁462中。
〔註68〕〔隋〕釋智顗，釋灌頂記，《摩訶止觀》卷1，《大正藏》冊46，頁1下～2上。
〔註69〕〔隋〕釋智顗，釋灌頂記，《摩訶止觀》卷1，《大正藏》冊46，頁10中。
〔註70〕〔隋〕釋智顗，釋灌頂記，《摩訶止觀》卷2，《大正藏》冊46，頁17中。
〔註71〕〔隋〕釋智顗，釋灌頂記，《摩訶止觀》卷1，《大正藏》冊46，頁5中。
〔註72〕〔隋〕釋智顗，釋灌頂記，《摩訶止觀》卷1，《大正藏》冊46，頁9下。
〔註73〕〔隋〕釋智顗，釋灌頂記，《摩訶止觀》卷1，《大正藏》冊46，頁3中。
〔註74〕〔隋〕釋智顗，釋灌頂記，《摩訶止觀》卷5，《大正藏》冊46，頁56下。
〔註75〕〔隋〕釋智顗，《三觀義》卷1，《卍續藏》冊55，頁670上。

念心中。不動眞際,而有種種差別。(《摩訶止觀》)〔註76〕

觀亦三義:貫穿義、觀達義、對不觀觀義。貫穿義者。智慧利用,穿滅煩惱。……觀達義者。觀智通達,契會眞如。……對不觀觀者。語雖通上,意則永殊。上兩觀亦通,對生死彌密,而論貫穿;迷惑昏盲,而論觀達。此通約智斷,相待明觀。今別約諦理。無明即法性,法性即無明。無明非觀非不觀,而喚無明爲不觀;法性亦非觀非不觀,而喚法性爲觀。如經云:法性非明非闇,而喚法性爲明;第一義空非智非愚,而喚第一義空爲智。是爲對不觀而明觀也。(《摩訶止觀》)〔註77〕

觀行實踐,可分從假入空觀、從空入假觀、非空非假的中道觀,因此「觀」同具三義:一、觀穿:能穿破見思、恒沙、無明等三惑;二、觀達:能通達空、假、中三諦,契會眞如;三、對不觀觀:能對不觀而明觀,致使非觀非不觀、亦非觀非不觀。以無明、法性爲例,無明爲不觀、法性爲觀。由於「觀」能穿滅煩惱、達觀眞如理體,因此若能得觀「無明」,即等同觀得「法性」,致使「無明」與「法性」悉爲「達於實相」義的「非觀非不觀」,由此即可證成「無明即法性,法性即無明」。前二義的貫穿與觀達,分別繫連煩惱障惑與眞如理體,是爲「相待明觀」;第三義則是併連前二義,並進一步表明無明與法性在觀法之下,是無二無別。而心既作「觀」的受詞,則:

心本無名,亦無無名。心名不生,亦復不滅。心即實相。初觀爲因;觀成爲果。以觀心,故惡覺不起。心數塵勞若同若異,皆被化而轉,是爲觀心。(《妙法蓮華經玄義》)〔註78〕

觀此心念。以內有六根,外有六塵。根塵相對,故有識生;根塵未對,識本無生。觀生如是,觀滅亦然。生滅名字,但是假立。生滅心滅。寂滅現前,了無所得。是所謂涅槃空寂之理,其心自止。(《修習止觀坐禪法要》)〔註79〕

祇觀根塵,一念心起。心起即假。假名之心,爲迷解本。謂四諦有無量相。三界無別法,唯是一心作。心如工畫師,造種種色。心構

〔註76〕〔隋〕釋智顗,釋灌頂記,《摩訶止觀》卷3,《大正藏》冊46,頁25下。
〔註77〕〔隋〕釋智顗,釋灌頂記,《摩訶止觀》卷3,《大正藏》冊46,頁21下。
〔註78〕〔隋〕釋智顗,釋灌頂記,《妙法蓮華經玄義》卷1,《大正藏》冊33,頁685下。
〔註79〕〔隋〕釋智顗述,《修習止觀坐禪法要》卷1,《大正藏》冊46,頁467上。

六道，分別校無量種別。……譬如畫師洗蕩諸色，塗以墡彩。（《摩
訶止觀》）〔註80〕

當能觀心，即意謂能觀穿、觀達、對不觀觀，亦即表示能展開自我覺照、辨
別眞僞、證得實相的心識活動。此乃正覺、正觀，因而能「惡覺不起」，轉「心
數塵勞」等無明爲明。「觀心」之「心」專指一念心。縱是刹那細微，亦有造
作三界法之力用，再加眾生充滿迷妄顛倒，「無常所遷，新新生滅」、念念不
住，便意謂心念如工畫師，其造就出的心世界，其廣度與深度無涯無際，難
可思量。好比芥子能納須彌，一念心即能涵攝大千法界；同時也因緣起性空、
「空無自性」，〔註81〕是以能假觀、能空觀，亦能是假是空、非假非空的中觀。
透過觀一念心，能令「惡覺不起」、心數塵勞「被化而轉」，能令觀者得知「心」
本是無名無無名，不生亦不滅；反之，若無「觀」的行爲，以及「觀」的客
境非一念心，則無明纏縛的一念心終究仍是能起惡覺、塵勞始終無化無轉的
一念心。因此可說，最高境界的「觀」是：

> 諦觀一念心，即空即假即中，即是觀心識於三識。何者？意識託緣
> 發意。本無識，緣何所發？……當知空非空，假非假。非空非假，
> 雙亡二邊，正顯中道。一念識中三觀具足。識於三識，亦不得三識
> 觀。……心從緣起，是故即空；強謂有心，是故即假；不出法性，
> 是故即中。（《金光明經玄義》）〔註82〕

圓觀一念心即空即假即中，即臻無上境界之「觀」。即空，在於當下觀得「心
從『緣』起」；即假，在於當下觀得心爲因緣和合的「假」心；即中，在於當
下觀得「心」即非有非無之法性。「心」既是非有非無，則：一、能觀的主體、
所觀的客體亦是非有非無。二、三觀具足的一念心，能「識於三識，亦不得
三識觀」。三、心是建構內、外世界的究竟依據，卻因「心」亦爲「緣起」之
「假」，而可同時言：「心」不是一切存在的究竟依據。是以可說：與「心」
同步存在的內、外世界亦是「空非空，假非假」。智顗並云：

〔註80〕〔隋〕釋智顗說，釋灌頂記，《摩訶止觀》卷1，《大正藏》冊46，頁8中。

〔註81〕〔隋〕釋智顗說，釋法慎記，《釋禪波羅蜜次第法門》卷8：「智者於三昧內，
覺此身相無常所遷新新生滅，空無自性，色不可得。復各一念心生之時，即
有六十刹那生滅。或有人言：六百刹那生滅迅速，空無自性，心不可得。」（《大
正藏》冊46，頁530下）

〔註82〕〔隋〕釋智顗說，釋灌頂記，《金光明經玄義》卷2，《大正藏》冊39，頁7
下～8上。

觀心，先空、次假、後中，次第觀心也。觀心，即空即假即中者，

圓妙觀心也。……觀因緣所生心，先空、次假、後中，皆偏覺也。

觀心，即空即假即中，是圓覺也。(《妙法蓮華經文句》)〔註83〕

前文可知，「觀」具觀穿、觀達、對不觀觀三義。而這三義，屬宛轉相成，抑或無前無後，同時俱得？若以緣法而論，觀穿在於能觀諸法皆因緣假名，屬假觀；觀達在於能觀諸法緣起性空，屬空觀；對不觀觀在於能觀得非空非假、亦空亦假。而因觀心有「先空、次假、後中」，以及「即空即假即中」二種方式，因此有次第觀心，以及不次第的圓妙觀心。也因觀心之法有次第與否之別，更是區別能觀的主體是宛轉相成、抑或同時俱得三觀義。一問題：引文中，觀心「先空、次假、後中」，是次第觀心，亦是偏覺；「即空即假即中」，是圓妙觀心，亦是圓覺，則是否意味「觀」等同「覺」？智顗云：

觀即是覺。覺，名為佛。(《觀音玄義》)〔註84〕

只在一心，而初麁為覺，後細尋為觀。(《禪門章》)〔註85〕

覺者，初心覺悟，名為覺；觀者，後細心分別，名為觀。(《釋禪波羅蜜次第法門》)〔註86〕

麁心在緣，名為覺；細心分別，名為觀。……譬如撞鐘。鐘聲雖一，而麁細有異。一心中覺、觀亦如是。復次，身根身識相應，名為覺；意根意識相應，名為觀。身識是外鈍，故名麁；意識是內利，故能分別，名細。(《釋禪波羅蜜次第法門》)〔註87〕

覺者。覺屬身根，為身有情，異乎木石，所以對觸，故生覺。(《釋禪波羅蜜次第法門》)〔註88〕

佛教常以「覺」定義「佛」。〔註89〕智顗除了承繼，更傾注心力以「觀」釋名，

〔註83〕〔隋〕釋智顗說，《妙法蓮華經文句》卷1，《大正藏》冊34，頁4下～5上。

〔註84〕〔隋〕釋智顗說，釋灌頂記，《觀音玄義》卷2，《大正藏》冊34，頁890下。

〔註85〕〔隋〕釋智顗說，《禪門章》卷1，《卍續藏》冊55，頁659上。

〔註86〕〔隋〕釋智顗說，釋法慎記，《釋禪波羅蜜次第法門》卷5，《大正藏》冊46，頁511上。

〔註87〕〔隋〕釋智顗說，釋法慎記，《釋禪波羅蜜次第法門》卷5，《大正藏》冊46，頁511中～下。

〔註88〕〔隋〕釋智顗說，釋法慎記，《釋禪波羅蜜次第法門》卷5，《大正藏》冊46，頁511中。

〔註89〕如：龍樹，〔後秦〕鳩摩羅什譯，《大智度論》卷70：「佛名為覺。於一切無明睡眠中最初覺，故名為覺」；〔齊〕僧伽跋陀羅譯，《善見律毘婆沙》：「佛者，

並演繹之。〔註90〕雖然智顗直明「觀即是覺」，但從智顗傾以「觀」釋「佛」，可察「覺」、「觀」有淺深之別：據「身根身識相應，名爲覺；意根意識相應，名爲觀」，意識更比身識聚焦於心識活動的思惟籌量、了了分別，是以從識心的細緻度而言，「細心分別」的「觀」比「麁心在緣」的「覺」略勝一籌。亦即，無論「覺」或「觀」，其實皆含自我覺察、覺悟義，然而智顗從空假中三視角次第或不次第的「觀」，其實比「覺」更爲周圓深刻。然而，若欲「觀」心，則須先有「初心覺悟」的「覺」，是以「覺」好比大門，「觀」好比門中之精門；「覺」好比金字塔的基層，「觀」好比升階。當從「覺」進入「觀」，則更能精微通達實相。然而鑑於兩者彼此共質，因而「覺」與「觀」又可說異名同義。在諸種觀法中，智顗最重視圓教的圓觀：

> 觀有多種，謂析觀、體觀、次第觀、圓觀。析觀者，滅色入空也。體觀者，即色是空也。次第觀者，從析觀乃至圓觀也。圓觀者，即析觀是實相，乃至次第觀亦實相也。（《妙法蓮華經文句》）〔註91〕
>
> 夫圓觀者，……但觀心源，具足六妙門，觀餘諸法不得爾乎。今行者觀一心，見一切心及一切法；觀一法，見一切法及一切心。觀菩提，見一切煩惱生死；觀煩惱生死，見一切菩提涅槃。觀一佛，見一切眾生及諸佛；觀一眾生，見一切佛及一切眾生。一切皆如影現，非內非外，不一不異，十方不可思議。本性自爾，無能作者。非但於一心中，分別一切十方法界。凡聖色心諸法數量，亦能於一微塵中，通達一切十方世界諸佛凡聖色心數量法門，是即略說圓觀數門。（《六妙法門》）〔註92〕

在「滅色入空」的「析觀」、「即色是空」的「體觀」、「從析觀乃至圓觀」的「次第觀」，以及諸觀皆是實相的「圓觀」中，智顗最著墨、推崇的是，屬於圓教的圓觀。當能觀的主體「圓」觀作爲諸客體的任何一物、一法、一相，無論客體

名自覺，亦能覺他，是名爲佛。」（《大正藏》冊25，頁552中；冊24，頁697下～698上）

〔註90〕如：〔隋〕釋智顗說，《妙法蓮華經文句》卷10：「若分別賢聖，孰是孰非，如實觀之，即是佛也」、「若作內觀者，圓智導眾行。圓智，名爲佛」；〔隋〕釋智顗說，〔唐〕釋湛然略，《維摩經略疏》卷10：「發心修學圓觀之人，入初發心時，即能八相成道，名之爲佛」。（《大正藏》冊34，頁140下；頁145上；《大正藏》冊38，頁706中）

〔註91〕〔隋〕釋智顗說，《妙法蓮華經文句》卷10，《大正藏》冊34，頁145上。

〔註92〕〔隋〕釋智顗，《六妙法門》卷1，《大正藏》冊46，頁554上～中。

有無正反、美醜等相待殊異，必從中觀得中道實相。此外，能觀的主體並能全視野、毫無死角的遍觀一切，當下觀得作為對等的彼物、彼法、彼相亦為實相。俗諺「一花沙一世界，一花一天堂，一葉一如來」，是正面思惟的具足說，而更周圓的是，如引文所言，「觀一心，見一切心及一切法；觀一法，見一切法及一切心」等類所推的：觀 A，當下即具足一切此 A 和一切彼 B；觀 B，當下即具足一切此 B 和一切彼 A。是以，心建構一切法，而作為內、外世界的客體客境，乃與心同步存在。當能圓觀一心，即意謂能圓觀圓具一切心與一切法；此為智顗觀心法門不可思議處。易言之：心與法、煩惱生死與菩提涅槃、眾生與佛、此與彼、內與外、一與異，在圓融、圓足、圓滿的圓觀中，乃泯除對等差別，而達無礙的實相一元，具足一切。一問題：圓觀的客體客境必是根塵相對的一念心，因而「能於一微塵中，通達一切十方世界諸佛凡聖色心數量法門」，如此說法，與筆者上文提及的，觀「一物、一法、一相」是觀客境，是否有矛盾處？其實智顗持唯「心」論，宇宙萬象萬法等三千大千世界皆由心造，一物、一法、一相亦是。亦即智顗學說中的「心」，是萬法萬相之主。若是觀心，即意謂能觀一切世間、出世間法。外境、內境，其實皆心識所變，無二無別；「心」所網羅的內觀與外觀亦是無二。若再深探，智顗持「觀」之客體客境與主體同是心：能觀的心「觀」根塵相對而生起的一念心；亦即，如智顗所言的，「以心觀心，由能觀心」。〔註93〕吾心同為能觀的主體與所觀的客體客境，兼具能、所，無論就內觀反照或實相而言，皆屬合理，但卻頗為弔詭，而令常人費解。下文，將再透過「觀」的主體、行為、客境，來證成之：

> 《毘婆沙》云：心能為一切法作名字。若無心，則無一切名字。當
> 知世、出世名字，悉從心起。（《摩訶止觀》）〔註94〕

當吾人對世間、出世間有感知、認知，即形成相關概念，並往往以名字簡賅代言，諸如：「太陽」一名，含有光明、溫暖、生成萬物、普照大地等概念。而對於智顗等唯「心」論者而言，「心」莫過於意謂：「能為一切法作名字」；「世、出世名字，悉從心起」。「心」猶如精巧高深的畫家、作者、導演，能描繪、鋪敘、編導色聲香味觸意並俱的心世界。內境與外境，皆是吾心所造化、所投射，以致心清淨或無明的程度，將決定世、出世等一切法是何種面貌。一問題：心所造就的心世界，非肉眼能見，則如何能如實得窺真正面貌？

〔註93〕〔隋〕釋智顗，釋灌頂記，《妙法蓮華經玄義》卷1，《大正藏》冊33，頁685下。
〔註94〕〔隋〕釋智顗，〔隋〕釋灌頂記，《摩訶止觀》卷3，《大正藏》冊46，頁31中。

這，便有賴觀心法門：

> 當觀心時，知心性常寂，即諸法亦寂。寂，故不念。不念，故即
> 不動。不動，故名止也。當知心者即是止門。復次。行者。當觀
> 心時，覺了心性猶如虛空。無名無相，一切語言道斷。開無明藏，
> 見真實性。於一切諸法得無著惠，當知心者即是觀門。(《六妙法
> 門》) 〔註95〕

上文曾特對「觀」釋名。然而周圓而論，止與觀互資互倚，如車之二輪、鳥
之二翼，雙雙具足，才堪任行進或飛升，這恰如「寧靜致遠」雋永語所喻，
欲看得深徹、清遠、遼闊，必須有一顆寧靜的心；反之，心靜寂然，思慮沈
澱，才能看清諸法真正本質。當吾人未展開「觀」的行為，一念心始終隨根
塵相對而剎那生起，可以「無明心」、「眠心」稱之，這如同近視嚴重，未配
戴合度數的眼鏡前，始終朦朧的霧裡看花，以致顯得「觀」隔外重要。一旦
進行觀心的覺照行為，作為觀之主體的心可因貫穿客塵煩惱、觀達真如之
故，根塵未對而未有緣慮，以致：作為所觀的一念心不起不動不隨，諸法寂
寂少顛倒，影響作為觀之主體的己心亦寂然明淨。此外，作為觀之主體的己
心亦可因本身寂然無波，而加強觀的力度與效用，使「惡覺不起」，無攀緣
妄想之亂，以致作為所觀的一念心不起不動，諸法寂然。可知：於觀法的行
為下，能觀與所觀之心可皆是止門，並且止與觀缺一不可。在此可生一疑問：
心雙向而二分能、所；主、客；因、果。如何證明二分之心是一心？除了從
剛剛言述的能止與所止之心見其端倪，「心者即是觀門」並可為例，來闡論
之：所謂「門，名能通。非但通入，亦復通出。二而不二，名為通入；不二
而二，名為通出」，〔註96〕亦即能通入通出，通達實相，從因達果。能觀與
所觀的心，乃是二而不二、不二而二的觀門。當觀心至最究竟、最完善時，
所觀之心數塵勞皆「被化而轉」，清淨澄明、虛空無礙，當下即空即假即中，
見真實性，而能觀之心因與所觀往返內照，以致亦復如是。簡賅言之，可以
智顗一段話作結：

> 心是一切法，一切法是心，故非縱非橫，非一非異，玄妙深絕，非
> 識所識，非言所言，所以稱為不可思議境，意在於此。(《維摩經略

〔註95〕〔隋〕釋智顗，《六妙法門》，《大正藏》冊46，頁554上。
〔註96〕〔隋〕釋智顗說，〔唐〕釋湛然略，《維摩經略疏》卷9，《大正藏》冊38，頁
　　　690中。

疏》）〔註97〕

心等同一切法之因，緣於吾人之心根塵相對而能當下生起一切心、一切法；一切法等同心之因，緣於世間、出世間一切法皆是吾人之心當下所造。以「是」銜結心與一切法，意謂當下即是，非前非後、非縱非橫、非一非異。而此玄妙深絕的不思議境，非肉眼可見，而是有賴即空即假即中的圓觀，當下觀得心非心、法非法，圓融互具，契入不可言詮的真如實相義。

　　若以梵譯切入，智顗學說中的「心」，含有經驗意義的「慮知心」、清淨解脫意義的「積聚積要」心，以及「草木之心」形軀衍義的肉團心。三心實為一心；五臟之一的肉團心是慮知心、清淨心的有形載體，而無形的慮知心、清淨心不離眾生身體場域。智顗雖重在闡論慮知心，但積聚精要的清淨心、五臟之一的肉團心其實與慮知心「三一」「一三」，等一無別。由於智顗明言，「專在慮知心」，因此層層內探後，可知該心聚焦於識陰中的第六識，亦即意識、心王。智顗未割裂心、意、識，認為彼此「非一」、「非三」。心意識雖因「用」而別名，其實三名一性，乃切入角度有別，而有對境覺知、籌量、了了分別等作用，以致能對境而生一念心。該心屬無明心、妄念心、慮知心，亦即眾生心；基於因緣和合，所以因緣生而「即假」、因無主而「即空」，因皆性空實相而「即中」。剎那一念心，同具空假中三義，而這有賴觀門。當能觀心，即意謂能觀穿、觀達、對不觀觀，亦即表示能展開自我覺照、辨別真偽、證得實相的心識活動。透過觀一念心，能令「惡覺不起」、心數塵勞「被化而轉」，能令觀者得知「心」本是無名無無名，不生亦不滅。最高境界的「觀」是：「即空即假即中」，是圓妙觀心，亦是圓覺。在圓融、圓足、圓滿的圓觀中，泯除對等差別，而達無礙的實相一元，具足一切。外境、內境，其實皆心識所變，無二無別，「心」所網羅的內觀與外觀亦是無二。

　　要之，心能緣境慮知，並屬五臟之一，並內具清淨真實本性；不能因「心」能慮知、能清淨，而誤以為是肉團心外的心，以致頭上安頭。而智顗的「簡非」「積聚、草木等心，專在慮知心」，並非否定前二心，而是著重闡述如何在慮知心上下止觀修行功夫，以臻解脫成佛之境。這三心實為一心，是以眾生心之為佛心，就理而言，可說是積聚精要心之故；就事而言，可說是慮知心能轉妄成智識之故。心實乃一橋樑，銜接佛與眾生；心是一樞紐，因其能動性，而使眾生心與佛心之間有著多變的易位。從智顗的「心」論，可證明

〔註97〕 〔隋〕釋智顗，釋灌頂記，《摩訶止觀》卷5，《大正藏》冊46，頁54上。

智顗肯定自由的心志存在，然而完整的自由心志僅歸屬於完全解脫的成佛者。對於妄念纏縛的眾生而言，無明的覆蓋、先天或後天的習氣、累世的業力因果，都是致成自我心志不自由、薄弱不強固、易受內外境影響的原因，一念無明心由來在於此，以致有賴圓觀。是以在「觀心」的實踐行為下，可清楚得知慮知心即積聚精要心；充滿無明的眾生心即清淨佛心；空觀即假觀即中觀；三心即一心、一心即三心；「心」兼具能觀與所觀，並能通達之。

第二節　智顗「心具」說及其相關思考

　　吾人若初看智顗學說中的「心具」，以及所連結的受詞，諸如「十法界」、「十如」、「三千」、「十種相性」、「無量心」、「一切法」、「一切相」、「一切行」等，恐以為智顗所言的「心『具』」：彙集一個生命體由生至死的歷程中所有一念所生起的心世界的各種樣貌，並含括該生命修行前後的所有心識活動與作用。此外，若依據「心具」的「具」，以及類似上述等涉及善與惡、真與妄、聖與俗、明與闇等相對質素的「心具」受詞，恐易生疑：心是否二分，甚至割裂為正面與負面質的？若是，其比例為何？加以考察，可知上疑皆為曲解，是以本文擬以釋之，並處理「心具」所開展的進一步內容：首先，抉微「心具」、「念具」相關經文，然後探究「心具」內涵：「心」何以「能具」？「心」能「具」什麼？誰能「心具」？需具備何種工夫法門？從中解構「心具」的意義。其次，以圓教三諦三觀，證成「心具」說乃智顗圓觀法門的不可思議之說，並進一步取智顗「心具」說典型的二例，亦即「十界一心」、「一念三千」，加以闡論之。末，以圓教八圓之法呼應智顗「心具」說。

一、智顗「心具」釋義

　　智顗對「心具」的論述可說無處不在。茲先捃拾、分類含有「心具」、「念具」二詞的智顗相關敘述，以表格陳列如下：

甲表：智顗「心具」

	經　　文	心具+	顯
1	觀一善心具十法界。十界交互，具百法界、千性相等。十善即萬法。約八正道即八萬法門也。皆於阿耨三菩提不退轉者明位也。〔註98〕	十法界	即假
2	觀色心具十法界、十如。界如互論，即具二千。〔註99〕	十法界、十如	即假
3	夫一心具十法界，一法界又具十法界；百法界。一界具三十種世間；百法界即具三千種世間。此三千在一念心。若無心而已，介爾有心，即具三千。〔註100〕	十法界	即假
4	假觀觀心，具十法界法，即法無礙辯；中觀觀心，十法界皆入實相，即義無礙辯；空觀觀心，十法界但有名字語言，即辭無礙辯。觀一心即三心；三心即一心。一界一切界，旋轉無礙，即樂說無礙辯。〔註101〕	十法界	即假
5	凡地一念之心具十法界、十種相性，為三法之始。……凡心一念即皆具十法界。一一界悉有煩惱性相、惡業性相、苦道性相。……凡夫一念皆有十界、識、名、色等。〔註102〕	十法界、十種相性	即假
6	信一念具十法界。生死即苦諦。一心具十法界。煩惱即集諦。集諦即菩提。菩提是道諦也。生死苦諦即涅槃，是滅諦也。此四非四；此一非一。〔註103〕	十法界	即假
7	心亦如是具一切相。……不善觀者，不信心一切相；當隨如實觀者，信心具一切相也。〔註104〕	一切相	即假
8	今觀十法界眾生假名。一一界各有十種性相本末究竟等。十法界交互，即有百法界、千種性相。冥伏在心，雖不現前，宛然具足。……今眾生性相一心具足，亦復如是。〔註105〕	眾生性相	即假
9	心具十二因緣。〔註106〕	十二因緣	圓觀

〔註98〕〔隋〕釋智顗説，《妙法蓮華經文句》卷2，《大正藏》冊34，頁21上。
〔註99〕〔隋〕釋智顗説，釋灌頂記，《妙法蓮華經玄義》卷2，《大正藏》冊33，頁19中。
〔註100〕〔隋〕釋智顗，釋灌頂記，《摩訶止觀》卷5，《大正藏》冊46，頁54上。
〔註101〕〔隋〕釋智顗説，《妙法蓮華經文句》卷2，《大正藏》冊34，頁22下。
〔註102〕〔隋〕釋智顗説，釋灌頂記，《妙法蓮華經玄義》卷5，《大正藏》冊33，頁743下～744上。
〔註103〕〔隋〕釋智顗説，釋灌頂記，《四念處》卷4，《大正藏》冊46，頁575上。
〔註104〕〔隋〕釋智顗，釋灌頂記，《摩訶止觀》卷5，《大正藏》冊46，頁53上。
〔註105〕〔隋〕釋智顗説，釋灌頂記，《觀音玄義》卷2，《大正藏》冊34，頁888下。
〔註106〕〔隋〕釋智顗，釋灌頂記，《摩訶止觀》卷9，《大正藏》冊46，頁127上。

10	《華嚴》云：一中無量，無量中一。《大品》云：一切法趣無明是趣不過，乃至一切法趣老死。今說一心具十二因緣。〔註107〕	十二因緣	圓觀
11	少時眠心有無量夢事。無量夢事而不礙一念眠心。一念眠心能含無量劫事。無明一念具一切法，不相妨礙，亦復如是。而眠時謂無量。別覺已反觀。知止是一念眠心具無量心。……無明一念具一切法，不相妨礙，何所致疑？眠法覆心，即譬無明覆中道佛性之眞心；無量夢，即譬恒沙無知覆一切佛法妙事。〔註108〕	無量心	緣因
12	起圓信解，信一心中具十法界，如一微塵有大千經卷。欲開此心而修圓行。圓行者，一行一切行。略言爲十。謂識一念平等，具足不可思議。……識一心諸心，若通若塞。能於此心具足道品，向菩提路。〔註109〕	道品	緣因
13	明觀三諦，順理直入實相。一心具萬善爲男。實相正觀能辦眾善，與男有幹事義相符，故爲男也。〔註110〕	萬善	緣因
14	如是作者。運爲建立，名作。若離心者，更無所作，故知心具一切作也。〔註111〕	一切作	緣因
15	明十行者。即於佛性第一義諦，無漏眞明一心具一切行。念念進趣，流入平等法界海，故破十品無明，成十品智斷。〔註112〕	一切行	緣因
16	十行者。即此十住眞心一心具一切行。念念自然，進趣流入平等法界海。破十品無明，證十品智斷。一切諸行諸波羅蜜，自然增長，出生自行化他功德，與虛空法界等，故名十行也。〔註113〕	一切行	緣因
17	若轉無明爲佛智明。從初發心知十二緣是三佛性。若通觀十二緣眞如實理，是正因佛性；觀十二因緣智慧，是了因佛性；觀十二緣心具足諸行，是緣因佛性。〔註114〕	諸行	緣因
18	圓教明一心具足一切諸行。從初一地，具足一切諸地功德。〔註115〕	一切諸行	緣因

〔註107〕〔隋〕釋智顗，釋灌頂記，《摩訶止觀》卷9，《大正藏》冊46，頁127上。
〔註108〕〔隋〕釋智顗，《三觀義》卷1，《卍續藏》冊55，頁674上。
〔註109〕〔隋〕釋智顗說，釋灌頂記，《妙法蓮華經玄義》卷5，《大正藏》冊33，頁733上。
〔註110〕〔隋〕釋智顗，《維摩經文疏》卷25，《卍續藏》冊18，頁669下。
〔註111〕〔隋〕釋智顗，釋灌頂記，《摩訶止觀》卷5，《大正藏》冊46，頁53中。
〔註112〕〔隋〕釋智顗，《四教義》卷11，《大正藏》冊46，頁763下。
〔註113〕〔隋〕釋智顗，《維摩經玄疏》卷4，《大正藏》冊38，頁541中。
〔註114〕〔隋〕釋智顗，釋灌頂記，《摩訶止觀》卷9，《大正藏》冊46，頁126下。
〔註115〕〔隋〕釋智顗，《四教義》卷12，《大正藏》冊46，頁768上。

19	《華嚴經》明圓滿修多羅。此經明一念知一切法，即是坐道場。《大品經‧具足品》云：一心具萬行。《法華經》云：合掌以敬心，欲聞具足道。《涅槃經》云：是大涅槃，名諸佛法界。《大智論》云：三智其實一心得。如此等諸經論，豈非並明圓教也？〔註116〕	萬行	緣因
20	若作三藏教，學者自感三藏之觀音。乃至一心具萬行，學者自見圓教觀音。故經言：隨諸眾生類，爲之立異字也。〔註117〕	萬行	緣因
21	諸法雖空，一心具萬行。但眾生得樂之時，非是如來將樂授彼；彼自有之。如貧女金爲其耘掘。拔苦與樂，其義亦然。〔註118〕	萬行	緣因
22	《大品經》云：殖諸法雖空，一心具萬行，即是法身。〔註119〕	萬行	緣因
23	一心具萬行之善爲男；無緣大慈爲女。〔註120〕	萬行	緣因
24	《大品》云：諸法雖空，一心具足萬行。即法身初生，具足眾德。〔註121〕	萬行	緣因
25	觀諸法雖空，一心具萬行。〔註122〕	萬行	緣因
26	若善巧修止觀，即能一心具萬行也。〔註123〕	萬行	緣因
27	一心具足萬行，能知一切無量法門。〔註124〕	萬行	緣因
28	如《大品經》說：欲學一切善法，當學般若。所以者何？譬如王來，必有營從。若般若慧發，則一心具足萬行。此則可以如意寶珠爲喻。〔註125〕	萬行	緣因
29	具足自行化他功德，是則一心具足萬行。〔註126〕	萬行	緣因

〔註116〕〔隋〕釋智顗，《維摩經玄疏》卷3，《大正藏》冊38，頁533上～中。
〔註117〕〔隋〕釋智顗說，釋灌頂記，《請觀音經疏》卷1，頁970上。
〔註118〕〔隋〕釋智顗說，《禪門章》卷1，《卍續藏》冊55，頁645下。
〔註119〕〔隋〕釋智顗，《維摩經文疏》卷9，《卍續藏》冊18，頁521下。
〔註120〕〔隋〕釋智顗說，釋灌頂記，《妙法蓮華經玄義》卷6，《大正藏》冊33，頁757下。
〔註121〕〔隋〕釋智顗說，〔唐〕釋湛然略，《維摩經略疏》卷3，《大正藏》冊38，頁598中。
〔註122〕〔隋〕釋智顗說，《禪門章》卷1，《卍續藏》冊55，頁644上。
〔註123〕〔隋〕釋智顗，《四教義》卷11，《大正藏》冊46，頁762上。
〔註124〕〔隋〕釋智顗說，釋法慎記，《釋禪波羅蜜次第法門》卷1，《大正藏》冊46，頁476下。
〔註125〕〔隋〕釋智顗說，釋法慎記，《釋禪波羅蜜次第法門》卷4，《大正藏》冊46，頁504下。
〔註126〕〔隋〕釋智顗說，〔唐〕釋湛然略，《維摩經略疏》卷9，《大正藏》冊38，頁631中。

30	經言：不行是菩提。若知真空，則無所行。而一心具萬行，即是菩提也。故《大品經》云：若心、心數，不行為行，般若也。〔註127〕	萬行	緣因
31	一心具足萬行。如如意寶珠，具一切寶，即是四榮真密行也。〔註128〕	萬行	緣因
32	自行一心具足萬行。迴向菩提，名殖眾德本。即是非形第一體非莊嚴莊嚴。〔註129〕	萬行	緣因
33	初住心中已自具足，何以故？銅輪見理，已破無明，豈非直心？一心具萬行，豈非發行？……一心萬行，備足福慧成就，豈非功德？〔註130〕	萬行	緣因
34	明行菩薩道，勤修止觀者。若知生死即涅槃，即是善修止也；若知煩惱即菩提，即是善修觀也。如陰陽調適，萬物長成。若巧修止觀，即能一心具萬行也。〔註131〕	萬行	緣因
35	從《大智》本一心具足諸波羅蜜，故《大品》云：諸法雖空，而能一心具足萬行。〔註132〕	諸波羅蜜、萬行	緣因
36	緣因，善心發者。眾生無量劫來，所有低頭合掌、彈指散華、發菩提心、慈悲誓願、布施、持戒，忍辱、精進、禪定等一切善根，一時開發。一心具足萬行諸波羅密也。〔註133〕	萬行諸波羅密	緣因
37	一切善根一時開發。一心具足萬行諸波羅蜜也。〔註134〕	萬行諸波羅蜜	緣因
38	圓教者，一心具三不退。初住法身不墮前位，名位不退；具一切行，名行不退；念念流入，即念不退。〔註135〕	三不退	緣因
39	五支皆在一心，而判為五支者。例如十心數同時共起，而有心王、心數之異。今支雖同在一心，何妨有五支？又橫論一心具五；豎論取五相成就，故言五支。〔註136〕	五支	緣因

〔註127〕〔隋〕釋智顗，《維摩經文疏》卷17，《卍續藏》冊18，頁593下。
〔註128〕〔隋〕釋智顗，《維摩經文疏》卷15，《卍續藏》冊18，頁578上。
〔註129〕〔隋〕釋智顗說，〔唐〕釋湛然略，《維摩經略疏》卷7，《大正藏》冊38，頁666上。
〔註130〕〔隋〕釋智顗，《維摩經文疏》卷8，《卍續藏》冊18，頁515上。
〔註131〕〔隋〕釋智顗，《維摩經玄疏》卷2，《大正藏》冊38，頁762上。
〔註132〕〔隋〕釋智顗說，〔唐〕釋湛然略，《維摩經略疏》卷1，《大正藏》冊38，頁573下。
〔註133〕〔隋〕釋智顗，《維摩經玄疏》卷4，《大正藏》冊38，頁541上。
〔註134〕〔隋〕釋智顗，《四教義》卷11，《大正藏》冊46，頁763上。
〔註135〕〔隋〕釋智顗說，〔唐〕釋湛然略，《維摩經略疏》卷1，《大正藏》冊38，頁577上。
〔註136〕〔隋〕釋智顗說，《禪門章》卷1，《卍續藏》冊55，頁659上。

40	華嚴菩薩，觀心具福慧之因，華莊嚴法身。……寶杖菩薩，觀心具功德智慧爲杖。憑此法寶杖進菩提果也。〔註137〕	福慧之因、功德智慧	緣因
41	無明一念心；此心具三諦。體達一觀；此觀具三觀。〔註138〕	三諦	圓觀
42	眾生一念無明因緣所生之心，即具四種如是之理：若觀心因緣生滅生，從假入空，即是生滅如是；若觀心因緣即空，體假入空，即是空真諦如是；若觀心因緣，知空非空，入假無滯，即假名如是；若觀心因緣，即一實諦佛性，即是中道如是也。是爲約觀心具四種如是義也。〔註139〕	四種如是義	圓觀
43	自覺刹那之心，無人無我，性本無實。所以者何？一念起時，必藉因緣。言因緣者，即具十二因緣。緣無自性，一念豈有定實？若不得一念之實，即破世性邪執。心與正定相應，智慧開發，猶如涌泉。身口清淨，離諸邪行，是爲一念十二緣善根發相。此之十二因緣，亦出《大集經》中具辨，亦得約此十二緣，明一心具四諦善根發也。〔註140〕	四諦	圓觀
44	心具諸法。障，故不流。……若觀心明徹，則宣辯無方，流溢難盡，豈非語涌泉。〔註141〕	諸法	緣因
45	《涅槃經》明眾生佛性不即六法，不離六法。是言何謂此明六十二見是如來種。今言法者，即無明心具一切諸法也。〔註142〕	一切法	緣因
46	今言法者，即無明心具一切法。故下文云：心垢，故眾生垢；心淨，故眾生淨。《華嚴》云：心如工畫師，造種種五陰。一切世間中，無不從心造。約此以明一切法也。〔註143〕	一切法	緣因
47	一念眠心具一切法。不縱不橫，即是不思議因緣。〔註144〕	一切法	緣因
48	知不思議正因緣，即是所觀境。如前明一念眠心具一切夢法，譬一念無明具一切法。三諦之理不縱不橫，即其義也。〔註145〕	一切夢法	緣因

〔註137〕〔隋〕釋智顗，《維摩經文疏》卷4，《卍續藏》冊18，頁491上。

〔註138〕〔隋〕釋智顗，釋灌頂記，《摩訶止觀》卷6，《大正藏》冊46，頁84下。

〔註139〕〔隋〕釋智顗，《維摩經文疏》卷2，《卍續藏》冊18，頁472中。

〔註140〕〔隋〕釋智顗說，釋法慎記，《釋禪波羅蜜次第法門》卷1，《大正藏》冊46，頁495下－496上。

〔註141〕〔隋〕釋智顗說，釋灌頂記，《妙法蓮華經玄義》卷5，《大正藏》冊33，頁778中。

〔註142〕〔隋〕釋智顗，《維摩經文疏》卷12，《卍續藏》冊18，頁547中。

〔註143〕〔隋〕釋智顗說，〔唐〕釋湛然略，《維摩經略疏》卷4，《大正藏》冊38，頁613下。

〔註144〕〔隋〕釋智顗，《四教義》卷11，《大正藏》冊46，頁761下。

〔註145〕〔隋〕釋智顗，《維摩經玄疏》卷2，《大正藏》冊38，頁530下。

	經　　文		顯
49	心具一切佛法。八相成道初心即不能具一切佛法，八相成道豈得爲例也？〔註146〕	一切佛法	圓觀
50	此一念心不縱不橫，不可思議。非但己爾，佛及眾生亦復如是。《華嚴》云：心、佛及眾生，是三無差別。當知己心具一切佛法矣。〔註147〕	一切佛法	圓觀
51	圓教者。此正顯中道，遮於二邊。非空非假，非內非外，觀十法界眾生。……不可謂有，不可謂無，畢竟非實，而三諦之理宛然具足。無前無後，在一心中。即一而論三；即三而論一。觀智既爾，諦理亦然。一諦即三諦；三諦即一諦。《大品》云：有菩薩從初發心即坐道場，轉法輪度眾生。即於初心具觀三諦一切佛法。無緣慈悲於一心中，具修萬行諸波羅蜜。……圓教一實之諦，三觀在一心中也。〔註148〕	觀三諦一切佛法	圓觀
52	見心具識一切因果。故《大經》云：於一念心悉能稱量無量生死，是名不可思議。故名深信，破不信也。〔註149〕	識一切因果	圓觀
53	若觀心具有性德三諦、性德三觀，及一切法，無前無後，無有次第，一念具足。十法界法、千種性相，因緣生法，即空即假即中。千種三諦無量無邊法，一心悉具足。此即不次第觀也。〔註150〕	性德三諦、性德三觀、一切法	圓觀
54	觀心具十法門。一、觀不可思議境。二、起慈悲心。三、巧安止觀。四、破法遍。五、識通塞。六、修道品。七、對治助開。八、知次位。九、能安忍。十、無法愛也。〔註151〕	十法門	圓觀

乙表：智顗「念具」（一念、念念）

	經　　文	念具+	顯
1	無明之理，體非異念，故言一念具足十法界也。〔註152〕	十法界	即假
2	信一念具十法界：生死即苦諦。一心具十法界：煩惱即集諦。集諦即菩提；菩提是道諦也。生死苦諦即涅槃，是滅諦也。此四非四，此一非一。〔註153〕	十法界	即假
3	問：一念具十法界，爲作念具？爲任運具？答：法性自爾，非作所成，如一微塵具十方分。〔註154〕	十法界	即假

〔註146〕〔隋〕釋智顗，《維摩經文疏》卷17，《卍續藏》冊18，頁596中。
〔註147〕〔隋〕釋智顗，釋灌頂記，《摩訶止觀》卷1，《大正藏》冊46，頁9上。
〔註148〕〔隋〕釋智顗說，釋灌頂記，《觀音玄義》卷2，《大正藏》冊34，頁886中。
〔註149〕〔隋〕釋智顗，釋灌頂記，《摩訶止觀》卷4，《大正藏》冊46，頁41下。
〔註150〕〔隋〕釋智顗說，釋灌頂記，《觀音玄義》卷2，《大正藏》冊34，頁887中。
〔註151〕〔隋〕釋智顗，釋灌頂記，《摩訶止觀》卷5，《大正藏》冊46，頁52中。
〔註152〕〔隋〕釋智顗，《三觀義》卷1，《卍續藏》冊55，頁673下。
〔註153〕〔隋〕釋智顗說，釋灌頂記，《四念處》卷4，《大正藏》冊46，頁575上。
〔註154〕〔隋〕釋智顗說，釋灌頂記，《摩訶止觀》卷5，《大正藏》冊46，頁51下。

「諸法」、「一切諸法」、「一切法」，其實乃指假施的「一切夢法」，可知「即假」乃圓教因緣性空、施假名立法、圓融差別事相萬境而所即、所假。而本因假諦顯而有所隱的空諦、中諦，亦因圓觀、總假觀，以致「一假一切假，無空中而不假」。〔註172〕二、凸顯緣因佛性義：如「心具」萬善、道品、三不退、五支、福慧之因、功德智慧、無量心、一切作、一切行、萬行諸波羅蜜等。定位顯「緣因佛性」，乃因心所具的受詞意涵，不離「五度功德資發般若，即是緣因佛性」、「低頭舉手，皆成佛道，即緣因不滅」、「緣因，善心發。用即假觀，開道種智」、「能捨一切塵勞，而行布施事中諸用功德，即緣因佛性」、「緣因，善心發者。眾生無量劫來，所有低頭合掌、彈指散華、發菩提心、慈悲、誓願、布施、持戒、忍辱、精進、禪定等。一切善根，一時開發，一心具足萬行諸波羅蜜也」、「皆行菩薩道，即緣因性」〔註173〕等詞，亦即不離外修萬行、成就解脫之德的緣因佛性，以致智顗亦明言，觀心「即假，是緣因佛性」。〔註174〕三、凸顯圓觀義：如「心具」三諦、四種如是義、四諦、十二因緣、識一切因果、一切佛法、觀三諦一切佛法、性德三諦、性德三觀、十法門等。定位顯「圓觀」，乃因心所具的受詞，含括圓教觀法所證成的真理、工夫歷程、所得之果。也因是圓觀，所以即空即假即中，體一互用三諦，圓融無礙。

常人對「具」的釋名，不離全有、都有、皆有、完全有，「俱」並可為異體字。然而據上表及智顗著作中的語境文脈，「心具」的「具」，意味「當下全有」。此外，並意味：「含容」、「含受」。「當下全有」吾人較易解，「含容」、「含受」則可從智顗著作窺得：一、含受：如：「云：一念心云何含受百界、千法耶？答：借三種為譬」、「含受一切法者，即是中道正觀。能雙照二諦，故言含受」；「多所含受，如雲持雨」；「含受一切法者。還是果性能雙照含受也」；〔註175〕二、

〔註172〕〔隋〕釋智顗，釋灌頂記，《摩訶止觀》卷5，《大正藏》冊46，頁55中。

〔註173〕〔隋〕釋智顗說，釋灌頂記，《妙法蓮華經玄義》卷10，《大正藏》冊33，頁802上；卷6，頁757中；〔隋〕釋智顗，釋灌頂記，《仁王護國般若經疏》卷5，《大正藏》冊33，頁284上；〔隋〕釋智顗說，釋灌頂記，《請觀音經疏》卷1，《大正藏》冊39，頁970下；〔隋〕釋智顗，《四教義》卷11，《大正藏》冊46，頁763上；〔隋〕釋智顗說，釋灌頂記，《妙法蓮華經文句》卷10，《大正藏》冊34，頁141上。

〔註174〕〔隋〕釋智顗說，釋灌頂記，《金光明經玄義》卷2：「觀心即中，是正因佛性；即空，是了因佛性；即假，是緣因佛性。是為觀心三佛性。」（《大正藏》冊39，頁8上）

〔註175〕〔隋〕釋智顗說，釋灌頂記，《妙法蓮華經玄義》卷2，《大正藏》冊33，頁696中；〔隋〕釋智顗說，釋灌頂錄，《金光明經文句》卷5，《大正藏》冊39，

含容：「雙照二諦，多所含容。一心一切心，故名多也」；「云何爲大？其性廣博，多所含容」；「多所容受，即眞解脫。今釋迦居不思議法界。大道即是多所含容，故名好道」；「菩薩無緣大慈，含容一切，心無取相，是故不增」；「摩訶衍門多所含容，即開爲三：一、通；二、別；三、圓」。〔註176〕可見「具」與「含容」、「含受」皆有個體與全體相即或緊繫相連的關係。

二、智顗圓教心具說的開展

本部分主要以圓教三諦三觀，證成「心具」說乃智顗圓觀法門的不可思議之說，並進一步取智顗「心具」說典型的二例，亦即「十界一心」、「一念三千」，加以闡論之。

（一）圓　觀

智顗的「心具」說，必立基於圓觀。所謂圓觀，乃圓教所說的圓頓觀法，亦即一念心當下得觀空、假、中三諦的「一心三觀」。智顗釋名三觀：

> 三觀之名出《瓔珞經》。云：從假入空，名二諦觀；從空入假，名平
> 等觀。是二觀爲方便道。因是二空觀，得入中道第一義諦觀，雙照
> 二諦，心心寂滅，自然流入薩婆若海也。（《維摩經玄疏》）〔註177〕

「觀」屬於心識層面撥闇啓明的實踐行爲：一、觀諸法此面，得「涉入」〔註178〕諸法相待的彼面；二、反之，觀諸法彼面，得「涉入」諸法相待的此面；三、融觀諸法此、彼二面，得「涉入」小此亦彼、非此非彼的中道義。「觀」是以有從假入空、從空入假、入中道第一義諦等三種類型；而此三類，亦可說是：觀得諸法空（眞）諦、假（俗）諦、中諦的空觀、假觀、中觀。若以假諦、假觀爲A，則可推得：空諦或空觀爲－A，假諦或假觀爲A，中諦或中觀爲－A即A，

　　　　頁 77 中：〔隋〕釋智顗，釋灌頂記，《仁王護國般若經疏》卷 1，《大正藏》
　　　　冊 33，頁 257 上：〔隋〕釋智顗說，釋灌頂記，《金光明經玄義》卷 5，《大正
　　　　藏》冊 39，頁 78 上。

〔註176〕〔隋〕釋智顗說，《妙法蓮華經文句》卷 1，《大正藏》冊 34，頁 6 中～下：〔隋〕
　　　　釋智顗，釋灌頂記，《摩訶止觀》卷 1，《大正藏》冊 46，頁 9 中：〔隋〕釋智
　　　　顗說，〔唐〕釋湛然略，《維摩經略疏》卷 9，《大正藏》冊 38，頁 570 下：卷
　　　　3，頁 599 上：〔隋〕釋智顗說，釋灌頂記，《四念處》卷 2，《大正藏》冊 46，
　　　　頁 563 中。

〔註177〕〔隋〕釋智顗，《維摩經玄疏》卷 2，《大正藏》冊 38，頁 525 中。

〔註178〕〔隋〕釋智顗，釋灌頂記，《摩訶止觀》卷 5：「入者，涉入。」（《大正藏》
　　　　冊 46，頁 51 下）

或一（－A）即－A。智顗云：

> 若解一心一切心，一切心一心，非一非一切；一陰一切陰，一切陰
> 一陰，非一非一切；一入一切入，一切入一入，非一非一切；一界
> 一切界，一切界一界，非一非一切；一眾生一切眾生，一切眾生一
> 眾生，非一非一切；一國土一切國土，一切國土一國土，非一非一
> 切；一相一切相，一切相一相、非一非一切；乃至一究竟一切究竟，
> 一切究竟一究竟，非一非一切。遍歷一切皆是不可思議境。若法性
> 無明合有一切法陰界入等，即是俗諦；一切界入是一法界，即是真
> 諦；非一非一切，即是中道第一義諦。如是遍歷一切法，無非不思
> 議三諦。（《摩訶止觀》）〔註179〕

> 云何即空？並從緣生。緣生即無主；無主即空。云何即假？無主而
> 生，即是假。云何即中？不出法性，並皆即中。當知一念即空即假
> 即中。……非三而三，三而不三。非合非散，而合而散。非非合非
> 非散，不可一異而一異。（《摩訶止觀》）〔註180〕

> 若一法一切法，即是因緣所生法，是爲假名假觀也；若一切法即一
> 法，我說即是空，空觀也；若非一非一切者，即是中道觀。一空一
> 切空，無假中而不空，總空觀也；一假一切假，無空中而不假，總
> 假觀也；一中一切中，無空假而不中，總中觀也。即《中論》所說：
> 不可思議一心三觀，歷一切法亦如是。（《摩訶止觀》）〔註181〕

智顗的三諦說，主要承自龍樹《中論・觀四諦品》「眾因緣生法，我說即是無。
亦爲是假名，亦是中道義」：〔註182〕諸法因緣生、名爲假施、體性本空無，乃
空諦；體性雖空、但能以假相假名存在，乃假諦；含融空假二諦，使具亦空亦
假的「雙照」，以及非空非假的「雙非」，意謂「不二而二，二而不二」〔註183〕
的中道實相，乃中諦。而據「雙照二諦，心心寂滅，自然流入薩婆若海」，可知

〔註179〕〔隋〕釋智顗，釋灌頂記，《摩訶止觀》卷5《大正藏》冊46，頁55上～中。

〔註180〕〔隋〕釋智顗，釋灌頂記，《摩訶止觀》卷1，《大正藏》冊46，頁8下～9上。

〔註181〕〔隋〕釋智顗，釋灌頂記，《摩訶止觀》卷5，《大正藏》冊46，頁55中。

〔註182〕龍樹，青目釋，〔姚秦〕鳩摩羅什譯，《中論》卷4，《大正藏》冊30，頁33
中。

〔註183〕〔隋〕釋智顗說，釋灌頂記，《仁王護國般若經疏》卷5：「佛眼見中道。空
假不二而二，二而不二。雙照，即不二而二；雙忘，即二而不二。」（《大正
藏》冊33，頁284上）

中諦雖有雙照、雙非兩詮，雙照究竟至底，仍是流向絕待泯然、不可言說的雙非。鑑於空諦破因緣生的萬法而顯性空之理、假諦明緣起性空之理而立妙有萬法、中諦雙照雙非空假二諦而明不二一如，可引個體與全體的關係如此推演：假諦，明「一法一切法」；空諦，明「一切法（即）一法」；中諦，明「非一非一切」。心、陰、入、界、眾生、國土、相、究竟等代言諸境、諸法、諸對象之詞可一一導入，甚至遍歷一切詞，亦可如是詮說。也因此，能證成三諦的三觀，亦可如此詮演：觀得個體即全體，是假觀；觀得全體即個體，是空觀；觀得非個體非全體，是中觀。三諦若置於圓教，便意謂一心當下能得觀諸法即空即假即中之理，即三即一、即一即三，體一名異，互融無礙，堪稱圓融三諦、不可思議三諦。而作為昭示一境三諦之圓理的一心三觀，亦可如此解之：舉一觀，即圓具三觀，任運具三。亦即，舉一空觀，假中亦空；舉一假觀，空中亦假；舉一中觀，空假亦中。是以圓觀也可這麼說：

> 夫圓觀者，……但觀心源，具足六妙門，觀餘諸法不得爾乎。今行者觀一心，見一切心及一切法；觀一法，見一切法及一切心。觀菩提，見一切煩惱生死；觀煩惱生死，見一切菩提涅槃。觀一佛，見一切眾生及諸佛；觀一眾生，見一切佛及一切眾生。一切皆如影現，非內非外，不一不異，十方不可思議。本性自爾，無能作者。非但於一心中，分別一切十方法界。凡聖色心諸法數量，亦能於一微塵中，通達一切十方世界諸佛凡聖色心數量法門，是即略說圓觀數門。
>
> （《六妙法門》）〔註184〕

「觀」如闇室之燈；當進行觀的活動，闇室即明。全視角即空即假即中的圓觀，尤讓光亮四面八方普及一切。智顗「心具」說，正是圓觀的產物。前提是「觀心明徹」；若障，則不能「心具諸法」。此「觀心明徹」，〔註185〕即為圓觀的狀態。因是圓觀，究得實相為依歸，所以在全視野的圓融觀照下，正如「觀一心，見一切心及一切法；觀一法，見一切法及一切心」等文所類推的公式：「觀此 A，具足一切此 A 和一切彼 A；反之」，亦正如「一月普現一切水，一切水月一月攝」，剎那一念心含攝一切心、一切法，當下具足十法界、十如、百如、三千、十種相性……，實是合理。

〔註184〕〔隋〕釋智顗，《六妙法門》卷1，《大正藏》冊46，頁554上～中。

〔註185〕〔隋〕釋智顗說，釋灌頂記，《妙法蓮華經玄義》卷5，《大正藏》冊33，頁778中。

（二）「十界一心」、「一念三千」

以下，並取智顗「心具」說典型的二例：「十界一心」、「一念三千」，加以闡論之：

> 所言法界者，法名自體；界以性別爲義。此十種法體，因果不同，
> 事性隔別，不相混濫，故言十法界。（《三觀義》）〔註186〕

「法名自體」，尤顯「因果不同」；「界以性別爲義」，尤顯「事性隔別」。以六凡四聖合之的十法界，乃十種各有體如、彼此差別卻不相混濫的法體。較全面言：

> 法界者三義：十數是能依；法界是所依。能所合稱，故言十法界。
> 又此十法，各各因、各各果，不相混濫，故言十法界。又此十法一
> 一當體，皆是法界，故言十時界（云云）。十法界通稱陰入界，其實
> 不同。三途是有漏惡陰界入；三善是有漏善陰界入；二乘是無漏陰
> 界入；菩薩是亦有漏亦無漏陰界入；佛是非有漏非無漏陰界入。（《摩
> 訶止觀》）〔註187〕

> 以十如是約十法界，謂六道四聖也。皆稱法界者，其意有三：十數
> 皆依法界。法界外更無復法。能所合稱，故言十法界也。二、此十
> 種法，分齊不同，因果隔別，凡聖有異，故加之以界也。三、此十
> 皆即法界攝一切法。一切法趣地獄，是趣不過。當體即理，更無所
> 依，故名法界。乃至佛法界亦復如是。若十數依法界者。能依從所
> 依，即入空界也；十界界隔者，即假界也；十數皆法界者，即中界
> 也。欲令易解，如此分別。得意爲言，空即假中，無一二三如前（云
> 云）。（《妙法蓮華經玄義》）〔註188〕

十法界即是十種能所、十種因果、十種法體；意謂因緣法之故，而各有各的能所、因果、法體。以「事性」言界界隔別，表明是因緣生法而有事相假名之性。依能所、因果、一一當體三途徑，更表明十法界是一念無明心所對應之境，實歷歷分明。而「十法一一當體」、「法名自體」，則顯露佛界可爲體，而另具九法界；地獄界或他界亦如是。十法界互具成百之理，由此可見。總

〔註186〕〔隋〕釋智顗，《三觀義》卷1，《卍續藏》冊55，頁673下。

〔註187〕〔隋〕釋智顗，〔隋〕釋灌頂記，《摩訶止觀》卷5，《大正藏》冊46，頁52下。

〔註188〕〔隋〕釋智顗說，釋灌頂記，《妙法蓮華經玄義》卷2，《大正藏》冊33，頁
　　　　693下。

言之，心數塵勞種種差別，若以十約之，則當下十數所依之境，應有十法界。只不過一念心所對應的，乃屬該念心之境，餘九界應爲冥藏狀態。「所觀惡心，即是穢土；所觀善心，即是淨土」，〔註189〕善因有善果，惡因有惡果，絕不異軌突變。各有事性、各有法體，意味能另具九法界。一疑：若地獄界、畜生界、餓鬼界、脩羅界、人界、天界是六凡界，聲聞界、緣覺界、菩薩界、佛界是四聖界，則一念心具十法界，是否意謂心含括善與惡、眞與妄、聖與俗、明與闇等相對質素，並依凡、聖或有漏、無漏程度而二分，甚至割裂爲正面與負面質的？這問題，可暫以智顗兩段話回應：

> 凡地一念之心具十法界、十種相性，爲三法之始。……凡心一念即皆具十法界。一一界悉有煩惱性相、惡業性相、苦道性相。……凡夫一念皆有十界、識、名、色等。（《妙法蓮華經玄義》）〔註190〕

> 問：一念具十法界，爲作念具、爲任運具？答：法性自爾，非作所成，如一微塵具十方分。（《摩訶止觀》）〔註191〕

上文分類智顗「心具」說時，將十法界、三千歸納於凸顯「即假」義類。以十法界爲例，智顗以差別塵沙的事相而假立之。心之善數能對於善境，心之惡數能對於惡境，再加智顗常言一念無明心具，又加每一衆生心皆具十法界、十種相性，確實易令人覺得智顗的「心」內具善惡，比例依所對應之境而有別。然而心中的善與惡並無比例多寡可言，亦無割裂可能，因爲：「法性自爾」、「一微塵具十方分」。善心即惡心；善的質的即惡的質的。甚至在中道實相圓觀下，並且可以非善非惡詮之。而一念心雖具十法界，當下卻僅對應一境，餘九境在何處？這可以顯、冥解釋之：一念心「顯」應該念心之境，餘九境則「冥」存。也因此，雖說「十法一一當體」、「法名自體」，其實亦可說十法界同一理體，只不過因因緣法而導致事體有冥顯之別，而以權說表之。以下，並以「一念三千」解釋之：

> 夫一心具十法界，一法界又具十法界；百法界。一界具三十種世間；百法界即具三千種世間。此三千在一念心。若無心而已，介爾有心，即具三千。（《摩訶止觀》）〔註192〕

〔註189〕〔隋〕釋智顗，《維摩經文疏》卷1，《卍續藏》冊18，頁469中。

〔註190〕〔隋〕釋智顗說，釋灌頂記，《妙法蓮華經玄義》卷5，《大正藏》冊33，頁743下～744上。

〔註191〕〔隋〕釋智顗說，釋灌頂記，《摩訶止觀》卷5，《大正藏》冊46，頁51下。

〔註192〕〔隋〕釋智顗，釋灌頂記，《摩訶止觀》卷5，《大正藏》冊46，頁54上。

此一法界具十如是；十法界具百如是。又一法界具九法界，則有百
法界、千如是。(《妙法蓮華經玄義》) 〔註193〕

觀色心具十法界、十如。界如互論，即具二千。(《妙法蓮華經玄義》)
〔註194〕

今觀十法界眾生假名。一一界各有十種性相本末究竟等。十法界交
互，即有百法界、千種性相。冥伏在心，雖不現前，宛然具足。……
今眾生性相一心具足，亦復如是。(《觀音玄義》) 〔註195〕

智顗演繹「一念三千」，其中的「三千」，乃指三千世間，並可衍伸為一切諸
法。

以公式言之，即一念心當下具有：〔(十法界×十法界)×十如是〕×三
世界＝三千世間。亦即，眾生心生起，差別一切迷悟之境，而有地獄、餓鬼、
畜生、阿羅修、人、天、聲聞、緣覺、菩薩、佛等十種境界（法界）。若圓觀，
當下一念心具有十法界。據「冥伏在心，雖不現前，宛然具足」，可知除了與
一念心相應的一法界「顯」，一念心中並「冥」潛九法界。據「十法一一當體」、
「法名自體」，再依圓教個別中蘊含全體此圓融妙理，一法界另具九法界，使
十界能互具十界，相乘而為百界。其一一之界所具之事理有性、相、體、力、
作、因、緣、果、報、本末究竟等十種，稱為十如。百界一一有十如是之義，
相乘則為千如。又此千如各有眾生、國土、五陰三世間之別，以致相乘而為
三千世間。而三千，其實是數量詞，可指三千諸法，亦可代言一切法。此外，
據「介爾有心，即具三千」可知，智顗持：世界、宇宙、一切法的存在，關
鍵於一念心是否以思惟的方式存在；亦即，思惟與存在同一。此處名「思惟」，
在於據智顗言，「思惟是籌量之念」〔註196〕、「散心思量，名曰思惟」〔註197〕、
「心籌量，名為意」〔註198〕、「籌量者，即是用智慧思度之名」。〔註199〕「思

〔註193〕〔隋〕釋智顗說，釋灌頂記，《妙法蓮華經玄義》卷2，《大正藏》冊33，頁
　　　　693下。
〔註194〕〔隋〕釋智顗說，釋灌頂記，《妙法蓮華經玄義》卷2，《大正藏》冊33，頁
　　　　19中。
〔註195〕〔隋〕釋智顗說，釋灌頂記，《觀音玄義》卷2，《大正藏》冊34，頁888下。
〔註196〕〔隋〕釋智顗說，釋法慎記，《釋禪波羅蜜次第法門》卷1，《大正藏》冊46，
　　　　頁477下。
〔註197〕〔隋〕釋智顗說，《觀無量壽佛經疏》卷1，《大正藏》冊37，頁191上。
〔註198〕〔隋〕釋智顗，釋灌頂記，《摩訶止觀》卷2，《大正藏》冊46，頁14下。
〔註199〕〔隋〕釋智顗說，釋法慎記，《釋禪波羅蜜次第法門》卷2，《大正藏》冊46，

惟」可意謂思量所對之境而起分別之念。一旦思惟，即便造作所對之境。心境決定何種存在，是以「思惟與存在同一」。亦即一念餓鬼心，決定身心相應與所處的是餓鬼境；一念菩薩心，決定身心相應與所處的是菩薩境。這以思惟當下決定自身存在與認識，恰可與笛卡爾「我思，故我在」相呼應。

　　圓教乃明不滯一端、不歷別待、事理體相圓足融攝、即空即假即中的圓融中道實相之理。打破常人對立相待的定見，而直明非道即佛道。無論理、智、斷、行、位、因、果，皆是個體即全體、全體即個體、圓斷一切斷、當體全是。〔註200〕若能深察智顗「心具」說，可知它將圓教發揮的淋漓盡致。亦即，圓教教、理、智、斷、行、位、因、果等八圓之法，其實與「（圓觀一念無明）心具」相呼應。這從上文「心具」、「念具」經文簡表，或者本文的論述，皆可昭然若揭。

　　如同智顗《摩訶止觀》坦明，「專在慮知心」，其「心具」說其實亦專就慮知心而言。該心，廣義可指五陰中的受、想、行、識等四陰；再狹義，可指四陰中的識陰；更狹義，可指識陰中的第六識，亦即意識。而此意識，由於有著遷流剎那生滅的意念，因此可以「一念心」代言之。一念心，是意根攀緣法塵而剎那生起，專屬妄念纏縛的眾生，是以有賴圓教圓觀的實踐法門，以證成「心具」說的理論義涵。一念心生住異滅的時間長度極為短促微細，「心具」的內容卻是無窮無際的多、廣、深。一與多的同位，如同芥子能納須彌，區區一念心含具所有的心識活動、作用，所造的心世界包羅萬象。「心具」的內容可說無所不包，若取心、法為例，不離「無明心具一切諸法」或「一念眠心具一切法」，標出圓觀行為下「心具」的「心」專指專屬眾生所有的一念眠心、無明心。一念心本是因緣和合、根塵相對而起，是假名，除了指涉無絕對實有的「我」，並意味心所具的十法界、十如、百界、三千、萬善、一切作、一切行、萬行諸波羅蜜、性德三諦、性德三觀……等，凸顯圓教因緣性空、施假名立法、圓融差別事相萬境的「即假」義，或外修萬行、成就解脫之德的「緣因佛性」義，或圓教觀法所證成的真理、工夫歷程、所得之果的「圓觀」義。

　　不同的角度切入，有不同的深度；周圓全徧的視角有圓融、圓足、圓滿的發現。「心具」說的難度在於，當下如何個體具有全體？智顗就圓教圓觀，

　　　　頁491上。
〔註200〕〔隋〕釋智顗，《四教義》卷1，《大正藏》冊46，頁722中～下。

亦即一心三觀三諦來解決此問題。三諦可謂性德之理，三觀可謂修德之智；
體達一觀，致一觀即具三觀。而從證成的過程可知：三諦若置於圓教，便意
謂一心當下能得觀諸法即空即假即中之理，即三即一、即一即三，體一名異，
互融無礙，堪稱圓融三諦、不可思議三諦。而作為昭示一境三諦之圓理的一
心三觀，亦可如此解之：舉一觀，即圓具三觀，任運具三。亦即，舉一空觀，
假中亦空；舉一假觀，空中亦假；舉一中觀，空假亦中。觀一心，可見一切
心及一切法；觀一法，可見一切法及一切心。剎那一念心當下即是一切，實
有理可尋。據「冥伏在心，雖不現前，宛然具足」，可知除了與一念心相應的
一法界（顯），一念心中並冥潛九法界。就此並可證心雖具善惡，卻是即善即
惡。基於根塵相對的因緣法，而顯善冥惡，或冥善顯惡，顯得若欲解脫成佛，
後天修德無比重要。而據「介爾有心，即具三千」可知，智顗持：世界、宇
宙、一切法的存在，關鍵於一念心是否以思惟的方式存在；亦即，思惟與存
在同一。此以思惟當下決定自身存在與認識，誠為智顗佛性論特色之一。

第三節　論智顗「當體全是」的「即」字概念

　　智顗著作多處可見「即」字。從語境考察之，可析分「即」字指：（一）
「則如」，〔註201〕表舉例、諸如；（二）「遂」〔註202〕、「則」：〔註203〕以推導
出下文；（三）「則是」、「則為」：〔註204〕「即」之前句釋名後句，含因果意。
此外，作為繫連二詞的「即」字，更是隨處可見，堪為智顗學說中獨特的一
景。再加，「即」字所繫連的二詞，不是含有世人眼中相合相成、同類同質之
意，便是相反敵對之意。這令人費解：何以「即」字能如此繫連二詞？這，
首先應釐清「即」字義涵。然而由於智顗並未對「即」字有明確定義，因此

〔註201〕如：《四教義》卷4：「此『即』蟲食木偶得成字。蟲亦不知是字非字也。」（《大
　　　　正藏》冊46，頁735中）
〔註202〕如：《觀無量壽佛經疏》卷1：「摩伽陀國王有夫人生子，一頭兩面四臂。人
　　　　謂不祥。王『即』裂其身首，棄之曠野。」（《大正藏》冊37，頁189上）
〔註203〕如：《妙法蓮華經文句》卷6：「三從，『即』遣傍人急追將還下」（《大正藏》
　　　　冊34，頁80中）；《四教義》卷3：「若無方便入阿毘曇，則墮有中……。約
　　　　四教各有四種觀門，一往，『即』有十六種觀門。」（《大正藏》冊46，頁731
　　　　中～下）
〔註204〕如：《摩訶止觀》卷6：「分別為觀念念不斷，『即』相續」；《四教義》卷3：「若
　　　　明圓體而辨四門者，『即』圓教四門也。」（《大正藏》冊46，頁70下；頁730
　　　　上）

本節先抉微智顗天台後人「當體全是」的「即」字義涵,爾後回觀檢視智顗雖未載此詞,但從智顗「當體即是」、「當體」的圓教觀念,即可證成智顗繫連二詞的「即」字含有「當體全是」的底蘊。此外,本節並抉微智顗「即」字所繫連二詞的類型,以及智顗學說中與「當體全是」異名同義之詞:「達」、「觀達」、「不斷斷」、「是」、「具」等。

一、智顗以「當體全是」作爲「即」之內涵

繫連二詞的「即」字於大乘佛典中隨處可見。三論宗代表人物,〔隋〕吉藏(549～623)曾簡釋爲,「不相離,故言即」。〔註205〕智顗之後的天台後學,有不少亦加以釋名「即」字,如〔唐〕湛然(711～782)、〔宋〕知禮(960～1028):

> 即者。《廣雅》云:合也。若依此釋,仍似二物相合,名即。其理猶疏。今以義求體不二故,故名爲即。(《止觀輔行傳弘決》)〔註206〕

> 應知今家明即永異諸師,以非二物相合,及非背面相翻,直須當體全是,方名爲即。……煩惱、生死既是修惡,全體即是性惡法門,故不須斷除及翻轉也。諸家不明性惡,遂須翻惡爲善、斷惡證善,故極頓者仍云:本無惡,元是善。既不能全惡是惡,故皆即義不成。
> (《十不二門指要鈔》)〔註207〕

湛然表明,若言「二物相合」爲「即」,則理有未盡;當以「體不二」表之,爲妥。知禮則更明確表示:「即」字非僅指所聯結的前後二詞互爲表裡,諸如像茶杯、茶蓋相合爲一,或如手心、手背相翻;周圓地說,「即」字可確指二物「不相離」,同「體」非二,是爲全體「等於」的「當體全是」。其中的「全」字,更明白表示前後二詞完全同一體。既是同體,何以要分二詞,且帶有常人眼中彼此相合相成或相反敵對之關係?這,除了涉及所切入的視角有別,諸如:性相、體用,並扣緊實相本源義言,以致二詞縱於事相義理上有別,返本言之,卻是完全同一實相理體,以致具有不二不離之關係。亦即,二詞不離實相理體,因此無論所開顯的樣貌多麼千層萬變、語詞多麼相反或相合,皆皆契入「當體全是」。知禮並以性善、性惡言之:眾生於九界所造作之惡,

---

〔註205〕〔隋〕釋吉藏,《中觀論疏》卷3,《大正藏》冊42,頁38下:《大乘玄論》卷1,《大正藏》冊45,頁21下。

〔註206〕〔唐〕釋湛然述,《止觀輔行傳弘決》卷1,《大正藏》冊46,頁149下。

〔註207〕〔宋〕釋知禮,《十不二門指要鈔》卷1,《大正藏》冊46,頁707上～中。

名爲修惡。若以世人思惟言之，當斷除或翻轉涉入煩惱或生死的修惡，才得臻至佛界。然而知禮表明，就天台圓教而言，修惡當下全體乃是佛性所具的性惡所開展的成佛法門，毋須斷除或翻轉。而別教因未明箇中之理，性善與性惡、修善與修惡不僅是敵對關係，使須「翻惡」、「斷惡」才得知善性、善行；此外，別教持佛性僅具善，不能認同「全惡是惡」，以致不能肯定修惡、性惡的價值，亦不能明瞭性惡即性善。

智顗後人以「當體全是」一詞釋名「即」字，而智顗文中雖無此詞，卻於言及圓教時，載「當體即是」〔註208〕一回、「當體」廿九回。與智顗百萬字著作相較，其出現猶如滄海之一粟，然而卻不能否認智顗但凡言及圓教，便深契「當體」之意的骨髓。舉「當體」相關文幾例言之，可知智顗所言的當下之「體」意指：

（一）世人眼中二物同類之「體」：如「三毒當體是鬼」。〔註209〕通攝一切煩惱、會引發諸惡行的貪瞋癡三毒，可以非正爲邪的諸鬼爲代稱。

（二）世人眼中二物敵對之「體」：如「無明是即智之惑。以智爲體，即智說障。……解惑不俱，體是煩惱，故當體爲名，名煩惱障」。〔註210〕無明與智慧，於世人眼中乃敵對相翻之詞。然而於圓教中，智慧爲體，其相翻之假名假相爲煩惱障。

（三）圓教諸法當下之「體」：如「圓中當體，理極稱圓」。〔註211〕圓教所言之諸法之體，乃爲非常非無常的圓理。

（四）以不生不滅、不一不異的「法性」爲「體」：如「今當體諸顛倒，即是法性，不一不異。……唯信此心，但是法性。起是法性起；滅是法性滅。體其實不起滅」。〔註212〕「顛倒」之相與法性，於世人眼中乃敵對論。然因無明所起的顛倒之相，當下之體即爲眞如不變、不一不異、不生不滅的法性。而法性即爲眾生本具的清淨心，當吾心不被無明覆蓋，即能證得法性。

（五）以法身爲「體」：如「今若別論法身當體。從法身起行。行即波若。

〔註208〕〔隋〕釋智顗說，《妙法蓮華經玄義》卷3：「約圓教釋者。……又決了別教歷別之智入於妙智，當體即是某位，進入是某位細揀（云云）。」（《大正藏》冊33，頁710上～中）
〔註209〕〔隋〕釋智顗說，釋灌頂記，《觀音義疏》卷1，《大正藏》冊34，頁927中。
〔註210〕〔隋〕釋智顗說，釋灌頂記，《摩訶止觀》卷6，《大正藏》冊46，頁85下。
〔註211〕〔隋〕釋智顗說，釋灌頂記，《摩訶止觀》卷3，《大正藏》冊46，頁33下。
〔註212〕〔隋〕釋智顗說，釋灌頂記，《摩訶止觀》卷3，《大正藏》冊46，頁56中。

波若名爲道，通至涅槃」。〔註213〕佛以周徧法界的眞身爲體，具能通達涅槃的般若行。

（六）三身不滅之「體」：如「法身當體，論不生滅；報身了達，無能生滅；應身相續，不生滅」。〔註214〕法、報、應三身當下即一即三，悉爲不生不滅。若以體相用而言，可言法身爲體。

（七）以「理」爲十法界之「體」：如：「以十如是約十法界。……此十皆即法界攝一切法。一切法趣地獄，是趣不過。當體即理，更無所依，故名法界。乃至佛法界，亦復如是」。〔註215〕

（八）以心爲「體」：如「體者，以心爲體。心覺苦樂，故以當體。……六道之色乃異，只是約心，故心爲體也」；〔註216〕又如「《華嚴》云：心如工畫師，造種種五陰。一切世間中，莫不從心造。……此十法一一當體，皆是法界，故言十時界」。〔註217〕「體者，以心爲體」，定位眾生在認識一切法、臻至十法界中之執界，關鍵皆在「心」一字。心之轉念，苦樂相隨；心在何處，世界即在何處。

（九）以實相爲「體」：如「諸法既是實相之異名，而實相當體。又實相亦是諸法之異名，而諸法當體。妙有不可破壞，故名實相。……隨以一法當體，隨用立稱」。〔註218〕諸法與實相異名同義，當下同體非二。之爲異名，乃因隨其事相效用而有異名；之爲同義，乃因皆契入非有非無、亦有亦無的實相之體。其中，「妙有不可破壞」，指出實相非僅是非有的空性存在，並同具因緣和合之假相假法。

（十）即空即假即中之「體」：言即假，如「當體受稱，稱之爲假。假者，虛妄顛倒名之假耳」；〔註219〕言即空，如「當體達颺，依炎炎，依空空，無所依。空尚無空，何處復有若炎若颺」。〔註220〕圓教實相理體乃即空即假即中。以「當體」二字搜索，雖恰無即空即假即中的相關敘述，但從「當體受稱」

〔註213〕　〔隋〕釋智顗說，《禪門章》卷 1，《大正藏》冊 55，頁 646 上。

〔註214〕　〔隋〕釋智顗說，《妙法蓮華經文句》卷 9，《大正藏》冊 34，頁 133 中。

〔註215〕　〔隋〕釋智顗說，《妙法蓮華經玄義》卷 2，《大正藏》冊 33，頁 693 下。

〔註216〕　〔隋〕釋智顗說，釋灌頂記，《觀音玄義》卷 2，《大正藏》冊 34，頁 888 下。

〔註217〕　〔隋〕釋智顗說，釋灌頂記，《摩訶止觀》卷 5，《大正藏》冊 46，頁 52 下。

〔註218〕　〔隋〕釋智顗說，《妙法蓮華經玄義》卷 8，《大正藏》冊 33，頁 783 中。

〔註219〕　〔隋〕釋智顗說，釋灌頂記，《摩訶止觀》卷 3，《大正藏》冊 46，頁 63 上。

〔註220〕　〔隋〕釋智顗說，釋灌頂記，《摩訶止觀》卷 5，《大正藏》冊 46，頁 63 下。

與「當體達颷」二例，可知虛妄顛倒之假法，或狀似緣起性空之物，皆當下契入即空即假即中的實相理體。

由上可知，智顗「當體」之「體」，乃指圓教即空即假即中、非常非無常、不生不滅、不一不異的實相理體。該「體」隨用立稱，並同指「法性」、「法身」、「心」。鑑於諸法當下所直指之本體乃真如實相，再加萬法由心造，因此智顗雖未像後人言及「當體全是」四字，但從「當體」、「當體即是」二詞，顯見智顗恒以即空即假即中的實相詮釋「體」字，以前後之詞（物）當下全部具有不二同一之體詮釋「全」字。而從智顗圓教之說，尤其繫連二詞的「即」字，更顯貫徹暢達「當體全是」的意涵。如：

> 生死之法本即涅槃，理涅槃也。解知生死即涅槃，名字涅槃也。勤觀生死即涅槃，觀行涅槃也。善根功德生，即相似涅槃也。真實慧起，即分真涅槃也。盡生死底，即究竟涅槃也。觀煩惱即菩提亦如是。（《妙法蓮華經玄義》）〔註221〕

智顗依觀行而判六即義。含括道理與事相的六即，往往言說相敵之詞，諸如生死與涅槃、煩惱與菩提，而單從名字可知，六即分別於理體、名字、觀行、相似、分真、究竟等由淺至深的行位上，相「即」不二。「即」義爲何？以「觀煩惱即菩提」爲例，六即含括：煩惱「理即」菩提、煩惱「名字即」菩提、煩惱「觀行即」菩提、煩惱「相似即」菩提、煩惱「分真即」菩提、煩惱「究竟即」菩提等六行位。其中，行者當臻於圓位的究竟即，亦即於妙覺之位，發究竟圓滿之覺智，破無始根本無明。不僅種覺頓圓，與初位理體不二，事理圓融，並可說：究竟即含攝前五即，具諸位功德；使理即即名字即，即觀行即，即相似即，即分證即，即究竟即；六即前後不二，即一即六、即六即一，彼此互即，揭示一即一切、一切即一之意，是爲圓教觀行之果。如是，除了究竟即，其餘五即是否具有一即一切之特質？承上，當行者能臻至圓行圓位，無論從何「即」言之，皆是即一即六、即六即一。是以，智顗六即義證明，圓教中理體即事相，「即」字所繫的相敵二詞毋須斷裂地破「此」顯「彼」、或破「彼」顯「此」，當下即契入不生不滅的實相理體。可知智顗雖未明言「當體全是」四字，但六即義卻昭昭揭示此意。又如：

> 問：無明即法性。無復無明，與誰相即？答：如爲不識水（冰），人指水是水（冰），指水（冰）是水。但有名字，寧復有二物相即耶？

〔註221〕〔隋〕釋智顗說，《妙法蓮華經玄義》卷9，《大正藏》冊33，頁790上～中。

如一珠向月生水，向日生火。不向，則無水火。一物未曾二，而有
水火之珠耳。(《摩訶止觀》) 〔註222〕

智顗首先假本質無異的「如氷是水，如水是氷」譬，來類比解釋「無明即是
明」，亦即「無明性即是實性」；〔註223〕爾後，並假「向月生水」之珠與「向
日生火」之珠，闡明常人眼中相對應、各有名字之二物，實際上若能眞正「識」
得，將明瞭兩者乃「未曾二」的「一物」。從中可知，諸法、諸名之所以存在
之故，乃因有相應、對參之法或名存在，因此若二中缺一，無「向」的成立
條件，便無二名。因此若以同「體」的無明與法性言之：若無無明，何來法
性；若無法性，何來無明？再進一步，並可言：「當體全是」之「體」，乃指
非有非無、不來不去、即空即假即中、眞空妙有的實相理體。諸法無不以該
「體」爲中心本源。若說「即」爲一橋樑，言說所繫連的二物「當體全是」，
那麼二物難道沒有「相合」或「背面相翻」的關係？從無明與法性、氷與水，
及「向月生水」之珠與「向日生火」之珠等例可知，智顗學說不反對二物於
事相或性相兼有「相合」或「背面相翻」的關係，然而其關係再加以返本深
探，即空即假即中圓觀之，依舊不離「當體全是」。

二、智顗「即」字所繫連二詞之類型

　　意爲「當體全是」之「即」，所繫連之詞包羅萬象。若順世人之意義類型
之判別，可分「敵對論」、「類例論」〔註224〕二類：

〔註222〕〔隋〕釋智顗說，釋灌頂記，《摩訶止觀》卷6，《大正藏》冊46，頁83上。
〔註223〕〔隋〕釋智顗說，章安灌頂記，《四念處》卷4：「無明性即是實性，亦言無
　　　　明即是明。」(《大正藏》冊46，頁579中)
〔註224〕智顗未提出「敵對論」、「類例論」二名，僅載「類例」一詞二回：一、《妙法
　　　　蓮華經玄義》卷10：「若《華嚴》七處八會之說，譬如日出，先照高山。《淨
　　　　名》中唯噢蘆葍。《大品》中說不共般若。《法華》云：但說無上道。……諸
　　　　大乘經，如此意義類例，皆名頓教相也」；二、《釋禪波羅蜜次第法門》卷3：
　　　　「若通論初品心無漏眞解，即爲二。品心無漏，作種類如是，乃至九品。……
　　　　類等佛命善來無漏，即發三明八解，一時具足，料揀亦有漏亦無漏，乃至非
　　　　有漏非無漏，類例可知」。此外，並載「敵對」一詞一回：《摩訶止觀》卷1：
　　　　「若以四諦，竪對諸土，有增有減。同居有四，方便則三，實報則二，寂光
　　　　但一。若橫敵對者，同居生滅，方便無生滅，實報無量，寂光無作」。智顗後
　　　　人：〔宋〕釋知禮述，《觀音玄義記》卷1：「夫言種者，凡有二義。一、敵對
　　　　論種，如三道是三德種。二、類例論種，如緣、了是智、斷種；性德法身爲
　　　　修德法身種。此二皆取能生之義也。」(《大正藏》冊33，頁806上；冊46，
　　　　頁500下；冊46，頁5下；冊34，頁898中)知禮「敵對論」、「類例論」之

（一）敵對論

「敵對」之名，在於「即」字前後所繫之詞，於常人眼中恰爲相對立的兩端。上文知禮所提及的，「二物相合」、「背面相翻」，即爲「當體全是」之「即」所含具的特質。若宏觀智顗敵對論，可以「非道即佛道」〔註225〕五字簡賅之，並以「生死即涅槃；煩惱即菩提」〔註226〕及「無明即法性」〔註227〕爲常用語，且依此類推加以演繹，如：

> 無明塵勞即是菩提，無集可斷……。生死即涅槃，無滅可證。（《摩訶止觀》）〔註228〕

> 生死即涅槃，是名苦諦。……煩惱亦即是菩提，是名集諦。（《摩訶止觀》）〔註229〕

> 若人離貪欲，而更求菩提，譬如天與地。貪欲即菩提。（《摩訶止觀》）〔註230〕

> 無明三道即是三德。不須斷三德，更求三德。（《妙法蓮華經玄義》）〔註231〕

> 無明即空，諸見亦即空。……色即是空。無色可入，故名不入。（《摩訶止觀》）〔註232〕

> 三毒即爲三法門。（《觀音義疏》）〔註233〕

世人眼中相敵對的二詞，毋須強硬斷此留彼，或斷彼留此，便可因「當體全

「敵對」、「類例」之義與智顗相同，且「敵對論」、「類例論」二詞較完善地將「當體全是」的「即」字所繫連的二物作一對比的分類，因此筆者行文依知禮「敵對論」、「類例論」的定名與分法。

〔註225〕如：〔隋〕釋智顗說，〔唐〕釋湛然略，《維摩經略疏》卷9，《大正藏》冊38，頁685中；〔隋〕釋智顗，《維摩經文疏》卷25，《卍續藏》冊18，頁662下。

〔註226〕如：〔隋〕釋智顗說，釋灌頂記，《四念處》卷4，《大正藏》冊46，頁574下；釋智顗，《維摩經玄疏》卷2，《大正藏》冊38，頁530下；《四教義》卷11，《大正藏》冊46，頁761下。

〔註227〕如：〔隋〕釋智顗說，釋灌頂記，《摩訶止觀》卷3，《大正藏》冊46，頁21中。

〔註228〕〔隋〕釋智顗說，釋灌頂記，《摩訶止觀》卷1，《大正藏》冊46，頁1下。

〔註229〕〔隋〕釋智顗說，釋灌頂記，《摩訶止觀》卷1，《大正藏》冊46，頁9上。

〔註230〕〔隋〕釋智顗說，釋灌頂記，《摩訶止觀》卷2，《大正藏》冊46，頁18中。

〔註231〕〔隋〕釋智顗說，《妙法蓮華經玄義》卷2，《大正藏》冊33，頁700中。

〔註232〕〔隋〕釋智顗說，釋灌頂記，《摩訶止觀》卷4，《大正藏》冊46，頁44中。

〔註233〕〔隋〕釋智顗說，釋灌頂記，《觀音義疏》卷2，《大正藏》冊34，頁929下。

是」之故，而可以「即」相繫而不相矛盾。是以無明塵勞與菩提；生死與涅槃；貪欲與菩提；苦道、煩惱道、業道等輪迴生死的「三道」，與法身德、般若德、解脫德等跳脫生死的「三德」；無明諸見與「空」；「色」與「空」；「三毒」與「三法門」皆是當體全是的關係。又如：

> 若見如來心即見眾生心。如破一微塵，出大千經卷。(《維摩經略疏》)
> 〔註234〕
>
> 無量貪欲是如來種。(《摩訶止觀》)〔註235〕
>
> 眾生界即涅槃界。不離眾生界即如來藏。(《妙法蓮華經玄義》)〔註236〕
>
> 眾生於魔界即佛界，於煩惱即菩提。(《摩訶止觀》)〔註237〕

是以「見如來心即見眾生心」、「無量貪欲是如來種」、「眾生界即涅槃界」、「不離眾生界即如來藏」、「於魔界即佛界，於煩惱即菩提」等敵對論，因當體全是而無絲毫矛盾。

（二）類例論

　　所謂「類例論」，指「即」所繫連的前後二詞，於世人眼中乃同類、同屬性之物。可分兩種：（一）前後二詞一目瞭然，有著互訓互釋的關係。如「常與無常，其性無二。無二之性即是實性」，〔註238〕雖言及敵對的「常」性與「無常」性，但「無二之性即是實性」一語卻是標準類例論，意指差別諸法皆具唯一無二之性，該性即為非有非無、真如平等、真實不虛之性。（二）前後二詞含有前因後果，或意義內探或外延的關係。雖筆者不盡認同知禮「皆取能生之義」來定位敵對與類例論種，但此處的類例論顯然較敵對論尤為凸顯同類具「能生」的特質。舉例言：

> 三法者即三軌也。軌，名軌範。還是三法可軌範耳。……總明三軌者。一、真性軌；二、觀照軌；三、資成軌。名雖有三，祇是一大乘法也。(《妙法蓮華經玄義》)〔註239〕

〔註234〕〔隋〕釋智顗說，〔唐〕釋湛然略，《維摩經略疏》卷1，《大正藏》冊38，頁568下。

〔註235〕〔隋〕釋智顗說，釋灌頂記，《摩訶止觀》卷2，《大正藏》冊46，頁47上。

〔註236〕〔隋〕釋智顗說，《妙法蓮華經玄義》卷10，《大正藏》冊33，頁803上。

〔註237〕〔隋〕釋智顗說，釋灌頂記，《摩訶止觀》卷8，《大正藏》冊46，頁116中。

〔註238〕〔隋〕釋智顗說，釋灌頂記，《四念處》卷4，《大正藏》冊46，頁580上。

〔註239〕〔隋〕釋智顗說，《妙法蓮華經玄義》卷5，《大正藏》冊33，頁741中。

> 真性軌即是正因性；觀照軌即是了因性；資成軌即是緣因性。故下
> 文云：汝實我子，我實汝父，即正因性。又云：我昔教汝無上道，
> 故一切智願猶在不失。智即了因性，願即緣因性。又云：我不敢輕
> 於汝等，汝等皆當作佛，即正因性。是時四眾以讀誦眾經，即了因
> 性。修諸功德即緣因性。又云：長者諸子若十、二十，乃至三十，
> 此即三種佛性。又云：種種性相義，我已悉知見。既言種種性，即
> 有三種佛性也。（《妙法蓮華經玄義》）〔註240〕

智顗表示，大乘佛法依體、智、行，可分為三種依循的軌範：一、指真如實
相本體的真性軌；二、指觀達真性之智慧的觀照軌；三、指資助觀照之智而
使開發真性之萬行的資成軌。若依三軌來論佛性，可言為「三軌即三佛性」。
之能成立之由在於，若依真性、觀照、資成三軌，將能使佛性依特質、面向，
而三分為正因、了因、緣因佛性。是以就實踐義而言，「三軌」與「三佛性」
彼此具有因果的「能生」關係，以及可軌範之跡。「汝實我子，我實汝父」、「我
不敢輕於汝等，汝等皆當作佛」二例，揭示佛性天然自爾；其中，為凸顯佛
性恒契實相真如的特性，而可特名為正因佛性。「讀誦眾經」，能開顯內存於
佛性中的實相真智，是以具有能觀達實相智慧性能的佛性，可特名為了因佛
性。以萬行來「修諸功德」，能資助觀照之智而開顯佛性，是以具有能修萬行
性能的佛性，可特名為緣因佛性。可知，三軌為三因佛性所依循的軌則，而
可就「依 A 而有 B」，而言「即」具有能生義，又因三軌乃內蘊於三因佛性，
而可言「即」不離「當體全是」這一基軸。

　　由上可知，「即」字所成就的敵對論與類論，皆是立基「當體全是」。不
過，若加以細別二論，可說敵對論偏重差別事相與理體申論，亦即演繹現象
與本質等各種層面，而類論則偏重就因果言之。

三、「當體全是」的證成方式：「達」與「觀達」

　　繫連二詞的「即」字，於理而言，乃「當體全是」。行者若欲證成或獲悉
此理，無不以「達」為樞紐。「達」字，意謂「體達」、「觀達」、「了達」、「通
達」、「深達」、「明達」、「觀了達」……，並可簡賅為「觀達」一詞表之，以
凸顯透過觀行實踐的功夫，能證得無上智慧，而得以明白通達諸法當下皆契

〔註240〕〔隋〕釋智顗說，《妙法蓮華經玄義》卷 5，《大正藏》冊 33，頁 744 下。

入眞如實相理體。以下先以「達」字簡言之，以強調體信、體會之「體達」；
爾後，闡述觀行實踐的「觀達」。

（一）達

智顗云：

> 體是達義。得此體意，通達無壅。如風行空中，自在無障礙。一切
> 異名別說，皆與實相不相違背。《釋論》云：般若是一法，佛說種種
> 名。故以體達，釋經體也。（《觀無量壽佛經疏》）〔註241〕

> 體是達義。得此體意，通達無壅。如風行空中，自在無障礙。一切異
> 名別說，皆與法性不相違背。《釋論》云：般若是一法，佛說種種名。
> 隨諸眾生類，爲之立異字。又云：若如法觀佛，般若與涅槃，是三則
> 相。其實無有異。此與今經法性無量意同。當知法性廣大無涯，橫收
> 法界遍無所隔。故以達義釋體也。（《金光明經玄義》）〔註242〕

此二段引文有重疊之處。但從同中之異，顯出「實相」即「法性」，並傳達佛
隨眾生根器而所言的一切異名別說，皆是同體，彼此無絲毫悖違。因非異體，
以致諸名源底能通達事物之理而無壅塞，恰明作爲「當體全是」的「即」字
具體「達」的特質，而能無礙繫連敵對相翻或同類之詞。以罪、福言之：

> 即罪即福，而見實相，乃名深達。（《妙法蓮華經玄義》）〔註243〕

「即」字之能繫連前後之詞，立基於前後之詞同一理體，以致能通達無壅。那
麼何能知曉前後之詞乃同一理體？就實踐上而言，乃是透過圓教觀法，以致能
了見諸法實相，得知在事相上作爲對等相翻的「罪」與「福」，探其源底，可知
罪性與福性皆無定實之主，皆是當體全是地深契不二的實相。善、惡同理：

> 唯圓法，名爲善。善順實相，名爲道；背實相，名非道。若達諸惡
> 非惡，皆是實相。即行於非道，通達佛道。若於佛道生著，不消甘
> 露，道成非道。（《摩訶止觀》）〔註244〕

所謂「善」、「惡」，並非止於道德範疇。智顗表明圓教圓妙之理即爲至極之
「善」。「善」的表現，可就兩面向言之：一、善順：佛道與非道之別，在於

〔註241〕〔隋〕釋智顗說，《觀無量壽佛經疏》卷1，《大正藏》冊37，頁188中。
〔註242〕〔隋〕釋智顗說，灌頂錄，《金光明經玄義》卷2，《大正藏》冊39，頁10
　　　　下～11上。
〔註243〕〔隋〕釋智顗說，《妙法蓮華經玄義》卷4，《大正藏》冊33，頁725中。
〔註244〕〔隋〕釋智顗說，釋灌頂記，《摩訶止觀》卷2，《大正藏》冊46，頁17中～下。

是否善順或逆違實相。二、善達：〔註245〕除了順之，並能進一步圓滿通達實相真如，致使能明達諸修惡、性惡非真惡，悉皆實相理。可知，善達意謂不滯著，並契入實相真如；此爲佛道。但凡滯著佛道，則爲非道。可知，智顗之「善」，除了依循實相軌範，並能通達實相理體而不壅塞、不滯著。智顗並云：

> 若蔽礙法性，法性應破壞。若法性礙蔽，蔽應不得起。當知蔽即法性。蔽起，即法性起；蔽息，即法性息。《無行經》云：貪欲即是道，恚癡亦如是。如是三法中具一切佛法。若人離貪欲而更求菩提，譬如天與地。貪欲即菩提。《淨名》云：行於非道，通達佛道。（《摩訶止觀》）〔註246〕

據智顗「諸蔽爲惡，事度爲善」，〔註247〕表貪瞋癡三毒蔽覆本心的「蔽」，與表諸法本來不改之性的「法性」，於世人眼中當有所衝突。然而加以返本探源，「蔽」與「法性」皆立基於非常非無常的實相，一起一切起，一息一切息，彼此通達而不相防礙。亦因當體「全」是深契實相之故，行者對治三毒諸蔽，毋須透由「離」、「斷」等強硬對治的方式，僅有賴「通達」功夫即可。是以「蔽即法性」、「貪欲即菩提」，非道即佛道，於義理或落實於實踐層面，皆因能通達當體全是之理而無所矛盾。

（二）觀　達

若就理體言，「當體全是」之「即」，意謂所繫連之前後二物和融一體，無二無別、不離不斷。除了偏重「理」上說明「當體全是」的「體達」，智顗並就實踐義的觀法證之：如何「體達」？

> 道以通達爲義。所覺之理能通觀智，從因達果，名之爲道。……三種非道之理，即是三種佛性之理。故《淨名》言：行於非道，通達佛道。（《維摩經略疏》）〔註248〕

〔註245〕「善達」一詞，參〔隋〕釋智顗說，釋法慎記，釋灌頂治，《釋禪波羅蜜次第法門》卷8：「行者善達真俗，離此二種邪命，名不顛倒」；〔隋〕釋智顗，《法界次第初門》卷3：「今菩薩善達四諦十二因緣，憐愍一切。」（《大正藏》冊46，頁531下；頁685中）

〔註246〕〔隋〕釋智顗說，釋灌頂記，《摩訶止觀》卷2，《大正藏》冊46，頁18上～中。

〔註247〕〔隋〕釋智顗說，釋灌頂記，《摩訶止觀》卷2，《大正藏》冊46，頁17中。

〔註248〕〔隋〕釋智顗說，〔唐〕釋湛然略，《維摩經略疏》卷9，《大正藏》冊38，頁

上文智顗曾言，「體是達義」，著重明達不二的理體，而此處「道以通達爲義」，則著重：無論「道」所通向的兩方是否呈一百八十度的極端之別，但凡施以即空即假即中的圓觀，則縱是苦道、煩惱道、業道等三種違於正道的「非道」，也可因契入實相理體而皆可作爲成佛之「因」，而可分別與正因、了因、緣因等三因佛性「當體全是」。是以可說：非道即佛道同體不二。眾生行於非道，則滯著障覆其中；具有無上智慧的佛，則能通達非道「當體全是」佛道之理，因此縱是事相上「行」於非道，仍是不爲所染、所圍，恒能通達無礙。智顗並云：

> 智慧性觀十法界色性，名爲觀了達；色中非垢非淨，名爲處。智慧性觀十界受性，名觀了達；受中非苦非樂性，名爲處。智慧性觀十界心性，名爲觀了達。心性非常非無常性，名爲處。智慧性觀十法界法性，名爲觀了達。法性非我非無我，名爲處。（《四念處》）〔註249〕

九界具五蘊性不足奇，然佛界亦具，即揭示：智顗藏有佛界具惡性的微言。而從行者具智慧性，能分別得觀十法界之色性爲「非垢非淨」、受性爲「非苦非樂」、心性爲「非常非無常」、法性爲「非我非無我」，顯見無論所觀爲何物，鑑於無上智慧之故，「觀」必屬即空即假即中的圓觀；「觀」之果必通達契入無分別、無可言詮的實相中道之理，絕不偏垢、淨、苦、樂、非常、非無常、非我、非無我、增、減、善、惡、正、負……等能有所對立之一端。智顗除言「觀了達」，並以「觀達」普釋之：

> 觀亦三義：貫穿義、觀達義、對不觀觀義。貫穿義者。智慧利用，穿滅煩惱。……觀達義者。觀智通達，契會眞如。……對不觀觀者。語雖通上，意則永殊。上兩觀亦通，對生死彌密，而論貫穿；迷惑昏盲，而論觀達。此通約智斷，相待明觀。今別約諦理。無明即法性，法性即無明。無明非觀非不觀，而喚無明爲不觀；法性亦非觀非不觀，而喚法性爲觀。如經云：法性非明非闇，而喚法性爲明；第一義空非智非愚，而喚第一義空爲智。是爲對不觀而明觀也。（《摩訶止觀》）〔註250〕

> 觀以觀穿爲義，亦是觀達爲能。觀穿者，即是觀穿見思、恒沙、無

---

683 上～中。

〔註249〕〔隋〕釋智顗說，釋灌頂記，《四念處》卷 4，《大正藏》冊 46，頁 579 下～580 上。

〔註250〕〔隋〕釋智顗，釋灌頂記，《摩訶止觀》卷 3，《大正藏》冊 46，頁 21 下。

明之惑，故名觀穿也；觀達者，達三諦之理。(《三觀義》) 〔註251〕

「觀」依其觀的方式與所觀之客體，可說具有三義：一、觀穿：能以智慧，穿破見思、恒沙、無明等障惑；二、觀達：能通達空、假、中三諦，契會實相真如；三、對不觀觀：能對不觀而明觀，致使非觀非不觀、亦非觀非不觀。若舉「無明」、「法性」為例，可說「無明」為「不觀」之果；「法性」為「觀」之果。再細分，能穿滅煩惱、對治障惑的「觀穿」，乃為觀無明；能通達無礙三諦之理的「觀達」，是為觀得法性。由於「觀」能穿滅煩惱、達觀真如，因此「觀穿」的當下，即等同「觀達」，是以若觀得無明，當下即等同觀法性。由此，即有超越相待的「對不觀觀」一詞。此為繫連前二觀，使得觀「無明」，即等同觀得「法性」，致使「無明」與「法性」悉為「達於實相」義的「非觀非不觀」，合理證成「無明即法性，法性即無明」。其中可知，超越相待的「對不觀觀」，表明無明與法性在觀法之下，是無二無別，較相待的前兩觀周偏圓融，實有含攝前二觀的傾向，那麼此處，為何智顗特以「觀達」言「即」，而非擇「觀穿」或「對不觀觀」？智顗以「當體全是」言「即」，「體」意謂實相真如理體，因此穿滅煩惱的「觀穿」想當然未符其意，而超越相待的「對不觀觀」則是「當體全是」後，進一步中道平等繫連二端，使性相理事於觀法下無二無別，因此三觀義中位於其間的「觀達」，能通達空、假、中三諦，契會實相真如，反較另二觀義適切「當體全是」義。除了「觀智通達，契會真如」、「達三諦之理」之釋名，智顗並闡述「觀達」：

觀破智障，名觀穿觀；安心此理，名觀達觀。(《摩訶止觀》) 〔註252〕

觀以觀達為義，亦是觀穿。言觀達者，達眾生本源清淨。……俗諦生空；真諦法空；中道第一義諦真平等空。達此三理深義者：眾生三諦惑障不同，所謂取相無知無明之別。雖有三惑障三諦理，菩薩照了，通達無礙。……即是觀達義也。(《維摩經略疏》) 〔註253〕

觀達無始無明源底。邊際智滿，畢竟清淨。斷最後窮源，微細無明。登中道山頂與無明父母別，是名有所斷者，名有上士也。(《妙法蓮

〔註251〕 〔隋〕釋智顗，《三觀義》卷1，《卍續藏》冊55，頁670上。

〔註252〕 〔隋〕釋智顗說，釋灌頂記，《摩訶止觀》卷6，《大正藏》冊46，頁82上。

〔註253〕 〔隋〕釋智顗說，〔唐〕釋湛然略，《維摩經略疏》卷1，《大正藏》冊38，頁672中。

華經玄義》）〔註254〕

所謂「觀穿」，在於能以智慧觀破見思、恒沙、無明等障惑，偏重就事相差別假法與對治煩惱而言；所謂「觀達」，在於能以智慧圓滿通達空、假、中三諦，契會實相，偏重安住非常非無常的眞如理體而言。可知，在面對無明煩惱時，「觀穿」採摧伏毀破的對治態度；「觀達」則以探究源底的方式，表明煩惱障惑之性通達實相之性，實與眞如理體無別。然而由於「觀達」意謂圓滿通達三諦之理，因此若以眾生爲所觀的客體，亦可表爲：「觀達」的用意與目的，在於能徹觀眾生本源清淨的自性心及其清淨心所觀達的三諦之理。其中，眾生本具的清淨心同時爲能觀之智與所觀之境。此說頗爲弔詭，然而由於：當行者能圓滿觀達，則能體達本具的清淨心，以及即空即假即中的三諦之理。再加，圓觀三諦之理的預設條件是，當能顯發本具的清淨心，則能圓觀。是以清淨心決定是否能觀達，而如何顯發清淨心，則考驗觀照體達的實踐功夫。由上可知，「觀達」爲「觀」之三義之一。那麼此三義是否是前後分隔的關係？智顗云：

> 一念能穿五住，達於實相。實相非觀亦非不觀。如此等義，但在一
>
> 念心中。不動眞際，而有種種差別。（《摩訶止觀》）〔註255〕

「觀穿」與「觀達」分別談及，清淨心能觀穿無量煩惱藏，與通達實相無相；乃分別針對能起種種差別的無明，以及無來無去、無生無滅、不動眞際的法性言。

　　「不觀觀」則立於中道之位，統攝「觀穿」與「觀達」，致使無明即法性；法性即無明。是以「觀」之三義可說扣緊空、假、中三觀三諦言，而可說臻於圓行圓位的行者之一念心，能具一切法：當下即「觀穿」即「觀達」即「不觀觀」。而智顗單以「觀達」詮說繫於二詞的「即」字，旨強調「當體全是」之「體」爲眞際實相、眞如法性，而非忽略另二觀義。因爲對圓教而言，三「觀」義亦是即一即三的關係。

四、智顗「即」字的深層義：不斷斷

（一）「不斷斷」釋名

　　智顗闡明圓教「斷」法，斯爲「不斷斷」、「不斷而斷」、「圓斷」、「不思議斷」，此意爲：

〔註254〕〔隋〕釋智顗說，《妙法蓮華經玄義》卷5，《大正藏》冊33，頁734下。

〔註255〕〔隋〕釋智顗，釋灌頂記，《摩訶止觀》卷3，《大正藏》冊46，頁25下。

> 若圓有門解惑不二，多明不斷斷。五住皆不思議，即是不思議斷。
> 乃至三門亦如是，是爲圓四門相。……觀一切法空如實相。……一
> 切世間治生產業，皆與實相不相違背。即客作者是長者子，此是即
> 法之義也。開示悟入佛之知見。今所應作唯佛智慧，即佛慧也。著
> 如來衣、座室等，即不次第行也。不斷五欲而淨諸根。又過五百由
> 旬。即不斷斷義也。(《妙法蓮華經玄義》)〔註256〕

圓教「有」、「空」、「亦有亦空」、「非有非空」等四門，悉因不次第圓觀之法而
通達眞性實相。雖入徑有別，在面對所有煩心惱身的諸惑，四門皆能彰顯「不
斷斷」的特質：世間法與諸塵欲障惑的本質乃眞如實相，何需以敵對態度斷滅
棄絕？若眞欲「斷」之，誠通達實相爲良途。引文中，智顗並假《法華》窮子、
化城二喻，打破主客權實之二分，明眾生「即」佛、小乘方便權法「即」大乘
實法。「不斷五欲而淨諸根」，即爲不斷而斷，輔以「五住皆不思議，即是不思
議斷」，恰可呼應圓教八圓之一：「斷圓者，五住圓斷也」。〔註257〕智顗以「巧
度」言之：

> 今約有智慧，無煩惱義，故說爲斷。若約別教，多就定相論斷，即是
> 思議智斷明位，大乘之拙度義也。若圓教明義，多說不斷。不斷而斷
> 者，即是不思議斷。非次位以明次位，正是大乘巧度之義。故此經云：
> 婬怒癡性即是解脫。又云：不斷癡愛，起諸明、脫。……不斷而入位
> 義，同須彌入芥子。此是不思議智斷之位也。(《四教義》)〔註258〕

智顗表示，出生死之方有拙、巧二度：一、拙度：非圓之教，持煩惱斷、智
慧生，才得絕生死之絆。漸斷之故，是爲次位修行。二、巧度：圓教因圓觀
體達之故，智慧與煩惱非有彼無此、有此無彼的敵對關係。行者能「斷」煩
心惱身之諸惑，卻能「不斷」與智慧同體的煩惱，而得入涅槃，是爲不次位
修行。拙度以「定」相論「斷」，誠爲「思議斷」；巧度非次位以明次位，「不
斷而斷」，誠爲「不思議斷」。智顗援「婬怒癡性即是解脫」敵對論，以及「不
斷癡愛，起諸明、脫」，明「不斷斷」；並以至微至小的芥子能納至大至高的
須彌山爲例，打破小大等二元之別，以當「體」全是爲重，合理證成「不思
議斷」。智顗以「不善滅」言之：

〔註256〕〔隋〕釋智顗說，《妙法蓮華經玄義》卷9，《大正藏》冊33，頁789上～中。

〔註257〕〔隋〕釋智顗，《維摩經玄疏》卷3，《大正藏》冊38，頁533上。

〔註258〕〔隋〕釋智顗，《四教義》卷11，《大正藏》冊46，頁761上。

> 《中論》云：能說是因緣，善滅諸戲論。拙度爲不善滅，說巧度爲
> 善滅也。問曰：此有何殊？答曰：善滅者不斷斷；不善滅者是定斷
> 也。（《維摩經玄疏》）〔註259〕

善滅與不善滅之別，在於前者事半功倍，後者反之。不善滅者，諸如小乘灰
身滅智，以敵對方式破惡，是爲「定斷」；善滅者，誠如大乘圓教體達而契於
實相，是爲「不斷斷」。智顗又云：

> 若定破即是定斷，可同拙度。今明不破破、不斷斷，不同拙度也。《大
> 智論》云：譬如轉輪聖王，能破一切強敵，亦不可有所破。般若波
> 羅蜜亦如是。能破一切法，亦不有所破也。（《三觀義》）〔註260〕

渡生死之一切行法，有分事倍功半的「拙度」與事半功倍的「巧度」。前者執
「定破」、「定斷」；後者能隨意自在於「不破破、不斷斷」。不破而破，不斷
而斷，誠爲圓教行法：破斷其妄形，不破斷其「體」。智顗加以細言圓教、非
圓之教「斷」法之別：

> 斷不斷者。別，但明斷，不論不斷。圓，具二義。若教道明斷，證
> 道不斷。……若不思議觀內，不見有煩惱可斷。煩惱性不障菩提；
> 菩提不障煩惱。煩惱即菩提；菩提即煩惱。……婬怒癡性即是解脫。
> 《無行經》云：婬怒即是道。又云：六十二見爲如來種。即六根六
> 塵而無限礙。只眼中見色，亦眼中入三解脫門。《華嚴》明十眼乃至
> 六根，皆明於一塵中，具十方三世諸佛。八相成道，轉法輪，度眾
> 生，皆不斷，而明了也。（《四念處》）〔註261〕

圓教與別教之別，在於別教僅明「斷」煩惱，卻未知煩惱可「不斷」之不思
議理；圓教則深蘊「不斷斷」之妙。「不斷斷」字解，乃就觀行實踐，明煩惱
可「不斷」便直契眞理，以及就方便權法，言行者煩惱已「斷」。是以「不斷
斷」，兼有圓教教道與證道二面。非圓之教往往執於物相而有分別心，敵對二
方互礙互障互結。圓教「不斷斷」，則因雙方悉深契實相義，而可無分別地圓
融視之，是以煩惱與菩提、婬怒癡性與佛道、六十二見與如來種悉當體全是
眞如實相。無論成就佛道或度化眾生，皆是演繹「不斷斷」之理。其中，「一
塵中，具十方三世諸佛」，除了肯定煩惱存在的價值，並從小大對比中，透顯

〔註259〕〔隋〕釋智顗，《維摩經玄疏》卷2，《大正藏》冊38，頁526上～中。
〔註260〕〔隋〕釋智顗，《三觀義》卷2，《卍續藏》冊55，頁679上。
〔註261〕〔隋〕釋智顗說，釋灌頂記，《四念處》卷4，《大正藏》冊46，頁574上。

一即一切、一切即一之理。關於「即」之「具」義，下文再釋。於此欲補充：智顗在闡明「即」字所繫的敵對論，往往於字裡行間演繹「不斷斷」思想。亦即，智顗對於三毒諸惡，採取不斷、不毀、不棄的方式來加以「斷」之。探究此方式，其實與「當體全是」的「即」字有異曲同工之妙。

可知，所謂「達」，在於了達諸法真實之性，因此無論「即」所繫連的二詞是如何敵對迥異，皆隸屬「諸法」此大範疇，而能彼此當「體」全是，通達無礙。也因此，在論「體達」、「通達」後，「即」字「不斷斷」義昭然若揭。

（二）「不斷癡愛，起於明、脫」

智顗著述載「不斷癡愛，起於明、脫」一詞十回。此可作為「不斷斷」演繹之例，並貫徹當體全是意：

> 夫至理虛無。無明體性本自不有，何須智慧解惑？既無，安用圓別？
> 《涅槃》云：誰有智慧？誰有煩惱？《淨名》曰：婬怒癡性即是解
> 脫。又不斷癡愛，起於明、脫。……若圓有門解惑不二，多明不斷
> 斷。五住皆不思議，即是不思議斷。乃至三門亦如是。是為圓四門
> 相。（《妙法蓮華經玄義》）〔註262〕

所謂「虛無」，非指實無。此指至極之理闡述緣起性空、無為自然，甚至難以言詮的太虛廓然之境。如是，探源究本，無明煩惱與智慧乃相對言之，無明性、婬怒癡性與智慧性皆非有非無，難言持者何人？又何需解惑、斷癡愛，以起智慧、得解脫？非圓之教，「斷」與「不斷」涇渭分明。圓教四門則兼具二者，言不斷而斷的「不思議斷」。此因煩惱與智慧當體全是，不二同一。當能瞭知此理，即能「不斷」煩惱，卻能「斷」煩惱之惱亂一己身心。智顗以不思議三觀、三諦言之：

> 今明不思議之三觀，見不思議三諦之理。不斷見思、塵沙、無明之
> 惑，與三諦之理相應。一心三觀之智不閡煩惱；煩惱不障一心三觀
> 之智。智不斷惑，與理諦相應，即是不斷煩惱而入涅槃。故此經云：
> 不斷癡愛，起於明、脫。菩薩住是解脫。能以須彌內於芥子，種種
> 示現也。（《維摩經玄疏》）〔註263〕

透過一心即空即假即中觀，能證得即空即假即中之妙理。縱是見思、塵沙、無明之惑，亦毋須「斷」之，即可契應三諦之理，得入涅槃。煩惱與菩提，

〔註262〕〔隋〕釋智顗說，《妙法蓮華經玄義》卷5，《大正藏》冊33，頁788下～789上。
〔註263〕〔隋〕釋智顗，《維摩經玄疏》卷2，《大正藏》冊38，頁531下。

透過圓教觀行實踐，當體全是，互不障閡。其中「須彌內於芥子」打破大小之別，比況一心能造三千諸法。當能圓觀，即能明瞭煩惱諸惑「不斷」，卻已無礙清淨本心，誠妙不思議。智顗並以不思議境言之：

> 不思議境者。如《無行》云：貪欲即是道，恚癡亦如是。如是三法中，具一切佛法。如是四分，雖即是道，復不得隨。隨之，將人向惡道。復不得斷。斷之，成增上慢。不斷癡愛，起諸明、脫，乃名為道。（《摩訶止觀》）〔註264〕

所謂「不思議」，在於打破常見，難以言議思量。如「貪欲即是道」，「即」字繫連敵對論，卻因肯定貪欲諸障惑具有裨益成佛道的價值，而可合理成立。之能正面肯定顛倒妄惑，在於：雖然圓教與非圓之教皆具「有」、「空」、「亦有亦空」、「非有非空」等四門，但透過即空即假即中觀，即能明瞭諸法皆契應真如實相。毋須隨之、斷之、執之，法爾本然，即為不思議境。由上可知，智顗極其重視「不斷癡愛，起諸明、脫」。此為「不斷斷」的佳例。「貪欲即是道」等敵對論皆可順理釋之。智顗並就無明性、明性言之：

> 若斷無明，一切善法則無生處。塵勞之儔是如來種。不斷癡愛起諸明、脫。若恣無明，無上佛道何由得成？經云：無明轉，即變為明。行於非道，通達佛道。無明性、明性無二無別，豈可斷無明性，更修明性耶？（《摩訶止觀》）〔註265〕

智顗恒對無明、癡愛、塵勞之儔、非道等世人眼中負向之物予以肯定。諸物悉因直契真如實相而可「不斷斷」，著實裨益生善法、增長智慧，以及堪稱成就佛道的種子。如是，「無明轉，即變為明」之「轉」與「變」，可說是方便權言，因為無明即明，何須再「轉」與「變」？無明與明乃是同體；無明性與明性乃是同一。若真斷除無明性，則明性亦不存在，更違論增修明性。智顗並言「實慧解脫」：

> 明實慧解脫者：此經云：有方便慧解，即是實慧解脫也。所以者何？故《勝鬘經》明，自性清淨心不為煩惱所染。……若能方便巧修實慧，不斷癡愛起諸明、脫。明與無明等，亦不縛不脫，即是實慧不思議解脫也。（《維摩經玄疏》）〔註266〕

〔註264〕〔隋〕釋智顗說，釋灌頂記，《摩訶止觀》卷8，《大正藏》冊46，頁103中。

〔註265〕〔隋〕釋智顗，釋灌頂記，《摩訶止觀》卷4，《大正藏》冊46，頁47下。

〔註266〕〔隋〕釋智顗，《維摩經玄疏》卷5，《大正藏》冊38，頁552中。

智顗以敵對論的方便慧解與實慧解脫爲例，說明：眾生心本然清淨，無染無污。如是，何有癡愛無明等纏縛？何有與之相對的明與解脫？是以，眞正的「斷」，不在於用敵對方式對治纏縛，而是能知解本心清淨，誠爲不縛不脫。當能體信，方便慧解即爲實慧解脫。智顗並言及不思議解脫與佛性：

> 若不斷煩惱而得解脫，即是不思議解脫。故此經云：不斷癡愛，起於明、脫。以五逆相而得解脫，亦不縛不脫。……若不思議解脫，脫界內之縛，亦脫界外之縛也。……若不思議，有色心體。……若是不思議解脫。觀色心即是法性之色心。法性之色心本無因生，故非果滅。見色心不生不滅，而得解脫，故有眞善妙色。妙心之體也。……若不思議解脫即是有無方大用。……不思議法性猶如虛空，無念無思，湛然常寂。入一切諸法悉皆通達顯現，即是不共不思議也。……知一切思量分別憶想畢竟不起，名不思議。故《涅槃經》云：待水澄清，珠相自現者，即不思議佛性理顯。不思議佛性顯，即是不思議解脫也。（《維摩經玄疏》）〔註267〕

智顗向以超於世人常理、畢竟不起一切思量分別的「不思議」一詞，讚稱圓教諸事理，並往往叩緊「不斷斷」而言。如「不思議解脫」：一、不斷煩惱：眞正的解脫，毋須斷除煩惱癡愛，即能以五逆相而得解脫。二、不縛不脫：煩惱本質乃是空性眞如。若能觀得，何來纏縛？又何須解脫？是以「不斷斷」，可說同脫界內與界外之縛。三、有色心體：因不縛不脫，色心即是不生不滅的法性之色心，即是湛然常住眞善妙色。有色心體即爲妙心之體。四、無方大用：圓教不思議解脫乃隨應得度，自在無礙。五、不共：共與不共乃相對而言。此處不共，意爲特別，乃指法性猶如虛空，湛然常寂，無染離妄，難以言議。諸法悉以體達顯現，斯爲不共不思議。六、佛性：不思議解脫乃超越一切思量分別。就此可言及佛性清淨自如，法爾本然。當彰顯佛性，則能證得佛道，即爲不思議解脫。是以解脫的前提，須有佛性存在。智顗並言及三因佛性：

> 觀身實相，觀佛亦然。又不思議解脫有三種。眞性、實慧、方便即是三佛性義。且復塵勞之儔是如來種，豈非正因佛性？不斷癡愛起諸明、脫。明，即了因性；脫，即緣因性。三義宛然，判是無常。涅槃三種佛性何得是常耶？（《妙法蓮華經玄義》）〔註268〕

〔註267〕〔隋〕釋智顗，《維摩經玄疏》卷5，《大正藏》冊38，頁550下～551下。
〔註268〕〔隋〕釋智顗說，《妙法蓮華經玄義》卷10，《大正藏》冊33，頁802下。

不思議解脫可三分爲：眞性解脫、實慧解脫、方便解脫，並分別是正因、了因、緣因佛性的性質底蘊及其修德之果。智顗以「塵勞之儔是如來種」敵對論與「不斷癡愛，起諸明、脫」不思議斷爲例，說明三種不思議解脫契應、彰顯三因佛性，而三因佛性的存在，已預設演繹不思議解脫的可能性。無論是敵對論或不思議斷，皆是立基於圓觀以通達當體全是，就此並可證明三因佛性乃非常非無常之眞如實相，非屬妄相的「無常」或實有的「常」，以致「觀身實相，觀佛亦然」。

（三）「行於非道，通達佛道」

　　智顗著述載「行於非道，通達佛道」一詞六十六回，加上於圓教中不斷闡述其意，堪爲佛典中獨特一景。此詞乃意謂：行於非道「即」通達佛道；非道「即」佛道；非道等類「即」佛道等類。下文援幾則敵對論，來強化「即」字「不斷斷」的特質：

> 　煩惱是道場。斷煩惱，不名涅槃；不生煩惱，乃名涅槃。煩惱即菩
> 　提，生死即涅槃。(《四念處》) 〔註269〕

煩惱，煩心惱身，往往成就眾生之爲眾生。《維摩經》：「諸煩惱是道場」。〔註270〕智顗同之，肯定煩惱正面存在的意義；毋須以敵對態度斷之、棄之、毀之。但凡洞察煩惱本質當體即是眞如實相，則能「不生煩惱」，當下證得無上智慧，及登得涅槃彼岸。斷與不斷、生與不生、此與彼，在實相眞理之前，豈非涇渭指歸？

　　智顗反覆強調，「煩惱即菩提，生死即涅槃」，「即」意謂當體全是。除了正面言及三「觀」義中的「觀達」，其實亦同時蘊含「觀穿」義。最重要的是，並即一即三、即三即一的扣緊「不觀觀」，來言「不斷斷」。智顗云：

> 　達煩惱即菩提，名破惡。魔界即佛界者，是圓教義。……觀心者。
> 　觀一念心淨若虛空，不爲二邊桎梏所礙。……觀五住煩惱即是菩提，
> 　是名破惡。(《妙法蓮華經文句》) 〔註271〕

所謂圓教觀法，即是行者透過觀諸法即空即假即中，契入實相無相。如是，凡敵對異名之詞皆可合理以「即」繫之，而表明常人眼中的負向之詞，諸如：「魔界」、「非道」、「(五住」煩惱」乃假相假法，無不因當體全是之故，通達

〔註269〕〔隋〕釋智顗說，釋灌頂記，《四念處》卷4，《大正藏》冊46，頁579下。
〔註270〕〔姚秦〕鳩摩羅什譯，《維摩詰所說經》卷1，《大正藏》冊14，頁542下。
〔註271〕〔隋〕釋智顗說，《妙法蓮華經文句》卷1，《大正藏》冊34，頁6下～7上。

「佛界」、「佛道」、「菩提」等實相實法。因「即」能合理相繫二詞，可說它是連接負正兩端的橋樑，然鑑於當體全是，更可說「達」爲「即」字替換詞。因能即空即假即中的圓觀，而能了瞭二端之詞當體全是，而不被二邊所圍梏。「破惡」之「破」，並非以分別心加以排斥，注以仇恨，施以暴力，予以毀壞，而是在於能無破之破、無斷之斷。亦即了然當體全是，破惡即是「達」惡。如是，何須敵對破之？智顗並云：

> 無惡業種，不生佛法也。……菩薩能體達不善理能生佛法，不善惡
> 法爲種資成法身，……即是不斷而斷。（《維摩經文疏》）〔註272〕

「不斷斷」即不斷之斷。因能「體達」惡業種、惡法、惡理的眞實本質，與善種、惡法、惡理相同，皆爲非常非無常的實相眞如，因此毋須斷之，即因「體達」之故，當下成就法身，證得佛道。以不斷方式斷惡、破惡，實爲圓教圓融所彰顯的特色。智顗亦云：

> 若大乘觀心者。觀惡心非惡心，亦即惡而善，亦即非惡非善。觀善
> 心非善心，亦即善而惡，亦非善非惡。（《妙法蓮華經玄義》）〔註273〕

心本具善惡。然而若加以觀照，將發現「惡」心非眞的是「惡」心，因爲當體等同「善」心；「善」心非眞的是「善」心，因爲當體等同「惡」心。亦即，「惡」心當體全是「善」心；反之，「善」心當體全是「惡」心。透過觀法，除了可體察「即惡而善」、「即善而惡」，並可進一步跳脫相待的「善」、「惡」，而直契「非善非惡」、「非惡非善」的實相理體。智顗除以善、惡言之，並以佛、魔闡述：

> 五逆即是菩提。菩提、五逆無二相。無覺者、無知者、無分別者。
> 逆罪相、實相相，皆不可思議、不可壞。本無本性。一切業緣皆
> 住實際，不來不去，非因非果，是爲觀業即是法界印。法界印，
> 四魔所不能壞，魔不得便。何以故？魔即法界印。（《摩訶止觀》）
> 〔註274〕

> 何能魔界即佛界？於見不動，修三十七品耶？今觀愛即是法性。觀
> 見不動，修三十七品。魔界見界即是佛界，於非字中而能知字。行

〔註272〕〔隋〕釋智顗，《維摩經文疏》卷1，《卍續藏》冊18，頁668上～中。

〔註273〕〔隋〕釋智顗說，《妙法蓮華經玄義》卷8，《大正藏》冊33，頁778下。

〔註274〕〔隋〕釋智顗說，釋灌頂記，《摩訶止觀》卷2，《大正藏》冊46，頁11下～12上。

於非道，通達佛道。(《妙法蓮華經玄義》) 〔註275〕

達魔界，即佛界，名觀。(《摩訶止觀》) 〔註276〕

所有二元對立之物之能同「一」，在於能在彼此、此彼之間，找著堅不可摧的共性。由上可知，此共性即是非常非無常的實相之性、實際之性。若要以實踐方式證成，則有賴即空即假即中的圓觀，來加以通達當體全是之理。五逆與菩提；無明之無覺者、無知者與契入實相之無分別者；逆罪相與實相相；魔印與法界印；魔界與佛界、十二因緣與法性……等「A與B」例，恰是惡與善、負與正、黑暗與光明的寫照。其中，智顗以B為預設的戮心基點，乃本有的、不來不去、非因非果、離一切妄染的清淨理體；A為無明覆蓋、染緣成就的差別事相，是與B此正道、佛道對應的「非道」。當A與B相即，即意謂於理、於實踐上，能貫穿A上所覆蓋的無明，並同時觀達A本來面目是B。因此行者當能圓觀，即能「行於非道，通達佛道」，「達魔界，即佛界」。除了相對、可言詮的理體與性相，智顗並言及離言之實相：

無明即明；明即無明。無明即明，無明非故；明即無明，明則非新。

取相先有，名之為故；無相破相，無相名新。相即無相，無相即相，

何新何故？……若達總、別、新、故，無一、異相。若為他說，亦

復如是。是名旨歸入祕密藏。(《摩訶止觀》) 〔註277〕

就世人認識角度言，「無明」之心若破之，可轉為「明」；「明」之心若為煩惱障覆，則翻為「無明」；現象界諸「相」若破之，則為契入實相的「無相」，「無明」與「明」、「相」與「無相」之間，有前後故新的發展次序。智顗表示，若能通達實相之理，則能明瞭：「無明即明；明即無明」、「相即無相，無相即相」；世人眼中的「總、別、新、故」，誠為當體全是。然超越相對，則消泯「一、異」，「旨歸入祕密藏」。此處「祕密藏」，雖重在強調離言的祕密法藏，卻不乏反映智顗對圓教能撥妄歸真，能藏如來、如來藏的「佛性」的重視。原因是：智顗定位契入實相者為「佛」，因此「佛性」意謂之能契入實相之性。實相無相，行於非道而能通達佛道，究竟而言，實超越對立。不破之破、不觀之觀、不斷之斷，可在佛性處彰顯。智顗云：

若能了達安忍，則開佛知見。……若知即是佛性，不動轉取捨，猶

〔註275〕 〔隋〕釋智顗說，《妙法蓮華經玄義》卷6，《大正藏》冊33，頁758上。

〔註276〕 〔隋〕釋智顗說，釋灌頂記，《摩訶止觀》卷8，《大正藏》冊46，頁116中。

〔註277〕 〔隋〕釋智顗說，釋灌頂記，《摩訶止觀》卷2，《大正藏》冊46，頁21上。

此意。智顗後人，如知禮，則在整合之後，作一相關補充：

> 夫言即者，是也。全體是用；全用是體。體用不二，乃圓教所談也。別教雖詮中實之理，理在事外，尚非即義，況通教乎？是知通教但有即名，而無即義明矣。(《四明尊者教行錄》)〔註285〕
>
> 此之覺義，有六種即。即者，是義。今釋迦文，乃究竟是圓淨之覺。一切凡聖，無不全體皆是此覺。雖全體是，且迷悟因果其相不同，故以六種分別此是。所謂理是、名字是、觀行是、相似是、分證是、究竟是。然若不知性染性惡，所有染惡定須斷破，如何可論全體是邪？全體是故，免於退屈。六分別，故免於上慢。六不離即，即不妨六。六即義成圓位可辯。(《觀無量壽佛經疏妙宗鈔》)〔註286〕

據知禮「修惡全體是性惡」〔註287〕、「性染、性惡，全體起作。修染、修惡，更無別體」等思想，再輔以上二段引文，可知「全體是用；全用是體」之能成立，在於：「體」之隨染淨緣而外顯，乃差別之相用；若探源差別之相用，即是「體」。無論諸法相用如何千差萬別，其「體」皆不離非常非無常的真如實相。圓教即是闡明此類「體用不二」之理，而非圓之教則體用非一、理事有異。其中，知禮以同義字「是」與「即」互訓，明體與用「當即全是」的關係。雖然智顗亦言及體用，諸如：《法華文句》載「體即實相，無有分別。用即立一切法，差降不同，如大地一生種種芽」；〔註288〕《法華玄義》載「即用而論體」、「即體而論用」、「體用不二而二」，〔註289〕但就撰文重心與出現比例言，智顗未像後人知禮等普遍運用體用概念；未像知禮言及「全體是用；全用是體」一詞；未像知禮大幅闡述修惡即是性惡，顯見智顗後人對智顗學說：除了統整、歸納，並隨時代思潮與學養背景，而注入創造性詮釋。然而雖有創造性詮釋，知禮等後人亦有不少觀點與智顗相互呼應，並將智顗學說發揚光大，諸如：依語境文脈，智顗學說確含有「是」與「即」互訓義。以

〔註285〕〔宋〕釋宗曉編，《四明尊者教行錄》卷3，《大正藏》冊46，頁884下。

〔註286〕〔宋〕釋知禮述：《觀無量壽佛經疏妙宗鈔》卷1，《大正藏》冊37，頁200上。

〔註287〕〔宋〕釋知禮述，《觀音義疏記》卷1：「修惡全體是性惡，故十二因緣及以五陰，一一如空，常住周遍。」(《大正藏》冊34，頁936下)

〔註288〕〔隋〕釋智顗說，《妙法蓮華經文句》卷3，《大正藏》冊34，頁38上。

〔註289〕〔隋〕釋智顗說，《妙法蓮華經玄義》卷5：「即用而論體，動出是不動出。即體而論用，即不動出是動出。體用不二而二耳。」(《大正藏》冊33，頁742下)

智顗所提出的六即義言，雖有行位之別，但確實可易言為「理是、名字是、觀行是、相似是、分證是、究竟是」。以圓教觀行而言，無不全體契入真如實相，而即一即六。

知禮明言「即者，是義」，〔註290〕而智顗雖未言之，但從文中強調「貪欲即道」，〔註291〕卻亦言：「貪欲是道」〔註292〕、「貪欲即是道」〔註293〕等類似例，顯見「即」同「是」、「即是」。以下舉例言之：

> 夫法性與一切法無二無別。……即凡法是實法，不須捨凡向聖。(《摩訶止觀》) 〔註294〕

> 圓門即生死色是法性色。(《妙法蓮華經玄義》) 〔註295〕

> 心生三千法耶。佛旨盡淨，不在因、緣、共、離，即世諦是第一義也。……即破即立，即立即破，經論皆爾。(《摩訶止觀》) 〔註296〕

> 無量貪欲是如來種，亦復如是。能令菩薩出生無量百千法門，多薪火猛，糞壞生華。貪欲是道，此之謂也。(《摩訶止觀》) 〔註297〕

> 貪愛魔怨是佛母。(《觀心論（亦名煎乳論)》) 〔註298〕

> 資成即業道者。惡是善資。……提婆達多是善知識，豈非惡即資成。(《妙法蓮華經玄義》) 〔註299〕

「即」字所繫連的二詞，以常人視角言，往往代表正反敵對之兩方。在教界與智顗的行文中，「即」所繫連的前詞往往含負向之意，後詞則含正向之意。從上文可知，作為繫連二詞的「即」字意謂「當體全是」，因此縱是敵對之詞

〔註290〕〔宋〕釋知禮述：《觀無量壽佛經疏妙宗鈔》卷1，《大正藏》冊37，頁200上。

〔註291〕〔隋〕釋智顗說，釋灌頂記，《摩訶止觀》卷8，《大正藏》冊46，頁104上。

〔註292〕〔隋〕釋智顗說，釋灌頂記，《摩訶止觀》卷4，《大正藏》冊46，頁47中。

〔註293〕〔隋〕釋智顗說，釋灌頂記，《摩訶止觀》卷2，《大正藏》冊19上；卷8，頁103中；《觀音義疏》卷2，《大正藏》冊34，頁930上。

〔註294〕〔隋〕釋智顗說，釋灌頂記，《摩訶止觀》卷1，《大正藏》冊46，頁6上～中。

〔註295〕〔隋〕釋智顗說，《妙法蓮華經玄義》卷9，《大正藏》冊33，頁787下～788上。

〔註296〕〔隋〕釋智顗說，釋灌頂記，《摩訶止觀》卷5，《大正藏》冊46，頁55上。

〔註297〕〔隋〕釋智顗說，釋灌頂記，《摩訶止觀》卷4，《大正藏》冊46，頁47上。

〔註298〕〔隋〕釋智顗述，《觀心論（亦名煎乳論)》卷1，《大正藏》冊46，頁587中。

〔註299〕〔隋〕釋智顗說，《妙法蓮華經玄義》卷5，《大正藏》冊33，頁744中。

亦是相即。職是之故，可以「是」此同義字代言「即」，舉凡：「凡法是實法」、「生死色是法性色」、「一色一香皆是中道」、「世諦是第一義」、「無量貪欲是如來種」、「貪欲是道」、「貪愛魔怨是佛母」、「惡是善資」、「提婆達多是善知識」……。智顗並言及「即是」：

> 魔界如即是佛界如。魔界如、佛界如，一如，無二如。（《釋禪波羅蜜次第法門》）〔註300〕

> 五逆即是菩提。菩提、五逆無二相。無覺者、無知者、無分別者。逆罪相、實相相，皆不可思議，不可壞。本無本性，一切業緣皆住實際。不來不去，非因非果，是為觀業即是法界印。（《摩訶止觀》）〔註301〕

> 如來自證修道所得於一切，方便即是眞實。（《妙法蓮華經文句》）〔註302〕

> 本顯一理，作諸方便。方便即是眞實。（《妙法蓮華經玄義》）〔註303〕

魔界如與佛界如、五逆與菩提、觀業與法界印、方便與眞實等敵對論，實非斷裂二元的關係，而是皆當體全是於非有非無、不來不去的實相一如。又如：

> 眞性解脫即苦道；實慧解脫即是煩惱道；方便解脫即是業道。一、眞性解脫即是苦道。文殊說如來種云：身爲種、六入爲種，此是正因種。種即是性。性即眞性解脫也。二、煩惱道即是實慧解脫者。文殊師利言：貪欲爲種、瞋癡爲種。此即了因種也。又此經云：若知無明性即是明。明即是實慧解脫也。三、方便解脫即是業道者。文殊師利云：十不善道爲種。此即緣因種。方便解脫之種也。種即是性。故《涅槃經》云：十二因緣名爲佛性。即十二因緣三道。三道三種佛性也。（《維摩經玄疏》）〔註304〕

上文曾提及，依眞性、觀照、資成等三軌，能成就法身、般若、解脫等三德，並能開顯正因、了因、緣因等三佛性。此三軌並能分別與苦道、煩惱道、業道

〔註300〕〔隋〕釋智顗說，釋法愼記，《釋禪波羅蜜次第法門》卷4，《大正藏》冊46，頁507中。

〔註301〕〔隋〕釋智顗說，釋灌頂記，《摩訶止觀》卷2，《大正藏》冊46，頁11下～12上。

〔註302〕〔隋〕釋智顗說，《妙法蓮華經文句》卷3，《大正藏》冊34，頁39中。

〔註303〕〔隋〕釋智顗說，《妙法蓮華經玄義》卷6，《大正藏》冊33，頁749下。

〔註304〕〔隋〕釋智顗，《維摩經玄疏》卷5，《大正藏》冊38，頁553上。

等非道相即，乃因體達、深達、通達、觀達、了達實相理體之故。此處則言及，眞性、實慧、方便三種不思議解脫，分別與苦道、煩惱道、業道相即，是爲敵對論的當體全是。智顗就此推導，苦道、煩惱道、業道分別爲正因、了因、緣因佛性之「種」。「種即是性」，又「種」意謂能生「果」之「因」，可揭示智顗肯定作爲三界生死之果報的三道對三因佛性的正面價值。此段引文其實含有「即」、「即是」、「爲」字繫連敵對論或類例論；因當體全是之故，而可合理成立，並有不思議斷的內蘊。其中，身、六入與正因種；貪欲、瞋癡、無明性與了因種；十不善道與了因種等例，揭示正因、了因、緣因佛性之質性分別與實相眞如、智慧、善惡功德有關，可作爲後文佛性論正論之預告。

（二）爲

智顗云：

> 《淨名》說：非道爲道。文殊說，非種爲種。種、性即是眼目異名，如天帝釋豈異憍尸？……非因性爲正因性，何以不得非因種說爲正因種子？（《維摩經略疏》）〔註305〕

> 夫有心者，皆有三道性相即是三軌性相。故《淨名》云：煩惱之儔爲如來種。此之謂也。（《妙法蓮華經玄義》）〔註306〕

敵對論中的非道與道、非種與種、非因性與正因性、非因種與正因種、煩惱之儔與如來種等，雖假「爲」繫連前後，但卻具「即」字之效用。再輔以「三道性相『即是』三軌性相」，以及「天帝釋豈異憍尸」此類例，可知智顗「即」字可以「爲」字代之。其中「種、性即是眼目異名」，不僅說明佛性、如來性、佛種、如來種名異實同，若據智顗「無量異名悉是實相之別號；實相亦是諸名之異號」，順理可類推：妙有、眞善妙色、實際、畢竟空、如如、涅槃、虛空佛性、如來藏、中實理心、非有非無、中道、第一義諦、微妙寂滅……等，〔註307〕確實與實相眼目殊稱。

（三）皆、皆是

智顗云：

〔註305〕〔隋〕釋智顗說，〔唐〕釋湛然略，《維摩經略疏》卷9，《大正藏》冊38，頁683中～下。

〔註306〕〔隋〕釋智顗說，《妙法蓮華經玄義》卷5，《大正藏》冊33，頁744上。

〔註307〕〔隋〕釋智顗說，釋灌頂記，《妙法蓮華經玄義》卷8，《大正藏》冊33，頁782中～783中。

經言：生死即涅槃。一色一香皆是中道。(《摩訶止觀》)〔註308〕

九法界機皆佛界機。四聖之應，無非妙應也。(《妙法蓮華經玄義》)
〔註309〕

與「生死『即』涅槃」相應，一色一香與中道之間的「皆是」二字亦表「即」義。九法界機與佛界機之間的「皆」，亦如是。其中，十法界中的九法界當體全是佛界，原因除了皆皆通達真如之體，亦反映佛性具善惡，以致佛界即九法界、九法界即佛界。此外，並反映「即」字含有「具」義。此，下文再釋。

可知，在繫連二詞、二物時，「即是」、「為」、「皆」、「皆是」與「即」字乃眼目殊稱。尤其是在敵對論「魔界如即是佛界如」、「五逆即是菩提」……等，「即」字與相關異名，更是運用的圓融無礙，堪為智顗圓教學說之一景；「本顯一『理』」，而示方便「事」相，權實通達而無絲毫矛盾。

六、智顗「即」與「具」的關係

圓教所謂之「即」，一言蔽之指「當體全是」，此可從兩點證成之：一、理體：諸法本質皆是緣起性空的真如實相，因此「即」字所繫連之物，無論是抽象或具象，無論是敵對或同類關係，無論是指理體或事相，本質無非實相真如；二、圓觀實踐：圓教行者透過即空即假即中的圓觀工夫，將能明瞭因緣和合的諸法中，「此」與「彼」、「彼」與「此」之間雖有事相假法之別，「體」上卻全然同一。「當體全是」義，並可簡以智顗暨天台學中頻出現並堪為思想核心的「具」字，作為同義之異名。此乃因副詞「具」字通「俱」，〔註310〕意謂「皆、都、全」，甚至表「完備、具備、具足」，恰指「即」字所繫連的前詞「皆、都、全」是所繫連之後詞。除了強調當「體」全是，行文中「具」字若表「即」義，往往用來凸顯：一、敵對論：如「(佛)性具九界」，以明佛界即具九界、善性具惡性。此為弔詭。然因鑑於心與佛性當體全是，悉具善惡，再加善性即惡性，即可明瞭佛性、佛界悉具九界之理。二、個體即全體，全體即個體：如「一即一切；一切即一」〔註311〕、「心具

〔註308〕〔隋〕釋智顗說，釋灌頂記，《摩訶止觀》卷1，《大正藏》冊46，頁6上～中。
〔註309〕〔隋〕釋智顗說，《妙法蓮華經玄義》卷6，《大正藏》冊33，頁749下。
〔註310〕智顗著述，時而以「俱」代「具」，如：《妙法蓮華經文句》卷7：「深妙定者，即俱解脫也」。(《大正藏》冊34，頁99中) 為何就比例言，智顗較普用「具」字？除了就個人行文習慣，或因就文意言，「具」字更強烈含「有」之意。
〔註311〕〔隋〕釋智顗說，〔唐〕釋湛然略，《維摩經略疏》卷9，《大正藏》冊38，頁

十法界」〔註312〕、「心即具三千」，〔註313〕亦即以「具」義展開個體「具」
全體、全體「具」個體的文字場域。三、何以個體具全體、九界具佛界、性
惡具性善？除了以當體全是解之，並意謂心性、佛性「具」善惡。由於性具
善惡，因此一念心能具足發用善惡的十法界及三千差別諸法。由於智顗著述
未直接以「具」訓解「即」字，因此以下先闡明智顗後人對「具」字之釋名，
再返觀智顗學說：

（一）智顗後人「具」字詮釋

智顗後人尤推崇此一「具」字，並加以闡釋。如〔宋〕知禮云：

> 今既約即論斷，故無可滅；約即論悟，故無可翻。煩惱、生死乃九
> 界。法既十界互具，方名圓。佛豈壞九轉九邪？如是方名，達於非
> 道，魔界即佛。故圓家斷證迷悟，但約染淨論之，不約善惡淨穢說
> 也。諸宗既不明性具十界，則無圓斷、圓悟之義，故但得即名，而
> 無即義也。（《十不二門指要鈔》）〔註314〕

圓教圓法之為「圓」，在於周偏含括煩惱、生死等九界之法，以及菩提、涅槃
等佛界之法；缺一不可；誠如佛性具善，亦具惡。然而透過「即」字所繫連
的二物可知，九界之法當體全是佛界之法、性惡亦當體全是性善，所有敵對
與類例論皆可因通達而同推。因當體全是之故，並可言：「即」字所繫連的二
物彼此互具，且皆契入真如實相之義。因皆契入實相之故，便無斷或不斷、
迷或悟，亦無滅、壞或翻轉可言。既是完全同體，何須相殺，使一滅一切滅？
佛又何需壞九轉九？知禮表明非圓之教不明性「具」十界之理，僅「得即名，
而無即義」。此意謂，若要深得「即」字骨髓，須深知圓教「性『具』」之義。
知禮並云：

> 只一具字，彌顯今宗。以性具善，諸師亦知；具惡緣、了，他皆莫
> 測。……若知善惡皆是性具，性無不融，則十界、百界、一千、三
> 千。故得意者，以此所談。（《觀音玄義記》）〔註315〕

知禮「只一具字，彌顯今宗」八字，對智顗性具說作了精闢的註腳，奠下圓

---

564 下。
〔註312〕如：〔隋〕釋智顗說，釋灌頂記，《摩訶止觀》卷1，《大正藏》冊46，頁54
　　　　上；《四念處》卷4，《大正藏》冊46，頁575上。
〔註313〕〔隋〕釋智顗說，釋灌頂記，《摩訶止觀》卷5，《大正藏》冊46，頁54上。
〔註314〕〔宋〕釋知禮述，《十不二門指要鈔》卷1，《大正藏》冊46，頁707中。
〔註315〕〔宋〕釋知禮述，《觀音玄義記》卷2，《大正藏》冊34，頁905上～中。

教「具」字在天台宗的地位與重要性。此外,知禮從智顗性善惡說中,進一步凸顯「性惡」獨樹一幟:三千諸法之能圓滿具足,皆在於此。若加以區分圓、別諸教,可說圓教性「具」善惡與三因佛性,「性無不融」,而別教僅「具」性善與正因佛性。知禮並云:

> 若其不解性具九界,但云體達諸法即理,全波是水,猶濫通、別,未顯圓修。故荊谿云:若不談具,乃屬別教。(《金光明經文句記》)
> 〔註316〕

> 斷、常,名通、別。人緣理斷九。以定斷九,故昧性惡,名爲斷見。不能忘緣,是存修惡,名爲常見。(《觀音玄義記》)〔註317〕

「理」與「諸法」、「水」與「全波」,恰是理體與事相的關係。圓教與通、別等他教之異,在於前者能通達事物之理而無壅塞,瞭知性相不二、理事無別、佛性「具」十界;後者或持斷見,以致不解性惡即性善之理,堅持斷九界妄法才得臻佛界,或忘諸法皆因緣和合之理而持常見,以致不解修惡達性惡、性惡即性善。通、別等他教尚滯著一端,未能圓修三觀,知解性具之理。是以誠如知禮所言,單一無常無斷的「具」字,即顯圓教與他教之別。所別爲何呢?乃圓教具善惡,並可說具有三因佛性,而別教僅具善,以及正因佛性。〔宋〕法登亦云:

> 既不談具,即義不成,亦是今家別義。方顯今家所說圓頓。談即談具,超過諸說。四明所謂,秖一具字,彌顯今宗。中興其教,不在茲乎。(《議中興教觀》)〔註318〕

「具」字可堪爲圓教獨樹一幟的核心思想,而在行文中但凡繫連二詞的「即」字可作爲演繹此思想的代言者。原因在於,由「即」相繫之二詞,往往一表內在的體性本質,一表體性所發顯的外在相用;或者,一表無爲的出世間法,一表有爲的世間法。無論是體用相合,抑或背面相翻的關係,在圓教圓頓之法中,「即」字所繫連的二詞無不圓滿無礙地彼此通達,而無絲毫矛盾。這便呼應圓教所闡釋的,內在本性「具」足一切法,而此一切法含括相用及背面相翻義,是以圓教無論談「即」、談「具」,皆扣緊「當體全是」而言。甚至可說,在圓教教理之中,但凡繫連二詞的「即」,即等同「具」字。〔元〕懷則亦云:

〔註316〕〔宋〕釋知禮述,《金光明經文句記》卷2,《大正藏》冊39,頁96下。
〔註317〕〔宋〕釋知禮述,《觀音玄義記》卷2,《大正藏》冊34,頁905下。
〔註318〕〔宋〕釋法登述,《議中興教觀》卷1,《卍續藏》冊57,頁97中。

「只一具字，彌顯今宗。以性具善，他師亦知；具惡緣了，他皆莫測。」
是知今家性具之功，功在性惡。若無性惡，必須破九界修惡，顯佛界
性善。是爲緣理斷九，非今所論。(《天台傳佛心印記》)〔註319〕

天台圓教之爲圓，在於圓滿、圓融、圓足一切。其中，意謂「當體全是」的
「具」字恰可顯揚圓教當體具足一切的特質。從「只一具字，彌顯今宗」，顯
見懷則同知禮、法登，對天台圓教「具」字充滿推崇；從「今家性具之功，
功在性惡」，顯見懷則凸顯「性具」中的「性惡」說。懷則並以「緣理斷九」
一詞，表明別教僅具性善說，以致須「破」九界修惡，才能顯發「性善」所
開顯的佛界。圓教由於持性具善惡說，以致圓滿開顯性善，即臻佛界；開顯
性惡，則依其修惡程度，而分別臻於九界。懷則並云：

當體即是性惡法門。性惡融通，無法不趣，任運攝得佛界性善。修
惡既即性惡。修惡無所破，性惡無所顯，是爲全惡。是惡，即義方
成。是則今家明即，永異諸師。(《天台傳佛心印記》)〔註320〕

懷則加以闡釋知禮所言，圓教持修惡「全體即是性惡法門」，以及何謂「全惡是
惡」：「即」字意味「全」，因此就相性而言，修惡即性惡，毋須「破」修惡，即
能「顯」佛性具惡；就理體言，性惡即性善，是以「性惡融通」，得攝佛界性善。

〔明〕傳燈亦云：

所謂「只一具字」。若不論「具」，則全無所以，烏足以稱圓？……
是故今家稱圓，功在性具。……或曰：「若天台以性具稱圓者，如他
宗，誰不云圓家以性具爲宗耶？若然，又何獨貴於天台。」故釋之
云：「誠如所言，他師果亦云：圓家以性具爲宗也。然不知他家云性
具者，只知性具善也。特天台之少分耳。」蓋天台之言「具」者，
有性善焉、性惡焉。於善惡中，各有正與緣、了。(《天台傳佛心印
記註》)〔註321〕

傳燈繼之詮釋知禮、懷則所言的「只一具字，彌顯今宗」、「全惡是惡」等語。
「具」字意味天台圓教之佛性非僅具善，並具惡，以顯周全不偏。此說與別
教佛性僅具善之說，涇渭分明。一疑：若言性善、性惡同體，何以傳燈要析

〔註319〕〔元〕釋懷則述，《天台傳佛心印記》卷1，《大正藏》冊46，頁934上。
〔註320〕〔元〕釋懷則述，《天台傳佛心印記》卷1，《大正藏》冊46，頁934上～中。
〔註321〕〔元〕釋懷則述，〔明〕釋傳燈註，《天台傳佛心印記註》卷1，《卍續藏》冊
　　　　57，頁354上～中。

分「於善惡中，各有正與緣、了」？傳燈並非在自相矛盾「當體全是」之理，而是在強調世人與別教往往抵棄惡性，但事實上圓教佛性不僅具惡，其惡性並與善性同體，亦具能成佛的三因佛性。傳燈並云：

> 九法界起修惡時，是全性惡起修。既性起，則全修在性。性惡融通，任運攝得佛界。而此修惡，即是妙事。正屬所顯，豈屬所破？故不須緣理以斷九也。若不論乎性惡者，則九界修惡，非從性起。非性之惡，定須破斷。離邊之中，必須別緣，正是他家歷別之義。（《天台傳佛心印記註》）〔註322〕

> 明來出世一大事因緣者，苟不知性具善惡之旨，如無目夜遊，何以爲直指人心？何以爲見性成佛？苟非天台一宗，教觀發明，此旨則圓頓教理，幾乎絕滅矣。虎谿懷則師云：只一具字，彌顯今宗。（《性善惡論》）〔註323〕

若無性惡，何來修惡？這便觸及別教若僅持佛性具善，如何處理修惡興起問題。

傳燈以「全性惡起修」、「全修在性」等詞，說明修惡與性惡、性善，不相防礙。亦即，眾生於九法界修惡，乃因佛性所具之惡性隨緣發顯而起修之故。性惡隨緣起修，想當然「全修在性（惡）」。又因性惡當體全是性惡，九法界與佛界並非對立關係，而是九法界即攝得佛界，佛界即攝得九法界。是以修惡於圓教中具有正面價值與意義，毋須像別教以破斷方式，「緣理斷九」，亦毋須像別教歷別三諦，未瞭當體之理。由上可知，性具善惡實是天台教觀發明的圓頓教理。假若不識，將如「無目夜遊」，不得「直指人心」、「見性成佛」。

綜上，可知天台後人，諸如知禮、法登、懷則、傳燈等，無不呼應智顗論述：不僅佛界之佛，性具善惡；九界眾生，亦性具善惡。佛界與九界之別，在於行者「修」惡等級，而非性體本具的善惡之性予以決定。不過智顗雖言性具善惡，最終乃以實相眞如歸攝之，其後人則在肯定「具」字後，特持「今家性具之功，功在性惡」，以圓教性具惡說來與別教「緣理斷九」作區別。

（二）論智顗「即」與「具」字

智顗天台後人以「具」詮「即」，而智顗著述因佛性論之故，「性具」說隨處可見。因闡明圓教之故，尤其「即」字所繫連的敵對論更是含有「具」

〔註322〕〔元〕釋懷則述，〔明〕釋傳燈註，《天台傳佛心印記註》卷1，《卍續藏》冊57，頁354中。
〔註323〕〔明〕釋傳燈，《性善惡論》卷1，《卍續藏》冊57，頁377下。

義。與當體全是、達、通達、是等「即」字義，一脈通達。智顗云：

> 含備諸法，故名如來藏……。無所積聚而含眾法，名祕藏。祕要通
> 達無礙，名平等大慧。(《妙法蓮華經玄義》) 〔註324〕

「祕藏」即是如來藏；其體性無積聚陰覆真理之法，卻能含備諸法；具成佛
之智，能通達諸法事理而無壅塞，眾生無不齊得。其中，「含眾法」之「含」
即指「具」字。智顗論及圓教個體與全體的關係：

> 若一法一切法趣，一切是趣。不過趣尚不可得，況有趣、非趣？趣
> 一即法性。法性即法界，無一法出法界外。若有一法過涅槃者，我
> 亦說如幻如化，故知一法具一切法，即圓意也。(《四念處》) 〔註325〕

一切法皆是非有非無、非常非無常、不改不變的存在。而這，含括所證得的
果報之界。甚至再嚴格論「得」，可說：得亦無得。如此，一法與一切法、一
趣與一切趣皆是當體全是。也因此，作為諸法體性的「法性」與法性隨染
淨緣發顯的差別「法界」可以「即」字相繫，並分表「體」與「用」，而有「即
體而論用」、「即用而論體」，以及「體用不二而二」〔註326〕的關係。亦因「法
性即法界，無一法出法界外」，而可使「一法具一切法」合理成立。智顗云：

> 觀十界色，名身；十界受，名受；十界識，名心；十界想行，名法。
> 法性色。一色一切色；一切色一色。一受一切受；一切受一受。一
> 心一切心；一切心一心。一想行法一切法；一切法一法。將智慧性，
> 觀十法界色性，名為觀了達。(《四念處》) 〔註327〕

「一法具一切法」即等同「一法即一切法」。引文「一色一切色；一切色一色」
等語，亦可增字為：「一色『即』一切色；一切色『即』一色」，或「一色『具』
一切色；一切色『具』一色」……。任何之物無不例外可表為：「一即一切；
一切即一」，〔註328〕並以「具」字代「即」。「一切法」包羅萬象，含括所有對
立之面，諸如：善與惡；正與邪；無明與智慧……，如此返本溯源至「一切
法」之「體」，亦即「一法」，便意謂「一法」必具有善與惡；正與邪；無明

〔註324〕〔隋〕釋智顗說，釋灌頂記，《妙法蓮華經玄義》卷9，《大正藏》冊33，頁
　　　　783中～793上。
〔註325〕〔隋〕釋智顗說，釋灌頂記，《四念處》卷4，《大正藏》冊46，頁574上。
〔註326〕三詞參：〔隋〕釋智顗說，釋灌頂記，《妙法蓮華經玄義》卷5，《大正藏》冊
　　　　33，頁742下。
〔註327〕〔隋〕釋智顗說，釋灌頂記，《四念處》卷4，《大正藏》冊46，頁579下。
〔註328〕〔隋〕釋智顗說，〔唐〕釋湛然略，《維摩經略疏》卷1，《大正藏》冊38，頁
　　　　564下。

與智慧……等質性，使有果有因、有因有果合理化。然而常人往往因無明覆蓋，而未能清楚洞察此理。若欲斷無明，則須「觀了達」。亦即透過圓觀十法界性，將能明瞭「一」與「一切」之間不二而二的體用關係。智顗並就一念心、法界與性相言之：

> 凡心一念即皆具十法界。一一界悉有煩惱性相、惡業性相、苦道性相。若有無明煩惱性相，即是智慧觀照性相。……凡夫心一念即具十界，悉有惡業性相。祇惡性相即善性相。由惡有善，離惡無善。翻於諸惡，即善資成。……故即惡性相是善性相也。凡夫一念皆有十界識名色等苦道性相。……若悟生死即是法身，故云：苦道性相即是法身性相也。(《妙法蓮華經玄義》) 〔註329〕

「凡心一念即皆具十法界」，指出：一、心極其重要。萬法由心造。心內、心外世界之所以存在，以及存在的面貌，取決於心的一念之轉；二、智顗特名「凡夫」一念當下便同具十法界，肯定每一眾生之心內具佛界，悉具有成佛可能；三、眾生一念心即本具發顯佛界與非佛之九界的性質、性能。「一一界『悉有』煩惱性相、惡業性相、苦道性相」，指出：一、不僅非佛之九界具有三道性相，佛界亦是。佛界與非佛之九界之性相等同，可因當體全是，而說佛界即九界，九界即佛界；佛界具九界，九界具佛界；二、三道性相之存在，隱涉佛性之所以三分，以及佛性何以具惡。而從「煩惱性相、惡業性相、苦道性相」分別與智慧觀照性相、善性相、法身性相相即，反映：一、性惡即性善。離惡無善，離善無惡。吾人須學著悅納佛性具負向的三道性相，而加以轉之、觀之；二、佛具性惡，有修惡可能，而眾生除了具性惡，並具性善，有成佛可能；三、透過圓觀一念心，能使眾生湛然了悟心的本質。迷悟之別，決定吾人所臻的境界。智顗並云：

> 菩薩能以佛慧觀三毒性即是佛性。通達三毒，見一切佛法無不具足，即是無作集諦。故《無行》云：貪欲即是道；恚癡亦復然。如是三法中，具一切佛法。(《維摩經略疏》) 〔註330〕

貪欲即是道，恚癡亦復然。如是三法中具一切佛法。若離是三法而

〔註329〕〔隋〕釋智顗說，《妙法蓮華經玄義》卷5，《大正藏》冊33，頁743下～744上。

〔註330〕〔隋〕釋智顗說，〔唐〕釋湛然略，《維摩經略疏》卷4，《大正藏》冊38，頁619下。

　　求菩提者，譬如天與地。指此三毒之性能通達三毒。實相不可得，

　　猶如虛空，而能出生一切佛法。……何謂是達於三毒之性？其達此

　　者無毀無著，乃稱經意。實相之法非因非果，說爲因果。故言是因

　　非果，如佛性；是果非因，如大涅槃。今三毒之性亦非因非果，而

　　說爲因果。說爲因者，即言三毒是道，具足一切佛法；說爲果者，

　　一切眾生常寂滅相，不可復滅。(《維摩經略疏》) 〔註331〕

「三毒性即是佛性」、「貪欲即是道」等敵對論，頗令世人匪夷所思，而「見
一切佛法無不具足」，則更爲弔詭。然以即空即假即中的佛慧觀之，三毒性當
體全是佛性，誠能具足一切佛性。由此可證性惡即性善，諸法無不本具。然
而亦能進一步言，佛性之能具足一切佛法，並非緣於同體相對權說的性善與
性惡，而是佛性等同非有非無、非因非果、猶如虛空的實相之故。智顗亦云：

　　菩薩行五無間而無惱恚，即是通達佛道。本無逆業而行逆者，即是

　　以無所受而受諸受。……菩薩於逆，如是通達。具一切法，即是自

　　行；示行此事，即是化他。(《維摩經略疏》) 〔註332〕

智顗解釋菩薩之能「行五無間而無惱恚」、「行逆」，乃因「通達佛道」之故。
因能「通達」，所以能行於非道而無逆業。從菩薩行非道而無礙，顯見佛性具
足善惡、順逆之法。無論含具何種法、具足何種條件、性能，最重要的是，
圓教行者能因圓觀而通達一切。智顗並云：

　　心性本來畢竟空寂，而眾生多顛倒。少不顛倒，無明因緣而起。善

　　惡即因緣所生法也。即空即假即中道。……雖復空假方便入出之殊，

　　而無明心之源即佛性。若無明性即是明，是爲常寂光土也。故此經

　　云：隨其心淨，即佛土淨。《大集經》云：欲淨佛國，當淨汝心也。

　　《華嚴經》云：無量諸世界，悉從心緣起。一切諸法皆入一毛道。(《維

　　摩經文疏》) 〔註333〕

個體具全體之能成立，並成爲教界行文的典範，主要關鍵不外是吾「心」的特
質與質性。心縱是被無明遮覆，本質始終是清淨的「明心」，亦即佛性。萬法隨
心造，諸相由心生。因心隨緣故，諸世界、諸法由此而生。是以無明性即是明

〔註331〕〔隋〕釋智顗說，〔唐〕釋湛然略，《維摩經略疏》卷10，《大正藏》冊38，
　　　　頁708下。

〔註332〕〔隋〕釋智顗說，〔唐〕釋湛然略，《維摩經略疏》卷9，《大正藏》冊38，頁
　　　　684中～下。

〔註333〕〔隋〕釋智顗，《維摩經文疏》卷1，《卍續藏》冊18，頁469中。

性，包羅萬象的諸法可入極微的一毛穴。因吾心存在，諸法界、諸國土因此而存在。「即」與「具」能異名同義，除了當體全是，並因「心」之故，使「具」全全為「心」量身打造。就此可進一步言：智顗並就「諸法」、「修證迷悟」、「破立權實」等理體事相等面向，言「一即一切；一切即一」〔註334〕的概念。由此可類推：一空一切空、一假一切假、一中一切中、一心一切心、一陰一切陰、一境一切境、一塵一切塵、一法一切法、一斷一切斷……等語，皆可合理成立：

> 若即此魔事具十界百法。在一念中，一切法趣魔。如一夢法具一切事。一魔一切魔；一切魔一魔。非一非一切。亦是一魔一切魔；一佛一切佛。不出佛界，即是魔界，不二不別。……別教不耐非法，故云非我所宜。圓教安之實際，故言如我應受。不畏非人，於生死有勇，是名不思議境也。（《摩訶止觀》）〔註335〕

繫連二詞的「即」字，即指「當體全是」、「具」。在行文中以「具」字表之，往往意謂個體即全體。此全體，除了表與個體同類，諸如「一魔一切魔；一佛一切佛」，從世人角度觀之，並含括敵對論，諸如「一即一切」。因當體全是之故，縱是芥子納須彌，縱是含括種種差別性相，亦是理體無別。是以佛事能具十界百法，魔事亦能；是以「一夢法具一切事」；是以知其一，即知一切，反之，知一切，即知其一。一與多、佛與魔、善與惡、是與非、昔與今……等一切相對之法，當置於圓教實際真如而言，無非皆是實相的展現，無非在揭示不思議境。

小　結

　　智顗著述，常見繫連敵對或類例的「即」字。類例論易解，敵對論要能合理證成不二，則匪夷所思。智顗雖未像後人載及「當體全是」一詞，卻不能否認「當體全是」之義可作為智顗「即」字的思想底蘊，以致縱然敵對之物仍是可回歸到實相真如的當體上，而彼此於「理」通「達」，或於圓教觀行實踐上「觀達」無礙。由此，可進一步揭示繫連二詞的「即」字具有圓教「不斷斷」義，使得毋須斷滅敵對義，即可「不斷癡愛，起於明、脫」，或「行於

〔註334〕〔隋〕釋智顗說，〔唐〕釋湛然略，《維摩經略疏》卷1，《大正藏》冊38，頁564下。

〔註335〕〔隋〕釋智顗說，釋灌頂記，《摩訶止觀》卷8，《大正藏》冊46，頁116中。

非道，通達佛道」。又，誠如實相有諸多異名同義，智顗著述中繫連二詞之「即」字，亦可以「是」、「即是」、「爲」、「皆」、「皆是」等詞代之。此外，由「即」字所繫的一與多、善與惡、正與邪、實與權、體與用……等一切法，亦因「當體全是」之故，而可以「具」代「即」字，多元演繹「一法即（具）一切法」。而這，便又呼應：一、「萬法唯心造」，「心」的不思議處即在於此；二、一切法含括對立差別，諸如善法、惡法，這即便揭示心具善惡之性，且善性與惡性當體不二，以致能隨染淨緣而造一切法。末，茲以智顗一段話作結：

> 若謂即是者，何煩惱滅？見耶？思耶？塵沙耶？無明耶？諸位全無，
> 謬謂即是，猶如鼠唧。若言空空，如空鳥空。（《摩訶止觀》）〔註336〕

「鼠唧」、「鳥空」之「唧」、「空」，乃狀聲字，分指某一類鼠常作唧唧之聲、某一類鳥常於空中作空空聲。「鼠唧」引申爲勤於言「即」者，卻未能明瞭當體全是之理，而以斷除、消滅態度處理敵對論。「鳥空」於文中可呼應「鼠唧」，強化「即」字的斷滅義，而可引申爲未了緣起性「空」者，僅以「實無」解「空」。由此譬喻知文不達義的部分世人勤於談「即」、言「空」，卻流於斷除、消滅的表相對立義，未知深層義涵。圓教就圓位而談的「即」字實消泯分別心；諸法悉可契入不可言議的眞如實相之體，並以此爲最終旨歸，而通達無礙。

〔註336〕〔隋〕釋智顗說，釋灌頂記，《摩訶止觀》卷8，《大正藏》冊46，頁104下。